セクハラ・パワハラ・マタハラ・アカハラ・モラハラ

# Q&A
# ハラスメントをめぐる諸問題

山梨県弁護士会［編集］

ぎょうせい

# 刊行にあたって

　本書は、令和元年度関東十県会夏期研究会の主催に当たり、山梨県弁護士会が行った研究の成果をまとめたものです。

　関東十県会（東京三会を除く、東京高等裁判所管内の10の弁護士会で構成される組織）では、毎年8月に、10会の持ち回りで夏期研究会を開催しており、令和元年度は山梨県弁護士会が担当をいたしました。

　山梨県弁護士会では、平成29年度に準備委員会を発足させ、公募した多数の研究テーマから、「ハラスメントを巡る諸問題」を選定いたしました。そして、その後は、実行委員会を組織し、田邊護実行委員長のもと、100名近い会員が鋭意研究を重ねて参りました。本書は、まさに、山梨県弁護士会の英知を結集した書籍であるといえます。

　本書でテーマとした「ハラスメント」という用語は、平成の初めころ、日本でも使用されるようになりました。当初は聞き慣れない言葉でしたが、時代が令和に変わった現在では、ごく日常的な用語として社会に浸透しています。また、セクハラ、パワハラといった旧来のハラスメントのみならず、次々と新たなハラスメントの類型が生み出されています。

　こうした多種多様なハラスメントを、個別にではなく、ハラスメントという統一的な視点から研究してみることが、私たち弁護士にとって有用であると考え、研究のテーマとした次第です。

　本書のようにハラスメント全般を取り扱い研究した書籍は、それほど多くないと思われますので、弁護士にとって必携の実務書になったと自負しております。本書が、本書を手に取っていただいた皆さまの実務の一助となることを願ってやみません。

　結びに、多忙な業務のなか、莫大な時間を割いて、本書の執筆作業に当たっていただいた実行委員会の皆さまに敬意を表します。

令和元年8月

山梨県弁護士会

会長　吉　澤　宏　治

## 編集者・執筆者一覧

◆ 令和元年度関東十県会夏期研究会

研修部会　部会長　　　　小野正毅
　　　　　副部会長　　　堀内寿人
　　　　　事務局長　　　深澤　勲
　　　　　事務局次長　　田中悟史　　中村光太郎

---

【第1班】（序章 担当）

　班長　　中島大督
　副班長　齋藤祐次郎
　　　田中正志　　柴山　聡　　關本喜文　　田中謙一　　中野宏典
　　　楠元翔太　　小宮山高央　木暮利壱　　網倉基充

【第2班】（第1章担当）

　班長　　花輪仁士
　副班長　高橋由美
　　　石川善一　　清水　毅　　東條正人　　木下　徹　　秋山真里亜
　　　清田路子　　池田理恵　　猪狩　学　　山際　誠　　永淵　智
　　　村松晃吉　　笹津備文　　堀内賢人　　今津　裕　　市川智彦

【第3班】（第2章担当）

　班長　　大西達也
　副班長　清水厚博
　　　長倉智弘　　平嶋育造　　松本成輔　　八巻佐知子　佐々木　亮
　　　岡村光男　　奥野雅嗣　　中川泰徳　　太田道昭　　中村光太郎
　　　雨松拓真　　中川佳治　　伏見　彩　　鶴見亮太　　岩下哲也

【第4班】（第3章担当）
　　班長　　石川　恵
　　副班長　前田直哉
　　　小澤義彦　　小笠原忠彦　　利根川雅一　　新里清高　　井上昌幸
　　　川崎杏奈　　土橋　順　　　落合圭子　　　藤吉修崇　　髙部裕史
　　　三浦健一　　古屋文和　　　藤本紗季　　　梅村大樹

【第5班】（第4章担当）
　　班長　　後藤光利
　　副班長　渡邊森矢
　　　川手一郎　　三枝重人　　　小宮山新吾　　長田清明　　武藤高晴
　　　中澤秀昭　　近藤　徹　　　後藤英恵　　　渡部美由紀　小笠原　亘
　　　山田創一

【第6班】（第5章担当）
　　班長　　八巻力也
　　副班長　藤巻俊一
　　　信田恵三　　柳田修一　　　倉内信崇　　又川　章　　斉藤　圭
　　　大島わかな　板山俊一　　　亀山倫世　　加藤英輔　　國澤雄次郎

# 凡　　例

## 1　法令等名

　本文中に示した法令等の名称は、特に断りのないもの以外は、原則としてフルネームで記したが、本文中または（　）内の法令等など、以下については略語を用いた。

　育児介護、育児介護法
　　⇒育児休業、介護休業等育児又は家族介護を行う労働者の福祉に関する法律

　育児介護規、育児介護規則
　　⇒育児休業、介護休業等育児又は家族介護を行う労働者の福祉に関する法律施行規則

　行　手　⇒行政手続法

　行　訴　⇒行政事件訴訟法

　刑　　　⇒刑法

　雇均、雇均法、男女雇用機会均等法
　　⇒雇用の分野における男女の均等な機会及び待遇の確保等に関する法律

　雇均規、雇均規則
　　⇒雇用の分野における男女の均等な機会及び待遇の確保等に関する法律施行規則

　国賠、国賠法　⇒国家賠償法

　国　公　⇒国家公務員法

　ストーカー規制　⇒ストーカー行為等の規制等に関する法律

　地　公　⇒地方公務員法

　配偶者暴力　⇒配偶者からの暴力の防止及び被害者の保護等に関する法律

　派遣、派遣法
　　⇒労働者派遣事業の適正な運営の確保及び派遣労働者の保護等に関

する法律
暴力処罰　⇒暴力行為等処罰ニ関スル法律
民　　　　⇒民法
労　安　　⇒労働安全衛生法
労　基　　⇒労働基準法
労基規　　⇒労働基準法施行規則
労契、労契法　⇒労働契約法
労　災　　⇒労働者災害補償保険法
労働施策、労働施策総合推進法
　　⇒労働施策の総合的な推進並びに労働者の雇用の安定及び職業生活
　　の充実等に関する法律
セクハラ指針
　　⇒事業主が職場における性的な言動に起因する問題に関して雇用管理
　　上講ずべき措置についての指針（平成18年厚生労働省告示第615号）
人事院規則10-10
　　⇒人事院規則10-10（セクシュアル・ハラスメントの防止等）
人事院規則10-10運用通知
　　⇒人事院規則10-10（セクシュアル・ハラスメントの防止等）の運
　　用について（平成10年11月13日職福442号）

## 2　裁判例

　裁判例を示す場合、「判決」→「判」、「決定」→「決」、「審判」→「審」
と略した。また、裁判所の表示、判例の出典については、次のア、イに
掲げる略語を用いた。

　　ア　裁判所名略語
　　大　審　　大審院　　　　　　　　○○地　　○○地方裁判所
　　最　大　　最高裁判所大法廷　　　○○簡　　○○簡易裁判所
　　最○小　　最高裁判所第○小法廷　○○家　　○○家庭裁判所
　　○○高　　○○高等裁判所　　　　○○支　　○○支部

## 凡　例

イ　判例集・雑誌等出典略語

| | |
|---|---|
| 民　録 | 大審院民事判決録 |
| 刑　録 | 大審院刑事判決録 |
| 刑抄録 | 大審院刑事判決抄録 |
| 民　集 | 最高裁判所民事判例集 |
| 集　民 | 最高裁判所裁判集民事 |
| 高刑集 | 高等裁判所刑事判例集 |
| 東高時報 | 東京高等裁判所（刑事）判決時報 |
| 下民集 | 下級裁判所民事裁判例集 |
| 訟　月 | 訟務月報 |
| 家　月 | 家庭裁判月報 |
| 判　時 | 判例時報 |
| 判　タ | 判例タイムズ |
| 労　判 | 労働判例 |
| 労経速 | 労働経済判例速報 |
| 判例自治 | 判例地方自治 |
| 金　商 | 金融・商事判例 |
| 金　法 | 金融法務事情 |
| 交　民 | 交通事故民事裁判例集 |
| 労　旬 | 労働法律旬報 |
| 労判ジャーナル | 労働判例ジャーナル |

# 目　次

刊行にあたって

編集者・執筆者一覧

凡　例

## 序章

1　ハラスメントの歴史 ………………………………… 2
2　比較法（セクシュアル・ハラスメント）………… 3
3　比較法（パワー・ハラスメント）………………… 6
4　ハラスメントの心理的・社会的要因 ……………… 9
5　ハラスメント概念の多様化傾向 ………………… 13

## 第1章　セクシュアル・ハラスメント

**Q1　セクハラとは** ……………………………………… 16
　　　セクハラとは何ですか。

**Q2　セクハラに関する法律** …………………………… 18
　　　セクハラについて定めた法律等はありますか。

**Q3　セクハラの内容** …………………………………… 21
　　　具体的にどのような行為がセクハラとなりますか。

**Q4　セクハラと性別・性指向・性自認** ……………… 26
　　　男性から女性に対する場合以外でもセクハラになりますか。

**Q5　「職場内」以外におけるセクハラ** ……………… 28
　　　「職場内」以外でもセクハラが成立するケースはありますか。

**Q6　セクハラをしないために気を付けるべきこと** … 31
　　　セクハラはどのような場面で気を付けなければなりませんか。セクハラをしないようにするために気を付けるべきことはありますか。

**Q7　セクハラ被害への対処法** ………………………… 34
　　　セクハラ被害に遭った場合、どのような対処方法がありますか。

**Q8　精神的ケアの窓口** ･････････････････････････････ 37
　　　セクハラ被害に遭った場合、精神的ケアの窓口はどこですか。

**Q9　被害申告にあたっての注意点** ････････････････････ 40
　　　セクハラ被害を申告することで不利益を受けないかが心配です。被害申告により不利益を受けないようにするために注意すべきことはありますか。

**Q10　慰謝料** ･･････････････････････････････････････ 43
　　　セクハラ被害に遭った場合の慰謝料はどの程度が相当ですか。

**Q11　慰謝料以外の損害** ････････････････････････････ 47
　　　セクハラ被害に遭った場合、賠償が認められる損害には慰謝料以外にどのようなものがありますか。

**Q12　セクハラの立証活動** ･･････････････････････････ 49
　　　セクハラの事実を立証するためにはどのような活動が必要ですか。

**Q13　職場・大学に対する請求と法的根拠** ････････････ 54
　　　職場内（学内）でセクハラがあった場合、職場（大学）に対してはどのような請求ができますか。またその法的根拠は何ですか。

**Q14　セクハラの予防** ･･････････････････････････････ 57
　　　職場内（学内）でセクハラが起きないようにするには、どのような予防をすればよいですか。

**Q15　セクハラに対する事業主等の対応** ･･････････････ 60
　　　職場内（学内）でセクハラが起きた場合、どのように対処をすればよいですか。懲戒処分の手続や目安はどのようなものでしょうか。

**Q16　調査の際の注意点** ････････････････････････････ 63
　　　職場内（学内）でのセクハラの調査で注意すべき点はありますか。

**Q17　セクハラと刑事罰** ････････････････････････････ 66
　　　セクハラが犯罪になることはありますか。量刑はどのくらいになるのでしょうか。

**Q18　身に覚えのないセクハラ申告への対応** ･･････････ 69
　　　セクハラをしたと言われていますが、身に覚えがありません。法的にどのような対処ができますか。

Q19 懲戒処分への対応 ････････････････････････ 71
　　　セクハラを理由に懲戒処分をされましたが、身に覚えがありません。どうしたらよいですか。

Q20 名誉毀損に対する救済措置 ････････････････ 75
　　　セクハラをしたと週刊誌に記事を書かれたり、インターネット上の掲示板等に書き込みをされたのですが、どのように対処したらよいですか。

# 第2章　パワー・ハラスメント

Q1 パワー・ハラスメントの定義 ･･････････････････ 80
　　　パワー・ハラスメントとは何ですか。

Q2 部下から上司に対するパワハラの成否 ････････ 83
　　　上司から部下に対する場合以外でも、パワハラになりますか。

Q3 「職場内」以外におけるパワハラの成否 ･･･････ 85
　　　「職場内」以外でもパワハラが成立する場合はありますか。

Q4 具体的なパワハラ行為の内容 ････････････････ 89
　　　具体的にどのような行為がパワハラとなりますか。

Q5 業務上の指導とパワハラ ････････････････････ 97
　　　業務上の指導がパワハラになる場合はありますか。パワハラを避ける方法はありますか。

Q6 パワハラと自殺との間の因果関係 ･････････････ 100
　　　パワハラと自殺との間の因果関係は、どのように判断されるのですか。

Q7 損害賠償請求に対する過失相殺・素因減額の抗弁 ････ 104
　　　パワハラに関する損害賠償請求訴訟において、過失相殺や素因減額が争点になる場合の注意点を教えてください。

Q8 加害者に対する請求 ････････････････････････ 106
　　　パワハラ被害に遭った場合、加害者個人に対し、どのような請求ができますか。

**Q9　パワハラにおける慰謝料の金額** ･･････････････････････ 109
　　　パワハラ被害に遭った場合の慰謝料はどの程度が相当ですか。

**Q10　会社に対する請求** ･･･････････････････････････････ 113
　　　会社内でパワハラ被害に遭った場合、会社に対しては、どのような請求ができますか。また、その法的根拠は何ですか。

**Q11　会社内のパワハラ予防策** ･････････････････････････ 117
　　　会社内でパワハラが起きないようにするためには、どのような対処をすればよいですか。

**Q12　会社内での事後的対処** ･･･････････････････････････ 119
　　　会社内でパワハラが起きた場合、どのような対処をすればよいですか。

**Q13　会社内の懲戒処分の手続、内容** ･･･････････････････ 123
　　　会社内でパワハラがあった場合の懲戒処分の手続や内容を教えてください。

**Q14　身に覚えのないパワハラ申告への対応** ･･･････････ 127
　　　会社からパワハラをしたと言われていますが、身に覚えがありません。法的にどのような対処ができますか。また懲戒処分をされた場合はどうしたらよいですか。

**Q15　名誉毀損等に対する救済措置** ･････････････････････ 130
　　　パワハラをしたと週刊誌に記事を書かれたり、ネットに書き込みをされたのですが、身に覚えがありません。どのように対処すればよいですか。

**Q16　人事権行使によるパワハラ** ･･･････････････････････ 134
　　　人事権行使が違法なパワハラとなるのは、どのような場合ですか。

**Q17　人事権行使によるパワハラを受けた場合の請求内容** ･･････ 138
　　　人事権行使によるパワハラを受けた場合、会社に対して、どのような請求ができますか。

**Q18　労災におけるパワハラの判断過程** ････････････････ 140
　　　パワハラが労災と認められるのはどのような場合ですか。

Q19 パワハラが犯罪になるか ················· 145
　　　パワハラが犯罪になることはありますか。また、どのような犯罪が成立するでしょうか。
Q20 パワハラの事実の立証 ··················· 148
　　　パワハラの事実を立証するためには、どのような証拠が必要ですか。
Q21 紛争の解決手段 ························· 150
　　　パワハラに関する紛争を解決するにはどのような手段がありますか。
Q22 パワハラ被害者からの加害者に対する誹謗・中傷 ········ 152
　　　パワハラの被害者が加害者に対して誹謗・中傷を行ったことが問題となった裁判例はありますか。

# 第3章　マタニティ・ハラスメント

Q1 マタニティ・ハラスメントの定義 ············ 154
　　　マタニティ・ハラスメントとはどのような行為を指しますか。また、マタニティ・ハラスメントは、どのような法令等で規制されていますか。
Q2 禁止される不利益な取扱いの内容 ············ 157
　　　どのような場合に、雇均法や育児介護法が禁止する「不利益な取扱い」にあたるのか教えてください。
Q3 採用時における留意点 ··················· 164
　　　妊娠している女性を採用するにあたって、事業主が注意すべき点は何でしょうか。
Q4 妊娠した従業員への配慮 ················· 168
　　　妊娠した従業員に対して事業主が配慮すべきことがあれば教えてください。
Q5 軽易業務への転換と「不利益な取扱い」 ········ 173
　　　妊娠を理由に、より軽易な業務への転換を希望して異動したところ、会社から降格されてしまい、これまで貰っていた役職手当も貰えなくなってしまいました。これは適法なのでしょうか。

**Q6 妊娠と人事考課** ……………………………………… 176
　妊娠によるつわりなどによって、仕事の能率が落ちたり欠勤が増えたりしました。将来の人事考課に影響したり解雇されたりしないでしょうか。

**Q7 育児休業と不昇給** ……………………………………… 179
　私は、育児休業を取得した結果、昇給できず、昇格試験も受けられませんでした。これは適法なのでしょうか。

**Q8 再度の育児休業の取得** ………………………………… 182
　① 私は、育児休業取得後に一度職場復帰しましたが、子どもが1歳にならないうちに、再度、子どもの面倒をみなければいけなくなりました。事業主に相談したところ、育児休業の取得に難色を示されています。私は、再度、育児休業を取得することができますか。
　② 私は、妻の出産直後から1か月の育児休業をとり、一度職場復帰しましたが、その後、家庭の事情で、もう一度育児休業を取る必要がでてきました。事業主は育児休業の取得を認めてくれません。私は再度の育児休業を取得することができますか。

**Q9 育児休業の終了と不利益な取扱い** …………………… 185
　育児休業が終了し、職場へ復帰したのですが、突然配転命令を受けました。私は配転に応じなければならないのでしょうか。そのほか、降格や解雇された場合についてはどうか、教えてください。

**Q10 育児短時間勤務制度** ………………………………… 189
　私は、育児短時間勤務制度を利用して、1日6時間勤務をしています。
　① 育児短時間勤務制度を利用中の残業命令や賃金の取扱い（基本給や昇級等）について教えてください。
　② 育児短時間勤務制度の利用中に、育児時間制度も併せて利用できますか。
　③ 私は管理職ですが、育児短時間勤務制度の利用に伴い、管理職から降格され、管理職手当も支払われなくなりました。これは適法ですか。

**Q11 子の看護休暇の申出** ………………………………… 193
　子どもがインフルエンザに突然罹患し、当日に看護休暇を取得しようと考えています。そこで、気を付けるべきことがあれば教えてください。

目　次

# 第4章　アカデミック・ハラスメント

**Q1**　アカハラの定義 ………………………………… 198
　　　アカデミック・ハラスメントとは、どのような行為を指すのですか。許容される指導とアカデミック・ハラスメントとの違いを教えてください。また、なぜアカデミック・ハラスメントは生じるのでしょうか。

**Q2**　指導がアカハラとされないための留意点 ……………… 202
　　　教授が学生へ指導する際、アカハラを行ってしまわないように留意すべきことはどのようなことですか。また、アカハラを未然に防止するため、大学として行っておくべき対策はありますか。

**Q3**　証拠の収集 ………………………………………… 205
　　　私は大学4年生です。最近、私が所属するゼミの指導教授から頻繁に「食事に行こう」と誘われたり、「行かないとゼミの単位をあげない」と言われたりして困っています。私は、指導教授の行為を許すことはできず、今後、指導教授に謝罪と慰謝料の支払いを求めたいと考えています。現段階で、今後のためにどのような証拠を収集する必要性がありますか。

**Q4**　大学等に対する請求と法的根拠 ……………………… 207
　　　アカハラを受けた場合、誰に対して、どのような請求が可能でしょうか。私立大学と国立大学とで違いはありますか。

**Q5**　アカハラを行った教職員への対応 …………………… 211
　　　教職員がアカハラを行った場合、大学は、その教職員に対し、どのような対処をすべきでしょうか。もし懲戒処分をするなら、どのような要素を考慮してどのような処分を選択すべきでしょうか。

**Q6**　大学内における紛争解決体制 ………………………… 215
　　　アカハラについて、大学内にその解決を図る仕組みはありますか。また、どのような解決が可能でしょうか。

**Q7**　アカハラの具体例等 ………………………………… 218
　　　アカハラが違法とされる基準や判断要素を教えてください。また、これまでの裁判例の中で、誰に対するどのような行為が損害賠償の対象となる違法な行為と判断されたのか教えてください。

Q8　慰謝料以外の損害 ・・・・・・・・・・・・・・・・・・・・・・・・・・・・・・・・・・・・・・・ 222
　　　私は、指導教授からアカハラを受け、大学を中途退学せざるを得ませんでした。私は、指導教授に対して、損害賠償請求をする予定ですが、慰謝料のほかに、どのような項目が損害として考えられるでしょうか。

# 第5章　モラル・ハラスメント、その他

Q1　モラル・ハラスメントの定義と問題性 ・・・・・・・・・・・・・・・・・・・・・ 226
　　　モラル・ハラスメントとは何でしょうか。また、どのような点が問題なのでしょうか。

Q2　モラル・ハラスメントの当事者の特性 ・・・・・・・・・・・・・・・・・・・・・ 228
　　　モラル・ハラスメントの加害者・被害者は、どのような人なのでしょうか。

Q3　家庭におけるモラル・ハラスメント ・・・・・・・・・・・・・・・・・・・・・・・ 231
　　　家庭におけるモラル・ハラスメントとは、どのようなものでしょうか。

Q4　家庭におけるモラル・ハラスメントと規制法令の関係 ・・・・ 236
　　　家庭におけるモラル・ハラスメントは、ストーカー行為等の規制等に関する法律や配偶者からの暴力の防止及び被害者の保護等に関する法律とどのような関係にあるでしょうか。モラハラ言動の被害者は、裁判所に対してDV保護命令を申立てることができるでしょうか。

Q5　家庭におけるモラル・ハラスメントの法律相談における注意点 ・・ 239
　　　家庭におけるモラル・ハラスメントの被害者が法律相談に来た際に、どのようなことを意識して相談を受けるのがよいと考えられますか。実際にモラル・ハラスメントの加害者に対して離婚裁判をする場合にどのような点に注意する必要がありますか。

Q6　家庭におけるモラル・ハラスメントの裁判例 ・・・・・・・・・・・・・ 242
　　　モラル・ハラスメントを理由とする離婚請求や損害賠償請求を認めた裁判例として、どのようなものがあるでしょうか。

目次

**Q7　家庭におけるモラル・ハラスメントの裁判例（離婚以外）**……245
　　離婚以外でモラル・ハラスメントが問題となった裁判例があるでしょうか。

**Q8　その他のハラスメント全般**……248
　　その他のハラスメントとしては、どのようなものがあるでしょうか。

**Q9　アルコール・ハラスメント**……252
　　アルコール・ハラスメントとは何でしょうか。裁判例としてどのような事例があるのでしょうか。

**Q10　ドクター・ハラスメント**……255
　　ドクター・ハラスメントとは何でしょうか。裁判例としてどのような事例があるでしょうか。

**Q11　カスタマー・ハラスメント**……259
　　カスタマー・ハラスメントとは何でしょうか。裁判例としてどのような事例があるでしょうか。

**Q12　スモーク・ハラスメント**……262
　　スモーク・ハラスメントとは何でしょうか。裁判例としてどのような事例があるでしょうか。また、職場における受動喫煙により健康被害を被った場合、会社に対して損害賠償を求めたり、その防止策を講じるように要求することができるでしょうか。

**Q13　コミュニティ・ハラスメント**……267
　　コミュニティ・ハラスメントとは何でしょうか。裁判例としてどのような事例があるでしょうか。裁判以外の救済手続があるでしょうか。

**Q14　レイシャル・ハラスメント**……270
　　レイシャル・ハラスメントとは何でしょうか。裁判例はありますか。

裁判例年月日別索引……273

あとがき

# 序章

- ○ Sexual harassment
- ○ Power harassment
- ○ Maternity harassment
- ○ Academic harassment
- ○ Moral harassment and Others

## 序章

# 1 ハラスメントの歴史

　我が国において、ハラスメントという言葉はどのようにして広く認識されるようになり、社会に浸透してきたのでしょうか。その変遷を簡単に辿ってみましょう。

　日本でのハラスメントに関する最初の民事裁判は、平成元年、出版社に勤務する女性が男性上司から異性関係が派手であるなどといった噂を社内外に流されたことを理由に、男性上司および会社に対して損害賠償請求を行った、福岡セクシュアル・ハラスメント事件（福岡地判平成4年4月16日判時1426号49頁）であるといわれています。この裁判が世間の耳目を集めたこともあり、セクハラの概念は急速に世に広まりました（この年、「セクシュアル・ハラスメント」は、新語・流行語大賞の新語部門金賞を受賞しています。）。1990年代に入ると、セクハラ裁判が増大したことで、セクハラに対する社会の意識はより高まっていき、平成9年には男女雇用機会均等法に女性労働者に対するセクハラ規定が設けられ、さらに平成19年の同法改正により男性労働者にもセクハラ規定が適用されるようになりました。

　2000年以降はセクハラ以外の様々な類型のハラスメント概念が提唱されました。たとえば、平成13年には、「パワー・ハラスメント」という言葉が登場しています。この言葉は、実は和製英語で、組織内における優位性を利用した職場でのいじめなどを指す言葉として一般的に用いられるようになり、市民権を獲得しました。また、平成26年には、妊娠に伴う軽易業務への転換を契機とした降格処分を違法と判断した広島中央保健生協事件（最一小判平成26年10月23日民集68巻8号1270頁）がメディアで大きく取り上げられたことで、「マタニティ・ハラスメント」という概念がクローズアップされ、法整備も進められました。

　最近では、アカデミック・ハラスメント、モラル・ハラスメント、ジェンダー・ハラスメント、就活終われハラスメント、SOGIハラスメント（「SOGI」とは、Sexual Orientation and Gender Identityの略。性的指向・性自認に関する差別や嫌がらせのこと。）など、ハラスメント概念はさら

なる広がりを見せ、ハラスメントをめぐる社会的な関心は一層高まっている状況にあります。私達は、こういった様々なハラスメントの問題にどのように向き合えばよいのでしょうか。今一度立ち止まってハラスメントについての議論を交わし、理解を深めるべきときがやってきているのかもしれません。

# 2 比較法（セクシュアル・ハラスメント）

　日本においては、現在のところ、セクシュアル・ハラスメント行為そのものに対する法規制はありません。男女雇用機会均等法において、職場のセクシュアル・ハラスメントに対し事業主の雇用管理上の措置義務等が定められている程度です。

　一方、諸外国においては、セクシュアル・ハラスメントについて、以下のような法規制がなされています。

## 1　アメリカ合衆国

　アメリカ合衆国では、法律上セクシュアル・ハラスメントに関する明文規定はありません。公民権法第7編第703条（性別を理由として雇用を拒否し、解雇し、雇用に関する報酬、条件等について差別待遇を行うことの禁止）に規定する性差別にセクシュアル・ハラスメントが含まれると解釈されています。公民権法第7編は、元来、行政救済による雇用保護の法であり、企業内におけるセクシュアル・ハラスメント予防を促すものですが、現在では、懲罰的損害賠償制度の導入（1991年）などにより、セクシュアル・ハラスメントに対する民事的制裁を可能とする機能が付加されています。

　そもそもセクシュアル・ハラスメントという言葉は、1970年ころアメリカ合衆国で、フェミニストによって問題提起され重要な社会的テーマとなったものであり、連邦最高裁判所がセクシュアル・ハラスメントに関して初めて判決を下したのが、1986年のヴィンソン事件です。

　アメリカ合衆国におけるセクシュアル・ハラスメントの定義は、

## 序章

EEOC（雇用機会均等委員会）ガイドライン（1980年）で次のように定められています。

> 歓迎されない性的接近、性的行為の要求その他の性的性質を有する口頭又は身体上の行為は、以下のような場合、セクシュアル・ハラスメントを構成する。
> (1) このような行為への服従が、明示的であれ黙示的であれ、個人の雇用条件を形成する場合
> (2) 個人によるこのような行為への服従又は拒絶が、その個人に影響する雇用上の決定の基礎として用いられる場合
> (3) このような行為が、個人の職務遂行を不当に阻害し、又は脅迫、敵意、若しくは不快な労働環境を創出する目的又は効果を持つ場合

### 2 欧州連合（EU）

欧州連合（EU）では、雇用及び職業に関する男女の機会均等及び均等待遇原則の施行に関する指令（2006年）にセクシュアル・ハラスメントに関する明文規定があります。

同指令第2条第2項(a)は、「ハラスメント、セクシュアル・ハラスメント及びこれらの行為に対する拒絶や服従を理由とする不利益取扱いは、性差別とされる。」と規定しており、セクシュアル・ハラスメントは性差別に含まれることとなります。

セクシュアル・ハラスメントの定義については、同指令第2条第2項(d)で、「人間の尊厳を侵害する目的を持つ、またはそうした効果を伴う、あらゆる形の好ましくない、わいせつな言葉、言葉以外の行為、または身体に接触するなどの行為が発生する場合。特に、威圧的、敵対的、下劣で侮辱的または不快な環境を作り出している場合。」と定められています。

### 3 フランス

フランスでは、刑事罰を用いて国家が直接セクシュアル・ハラスメントを処罰する方法を採用した点が特徴的です。刑法典にセクシュアル・

ハラスメントに関する明文規定があり、保護法益は、個人の性的自由とされています。また、労働法典にもセクシュアル・ハラスメントに関する明文規定があります。

刑法典では、第222-33条の1項において、「セクシュアル・ハラスメントとは、性的な含意のある言動であって、他人の尊厳を侵害する下劣若しくは屈辱的なもの又は威圧的敵対的若しくは侮辱的な状況を生じさせるものについて、他人に対して繰り返しこれを強要することをいう。」とセクシュアル・ハラスメント行為を定義し、2項で「たとえこれを繰り返さない場合であっても、性的行為をさせることを現実の又は明白な目的として、形態のいかんを問わず強い威迫を用いることは、当該性的行為の要求がこの違法行為の正犯のためであるか第三者のためであるかにかかわらず、セクシュアル・ハラスメントとみなす。」としたうえで、3項において、「以上のセクシュアル・ハラスメント行為をした者は、2年以下の拘禁刑及び3万ユーロの罰金に処せられる。」とセクシュアル・ハラスメント行為そのものに刑事罰を科しています。また、職権濫用によるセクシュアル・ハラスメント等に対する加重セクシュアル・ハラスメント罪も定められています。

刑法典第225-1-1条においては、「セクシュアル・ハラスメントに従い、又は従わなかったことによる被害者に対する差別及びセクシュアル・ハラスメントについて証言したことによる差別をした者は、3年以下の拘禁刑及び4万5000ユーロの罰金に処せられる。加重事由がある者は、5年以下の拘禁刑及び7万5000ユーロの罰金に処せられる。」と規定しています。

労働法典では、L.第1153-1条において、刑法典と同様にセクシュアル・ハラスメントを定義づけています。みなし規定も同様に存在します。また、L.第1153-2条では、「いかなる労働者、研修生、採用候補者も、給与、配置、昇進、契約の更新等において直接的なものや間接的なものも含め、第1153-1条に定義されるセクシュアル・ハラスメントを受けたこと又はセクシュアル・ハラスメントを拒絶したことを理由に懲戒処分を受けない。」と規定しています。

|| 序 章 ||

　フランスでは、2018年、路上などでのセクシュアル・ハラスメント行為を規制する法律が施行され、路上や公共交通機関でのセクシュアル・ハラスメント行為に対しては最高750ユーロの罰金が科せられることになりました。

### 4　イギリス

　イギリスでは、セクシュアル・ハラスメントは当初、1978年雇用保護法による不公正解雇・みなし解雇適用の問題として取り扱われ、その後、1975年性差別禁止法による性差別の問題として取り扱われてきました。性差別禁止法では企業内におけるセクシュアル・ハラスメント予防を促す規定を定めていましたが、現在は、1997年ハラスメント規制法により、広くハラスメントに対する規制がなされています。

　具体的には、ハラスメント規制法において、合理的人間がハラスメントとなると評価する行為が二度以上行われた場合、ハラスメント罪（6か月以下の拘禁）およびハラスメントの不法行為の成立が認められることとされています。

　どのような行為がハラスメントに該当するかについては、2010年平等法26条に定められています。

## 3　比較法（パワー・ハラスメント）

　日本では、これまでパワー・ハラスメントを直接規定する法律はありませんでしたが、令和元年5月29日、労働施策総合推進法の一部改正法が成立し、規定が設けられるに至りました。この法律では、パワー・ハラスメントを定義した上（2章Q1参照）、事業者にこれを防止する雇用管理上の措置義務（2章Q11、Q12参照）を負わせています。しかし、行為禁止規定を創設することは見送られており、これが改正法の一つの特徴となっています。

　諸外国においては、我が国の改正法と同様の規律をする国もある一方、パワー・ハラスメントを明確に禁止し、刑事罰を科す法制もあり、防止

義務の内容にも多彩なものが見られます。

## 1　スウェーデン

　スウェーデンにおいては、雇用環境規則（AFS1993：17）により、職場いじめを「個別の被用者に対し、攻撃的な方法により直接的に、繰り返し行われる、非難されるべき、または明らかに敵対的な行為であり、それらの被用者を職場の共同体から排除する結果を生じさせる行為」と定義した上、使用者にその予防の責務を負わせています。具体的には、上記規則を補足する指針において、雇用環境に関する明確な方針を設定すること、雇用環境が良好であることを確保するためのルーティン（手順）を設定すること、マネージャー等に対して訓練や指導を行うべきことなどが定められています。

## 2　イギリス

　イギリスでは、パワー・ハラスメントに特化した法律はなく、ハラスメント一般を対象とした「ハラスメントからの保護法」により規律がされています。同法は、①「ハラスメント」に該当する、②「一連の行為」を禁止していますが、「ハラスメント」について明確な定義付けはされておらず、同じ情報を有する合理的通常人がそう認識する行為がハラスメントに該当する（不安を感じさせるもの、困惑を引き起こすものを含む。）としたうえ、「一連の行為」というためには、少なくとも2回以上の行為であることを要するとしています。このような規制に反してハラスメントがされた場合には、損害賠償請求や差止命令等の民事救済の対象とされるほか、行為者に対して刑事罰も科されることが定められています。

## 3　ベルギー

　ベルギーでは、職場における暴力、モラル・ハラスメントおよびセクシュアル・ハラスメントからの保護に関する法律により、モラル・ハラスメントを「企業や施設の外部あるいは内部において、とりわけ言辞、

脅迫、行為、身振りおよび一方的な書き付けによって表現され、労働の遂行の際に、人格、尊厳あるいは肉体的あるいは心理的な統合性を損なうことを目的とするあるいはそのような効果をもたらし、その雇用を危険にさらしもしくは威嚇的な、敵対的な、品位を貶める、屈辱的なあるいは攻撃的な環境をもたらすあらゆる性質の一定の時間の間発生し、類似のあるいは種々の複数のハラスメント行為」と定義したうえ、使用者および労働者に対してこれを行わない義務を負わせています。この法律においては、企業内でハラスメントの防止対策を採ることが重視されており、労使それぞれの代表者から「労働における防止と保護の委員会」（CPPT）を構成し、労働者の福祉に関して見解の表明や提案を行うものとされるなど、具体的な制度が整備されています。

## 4　フランス

フランスでは、労働関係法により「労働者の権利及び尊厳を侵害し、身体的もしくは精神的な健康を害し、または職場キャリアの将来性を損なうおそれのあるような労働条件の悪化を目的とする、あるいはそのような効果を及ぼすような反復的行為」をモラル・ハラスメントとして定義し、使用者は、労働者の安全衛生確保のための包括的な予防計画を作成し、その防止策を講じなければならないものとされています。

## 5　カナダ

カナダでは、労働基準法により、「敵対的又は望まない、反復した振る舞い、発言、行為又は身振りにより示される屈辱的行為であり、労働者の尊厳又は精神的若しくは身体的な完全さを侵害し、かつ労働者にとって、不快な労働環境をもたらすもの」を心理的ハラスメントとして定義し、使用者は、これを予防し、そのような行動を知ったときは、それを止める合理的方策を講じなければならないものとされています。

## 6　国際労働機関（ILO）

令和元年6月21日、国際労働機関（ILO）は、年次総会において、職

場でのハラスメントを全面的に禁止する条約を採択しました。この条約は、暴力やハラスメントを「身体的、精神的、経済的損害を引き起こす許容できない行為や慣行、その脅威」と定義し、労働者だけでなく、実習生や求職者、ボランティアなども保護の対象にしています。条約では、①職場での暴力やハラスメント禁止を法律で義務付ける、②予防、根絶のための執行、監視の仕組みを確立、強化する、③民事責任や刑事罰などの制裁を設けることなどを内容としています。

批准するか否かは、各国の判断に委ねられていますが、日本政府は批准に慎重な姿勢を示しており、直ちに国内法の再改正につながる可能性は低いと思われます。

## 7　まとめ

このように諸外国のパワー・ハラスメントに対する取組は多様なものですが、これらの法制は、我が国の改正法の位置付けを理解し、今後のパワー・ハラスメント規制の在り方を考えるうえで参考になるものと思われます。

# 4 ハラスメントの心理的・社会的要因

## 1　誰もが加害者となる可能性がある

現在、様々なハラスメントについて、社会的に相当程度問題が認知されてきており、たとえば、部下の身体の性的な部分に触ってはいけないとか、暴力をふるってはいけないといったことは、多くの人が理解していると思います。しかし、それでもハラスメントはなかなかなくなりません。それは、ハラスメントが、誰もが大なり小なり持っている欲求に基づくものであり、また、その欲求が誤った形で行動に結びつくような背景や要因が、簡単にはなくならないからであると考えられます。

そして、本人にその自覚が乏しい場合も含め、誰もがハラスメントの加害者になる可能性をもっているのです。

## 2　ハラスメントと欲求

　ハラスメントの根源には、心理学的にみて様々な欲求が存在します。セクシュアル・ハラスメントであれば、典型的には「性的欲求」を思い浮かべるかもしれませんが、実際は、他人と交流したいとか、仲良くなりたいという「親和欲求」、あるいは、他人の注意を引きたい、楽しませたり驚かせたりしたいという「顕示欲求」がハラスメントに結びつくことも多くあります。上司が、部下との距離感を縮めたいと考えて、あるいは場を和ませようと考えて猥談をしてしまうような場合です。この場合、自分ではハラスメントだと気づいていなかったり（無自覚型のハラスメント）、相手が嫌がっていないからハラスメントにならないはずだなどといった独善的な正当化、責任の転嫁を行ったり（自己正当化型のハラスメント）ということが往々にしてあります。しかし、それらも被害者にとっては非常に大きな苦痛となり得ます。

　パワー・ハラスメントについても、ストレス解消や組織からの排除のためのハラスメントとして、自覚的に行われる場合を想像するかもしれませんが、「支配欲求」や、会社の利益を追求したいという「優越欲求」、認められたいという「承認欲求」などに基づいて行われる場合には、疑問を持たれないまま、無自覚ないし独善的に行われてしまうことがあります。セクシュアル・ハラスメントと同様、「親和欲求」がパワー・ハラスメントに結びつくこともありますし（たとえば、飲みニケーションの強要など）、「支配欲求」だけでなく、優秀な人を称賛して彼らに従いたい、仕えたいという「服従欲求」も、上司の評価が低い同僚や部下に対するパワー・ハラスメントに結びつくことがあります。

　もちろん、こういった欲求が直ちにハラスメントに結びつくわけではありません。ハラスメントが発生するのは、①性別や地位、立場など様々なパワー・バランスの非対称性（上下の人間関係）が存在する場合に、②相手との関係を読み違えて、欲求が不適切な形で行動に結びついたときです。

## 3　関係の読み違いが起こる要因

　このような関係の読み違いが起こる要因について、心理学や社会学などから様々な分析がされています。

　たとえば、社会的要因の1つとして、ハラスメントが比較的新しい概念であって、数十年前まではほとんど顕在化せず、むしろ半ば習慣化していた問題であることが挙げられます。人権意識や価値観の多様性に対する理解が進んだことにより、問題が顕在化するようになりましたが、それ以前の環境で半生を送ってきた人たちにとっては、行為の不適切性、違法性を客観視できず、「この程度であれば大丈夫」と矮小化したり、「コミュニケーションの一環」と独善的に正当化したりといったことが起こり得ます。

　また、労働環境の変化（非正規労働の増加と過剰な成果主義など）は、パワーハラスメントの温床としてしばしば指摘されるところです。

　次に、心理的要因としては、前述した非対称性を前提として、上司の方が地位が上であって、偉い、あるいは好意をもたれる存在なのだという錯覚・思い込み（自己評価に対する認知の歪み）であるとか、年齢が上がったり、役職・肩書がついたりして、共感する立場から共感される立場に立たされることで、共感力が鈍磨すること（コミュニケーション能力の低下）などが指摘されています。

## 4　予防のポイント

　無自覚型ないし自己正当化型のハラスメントを予防するために重要と考えられるのは、まずは①のパワー・バランスの非対称性を正しく認識することです。力関係が上の立場の側から、いくら非対称性を解消しようと思っても解消し得ないもので、無理に解消しようとすると、かえって価値の押し付けとなり、それ自体がハラスメントにつながりかねません。非対称性を自覚し、人間関係を読み違えていないか、価値の多様性に十分に配慮できているかどうか、自己評価に対する認知の歪みや共感力の鈍磨に陥っていないかどうかなど、研修等を通じて客観的に分析する機会があるとよいでしょう。

自己評価に対する認知の歪みや共感力の鈍磨は、自分では気づきにくい（認知自体が歪んでいる）ため、できるだけ早期に客観的に指摘してもらうなどして、その都度修正していくことが重要です。その際に重要となるのが、閉鎖性（閉じられた人間関係）の自覚ないし緩和です。企業内では、閉鎖性ゆえに、上記のような指摘がしにくい（できない）環境があります。そのような中で、横のつながりを重視したり、閉鎖空間をつくらないようにしたりして、閉鎖性を緩和し、被害者側が不快を伝えやすい環境をつくることは大切ですが、企業内の窓口だけでは限界があり、外部のカウンセラーや弁護士とも提携してできるだけ話しやすい環境を整える必要があります。また、少し視点を変えて、加害者となりやすい立場の方が、趣味など、立場や肩書から離れたコミュニティを企業外に持つことで人間関係の相対性に気づくことも有効とされています。

## 5　ハラスメント対策における注意点

もう1つ、ハラスメントの問題を難しくしているのは、他の不法行為に比べて、グレーなゾーンが非常に大きいという点です。ハラスメントに当たるか否かの基準は、「相手が不快に思うか」という内心の問題に関わるため、適法・違法の境界がわかりにくい（同じ行為でも、AとCの関係性からは適法だが、BとCの関係性からは違法ということがあり得る）と言われます。また、法律的にはどこかで適法・違法の線引きがされますが、より快適な職場環境のためには、違法ではなくとも不適切というケースもできるだけ防止する方向に向かうべきとも言えます。

他方、万が一ハラスメントが起こってしまった場合でも、軽微なものについて（あるいは軽微な段階で）、いかにうまくリカバリーするかという視点から、リカバリーの仕組みを作っておくことも重要です。もちろん、軽微だからといってハラスメントが許されるわけではありません。ただ、好意やコミュニケーションの一環のつもりが、相手に不快を与えていたという場合に、適切に謝罪を行わせ、再発防止策を講じるなどしていくことで、潜在化・深刻化を防ぐことにつながることもあります。

ハラスメントは、それを受けた側にとって非常に大きな損害となることは当然ですが、無自覚に行った加害者にとっても思わぬ責任を負わされることになりかねませんし、ひいては、コミュニティ全体にとっても大きな損失となります。そのため、このような無自覚型ないし自己正当化型のハラスメントについて正しく理解し、それらが発生する前に、できる限りの予防を行うことが求められるのです。

## 5 ハラスメント概念の多様化傾向

　セクシュアル・ハラスメント概念は、職場上司の女性社員に対する性的言動問題をきっかけに登場し、パワー・ハラスメント概念は、職場上司の社員に対するプレッシャーを意味する言葉として登場したものであり、いずれも「職場のハラスメント」概念として浸透していったとみることができます。そして、いずれの概念も、労働者の人格や尊厳に関わる問題であるとの理解が社会的に広がり、国による対策が行われるようになったものと考えられます。

　ところが、現代の日本では、「職場のハラスメント」か否かを問わず、多種多様なハラスメント概念が登場しています（**5章Q8参照**）。これらのハラスメント概念は、ある行為にいじめ・嫌がらせの性質があることを前提に、その行為が行われる場面や、行為の主体・客体などにも着目して造られた概念と見ることができます。

　しかし、これらのハラスメント概念の中には、当該行為に関する問題事例が多発することで、いつしか当事者間の個人的問題にとどまらず、社会的な問題として扱われるようになったもの（例：就活終われハラスメント、2015年新語・流行語大賞に「オワハラ」としてノミネート）もあれば、単に当該行為を受ける者が個人的に不快と感じるか否かが問題となり得るもの（例：ヌードル・ハラスメント）もあり、ハラスメント概念の間にも社会に及ぼす影響の程度に差があるものと考えられます。

　また、新たに登場したハラスメント概念に関し、問題となる行為を

## 序章

　行った者に対して法的責任を問うことができるか否かは、当該行為の内容や性質、行為の程度、この行為により侵害され得る権利・利益の内容や性質、侵害の程度等も考慮した個別的な判断が必要となります。そのため、当該行為者に対して直ちに法的責任を問うことができるとは限りません。

　現代日本では、そもそも「ハラスメント」の一般的概念について十分な検討がされないまま、「ハラスメント」という言葉が浸透していき、その結果、問題となる行為やその主体・客体などに着目して「ハラスメント」概念を細分化する、という傾向が広まっていったものと考えられます。そして、このような傾向の下、今後も新たなハラスメント概念が登場する可能性があるものと考えられます。しかし、新たなハラスメント概念を造り出そうとする際、いったい何のために当該概念を作出するのか、その意義・目的等について慎重に検討すべきではないでしょうか。

# 第1章

# セクシュアル・ハラスメント

- ● Sexual harassment
- ○ Power harassment
- ○ Maternity harassment
- ○ Academic harassment
- ○ Moral harassment and Others

第1章　セクシュアル・ハラスメント

## Q1　セクハラとは

セクハラとは何ですか。

### 1　セクハラとは

　セクハラとは英語のセクシュアル・ハラスメント（sexual harassment）を略した言葉で、性的な嫌がらせを意味する言葉です。

　セクハラは当初、雇用の分野において問題とされることが多かったため、ここではまず、雇用の分野における男女の均等な機会及び待遇の確保等に関する法律（以下この章では「男女雇用機会均等法」と言います。）および人事院規則10–10（セクシュアル・ハラスメントの防止等）の各規定を通じて、雇用の分野におけるセクハラの位置づけについて見ていくことにします。

### 2　雇用の分野におけるセクハラの位置づけ

　人事院規則10–10第2条において、セクハラは「他の者を不快にさせる職場における性的な言動及び職員が他の職員を不快にさせる職場外における性的な言動」と定められています。

　また、男女雇用機会均等法11条1項および「事業主が職場における性的な言動に起因する問題に関して雇用管理上講ずべき措置についての指針」（平成18年厚生労働省告示第615号。以下「セクハラ指針」と言います。）においては、セクハラは「職場において行われる性的な言動に対するその雇用する労働者の対応により当該労働者がその労働条件につき不利益を受け、又は当該性的な言動により当該労働者の就業環境が害されること」と定められています。同指針では、労働者の意に反する性的な言動に対する対応により、その労働者が解雇、降格、減給などの不利益を受ける場合が対価型セクハラと分類されています。また、労働者の意に反する性的な言動により、労働者の就業環境が不快なものと

なったため、能力の発揮に重大な悪影響が生じる等、その労働者が就業する上で看過できない程度の支障が生じる場合が環境型セクハラと分類されています。

ただし、セクハラの中には、これら2つの分類のいずれかに該当すると判断するのが困難なケースも多くありますので、実際の問題がセクハラにあたるのか否かをこれら2つの分類のみで判断しようとすることには注意が必要です。

## 3　裁判例におけるセクハラの位置づけ

裁判例では、セクハラは、労働者の性的自由ないし性的自己決定権等の人格権を侵害するものとして位置づけられています。

問題とされている行為が人格権を侵害するかに関しては、会社代表者が、自宅で家政婦として仕事に従事していた女性従業員に対し、体を触ったり、性交を求めたりしたという事案において、名古屋高金沢支判平成8年10月30日（判タ950号193頁・労判707号37頁。最二小判平成11年7月16日労判767号14頁で上告棄却により確定。金沢セクハラ事件）が1つの判断基準を示しており、参考になると思われます。同判決は、「職場において、男性の上司が部下の女性に対し、その地位を利用して、女性の意に反する性的言動に出た場合、これがすべて違法と評価されるものではなく、その行為の態様、行為者である男性の職務上の地位、年齢、婚姻歴の有無、両者のそれまでの関係、当該言動の行われた場所、その言動の反復・継続性、被害女性の対応等を総合的にみて、それが社会的見地から不相当とされる程度のものである場合には、性的自由ないし性的自己決定権等の人格権を侵害するものとして、違法となる」と判示しました。

## 4　セクハラが問題となる場面

セクハラはもともと、雇用の分野で多く問題とされてきましたが、これまでの裁判例において人格権侵害として構成され理論的に発展したことで、現在では、雇用以外の分野においてもセクハラが問題となる場面（**本章Q5**参照）が広がっています。

## Q2　セクハラに関する法律

> セクハラについて定めた法律等はありますか。

### 1　法　律

　男女雇用機会均等法11条1項が、職場において行われる性的な言動に対する対応により、その労働者が労働条件について不利益を受けたり、就業環境がその性的な言動により害されることのないよう、事業主に対し雇用管理上必要な措置を講じる義務を課しています。

　そして、セクハラ指針では、事業主に対し、①セクハラに関する方針を明確にし、従業員に対しこれを周知・啓発すること、②相談（苦情を含む）に応じ、適切に対応するために必要な体制の整備をすること、③セクハラが発生した場合に迅速かつ適切な対応をすることなどを求めています。

　これらの措置を講ずべき事業主の義務は、公法上の履行確保措置の対象、具体的には、厚生労働大臣の行政指導（雇均29条）および企業名公表（同30条）の対象となり、また、都道府県労働局による紛争解決の援助（同16条）等の対象になっています。

　なお、男女雇用機会均等法11条および上記指針自体は、私法上の効力をもつものではないと解釈されていますが、これに沿った防止措置をとっているかどうかは、後に述べる使用者責任や配慮義務違反等の判断において考慮されるべき事実となります。

### 2　規　則

　国家公務員については、男女雇用機会均等法とは別に、人事院規則10-10が規定され、人事行政の公正の確保、職員の利益の保護および職員の能率の発揮を目的として、セクシュアル・ハラスメントの防止および排除のための措置ならびにセクシュアル・ハラスメントに起因する

問題が生じた場合に適切に対応するための措置に関し、必要な事項を定めています。

さらに、「人事院規則10-10(セクシュアル・ハラスメントの防止等)の運用について」(平成10年11月13日職福-442人事院事務総長発。以下「人事院規則10-10運用通知」と言います。)では、上記規則の内容を具体化するとともに、「セクシュアル・ハラスメントをなくすために職員が認識すべき事項についての指針」、「セクシュアル・ハラスメントに関する苦情相談に対応するに当たり留意すべき事項についての指針」を定めています。

## 3　その他

民間団体・企業、大学等において、法律や規則とは別に、ハラスメントに関する規程や運用指針等を定めている場合もあります。

### (1)　民間団体・企業

平成29年度雇用均等基本調査(厚生労働省)によると、セクシュアルハラスメントを防止するための対策に取り組んでいる企業割合は65.4%であり、その取組内容としては、「就業規則、労働協約等の書面でセクシュアルハラスメントについての方針を明確化し、周知した」が65.1%、「セクシュアルハラスメントについての方針を定めたマニュアル、ポスター、パンフレット等を作成したり、ミーティング時などを利用して説明したりするなどして周知した」が20.3%となっています。

### (2)　大　学

男女雇用機会均等法でセクハラに対する事業主の配慮義務が規定されたことを受け、「文部省におけるセクシュアル・ハラスメントの防止等に関する規程」(平成11年3月30日文部省訓令第4号)が施行されるとともに、施行の際の留意点を明記した通知(平成11年3月30日文人審第115号)が発出されました。これらと前後し、各大学でもセクハラを防止するためのガイドラインや規則の策定に向けての動きが活発化し、多くの国公私立学校でガイドライン等が作成されています。

各大学で規程は異なりますが、制定の趣旨・目的、セクハラの定義と

適用範囲、相談のための体制、調査・処置のための体制等については共通して設けられているようです。

### 4 セクハラ行為に対する法的責任を追及する場合の根拠
以下の法律等の規定を根拠にすることが考えられます。
(1) **加害者に対する責任追及、賠償請求**
① **不法行為（民709条、710条）**
加害者からのセクハラにより、性的自己決定権等の人格権や、働きやすい職場環境の中で働く利益を侵害されたとして、不法行為責任を追及することが考えられます。
② **名誉毀損（民723条）**
セクハラによって名誉が毀損されたとして、名誉毀損による責任追及をすることも考えられます。
(2) **企業に対する責任追及、賠償請求**
① **債務不履行（民415条）・不法行為（民709条）・共同不法行為（民719条）**
使用者は、労働契約上の付随義務または不法行為法上の注意義務として「働きやすい良好な職場環境を維持する義務」（職場環境配慮義務）を負っており、これに違反したとして、債務不履行ないし不法行為を理由に責任追及することが考えられます。
② **使用者責任（民715条）**
加害者のセクハラ行為が「事業の執行につき」なされたような場合には、使用者である事業主に対しても使用者責任を追及することが考えられます。
(3) **加害者に対する刑事的な責任追及**
現在、「セクハラ」という表現を用いて、犯罪としてこれを直接禁じる刑罰法規はありません。もっとも、**本章Q17**にあるような法律等によって処罰されることが考えられます。

# Q3 セクハラの内容

> 具体的にどのような行為がセクハラとなりますか。

## 1 セクハラ指針が掲げる具体例

セクハラ指針は、職場におけるセクハラを対価型セクハラと環境型セクハラとに分け、それぞれ以下のような行為をセクハラになる行為の典型例として掲げています。

**(1) 対価型セクハラの典型例**

① 事務所内において事業主が労働者に対して性的な関係を要求したが、拒否されたため、当該労働者を解雇すること。

② 出張中の車中において上司が労働者の腰、胸等に触ったが、抵抗されたため、当該労働者について不利益な配置転換をすること。

③ 営業所内において事業主が日頃から労働者に係る性的な事柄について公然と発言していたが、抗議されたため、当該労働者を降格すること。

**(2) 環境型セクハラの典型例**

① 事務所内において上司が労働者の腰、胸等に度々触ったため、当該労働者が苦痛に感じてその就業意欲が低下していること。

② 同僚が取引先において労働者に係る性的な内容の情報を意図的かつ継続的に流布したため、当該労働者が苦痛に感じて仕事が手につかないこと。

③ 労働者が抗議をしているにもかかわらず、事務所内にヌードポスターを掲示しているため、当該労働者が苦痛に感じて業務に専念できないこと。

## 2 人事院規則10-10運用通知が列挙する具体例

人事院規則10-10運用通知は、セクハラになり得る言動として、次のようなものを列挙しています。

---

(1) 職場内外で起きやすいもの
　ア　性的な内容の発言関係
　　a　性的な関心、欲求に基づくもの
　① スリーサイズを聞くなど身体的特徴を話題にすること。
　② 聞くに耐えない卑猥な冗談を交わすこと。
　③ 体調が悪そうな女性に「今日は生理日か」、「もう更年期か」などと言うこと。
　④ 性的な経験や性生活について質問すること。
　⑤ 性的な噂を立てたり、性的なからかいの対象とすること。

　　b　性別により差別しようとする意識等に基づくもの
　① 「男のくせに根性がない」、「女には仕事を任せられない」、「女性は職場の花でありさえすればいい」などと発言すること。
　② 「男の子、女の子」、「僕、坊や、お嬢さん」、「おじさん、おばさん」などと人格を認めないような呼び方をすること。
　③ 性的指向や性自認をからかいやいじめの対象とすること。

　イ　性的な行動関係
　　a　性的な関心、欲求に基づくもの
　① ヌードポスター等を職場に貼ること。
　② 雑誌等の卑猥な写真・記事等をわざと見せたり、読んだりすること。
　③ 身体を執拗に眺め回すこと。
　④ 食事やデートにしつこく誘うこと。
　⑤ 性的な内容の電話をかけたり、性的な内容の手紙・Eメールを送ること。
　⑥ 身体に不必要に接触すること。
　⑦ 浴室や更衣室等をのぞき見すること。

b　性別により差別しようとする意識等に基づくもの
　　　　女性であるというだけで職場でお茶くみ、掃除、私用等を強要すること。

(2) 主に職場外において起こるもの
　ア　性的な関心、欲求に基づくもの
　　性的な関係を強要すること。
　イ　性別により差別しようとする意識等に基づくもの
　　① カラオケでのデュエットを強要すること。
　　② 酒席で、上司の側に座席を指定したり、お酌やチークダンス等を強要すること。

## 3　裁判例においてセクハラと認定された具体的行為

　近時の裁判例においてセクハラと認定された具体的行為としては以下のものがあります。

### (1) 前橋地判平成29年10月4日（労判1175号71頁）

　①大学教授が、助教に対し、大学院生と年齢が近いことを指摘して、恋愛問題を起こしそうだなどと発言した行為、②大学教授が、「女性研究者は出産とかで何年も空くと、やっぱりなかなか戻りづらい」などと発言した行為、③大学教授が「G大学を転出する場合には一緒についてきて欲しい」などと発言した行為、④大学教授が、助教が過労により風邪をこじらせ、内科受診後に出勤することとなった際に、他の研究員に対し、「助教は妊娠したんじゃないか。様子を見てこい。」と発言した行為は、いずれもセクハラに当たるとされました。

### (2) 東京地判平成29年10月20日（労判ジャーナル73号28頁）

　大学教授が、特定の女性職員に対する呼びかけやメールなどで、下の名前で呼び捨て、あるいは様付けで呼び、また「東方三美人」等と呼称した行為は、職場においてファーストネームで呼ばれることは親密さを過度に求められるように感じることや、容姿と関係のない職場において

美人との表現を使用することは性別を強調されるようで不快に思うことを踏まえると、セクハラに該当するとされました。

(3) **宇都宮地判平成29年10月25日（労判ジャーナル71号26頁）**

市議会議員が、懇親会において、同人の席の隣に座って選曲のためにカラオケの本を見ていた市職員に対し、同人の背中や腰に手を回したり、背中全体をなでるように触ったり、被害者の耳元に口を近づけたりした行為は、セクハラに該当するとされました。

(4) **東京地判平成30年1月12日**

①大学教授が大学職員の正面に近づいて、唐突に両手を同人の背中に回して、同人を抱きしめるような態勢をとって、数秒間にわたって自己と職員の身体を近づけて励ましの言葉を述べた行為、②大学教授が、大学内の教室前廊下において、周囲に学生もいる中で、悪ふざけをしようと考え、壁を背にして立っていた職員に近づき、脈絡なく「壁ドン！」と言いながら同人と正対した状態で片方の手の平を同人の頭部付近の壁に押し当て、同人が身動きできない状態にして、同人に不安を感じさせた行為、③職員は、立ち仕事をしていた際、自らの腰部をトントンと叩いたが、大学教授が、職員に背後から近づき、何も声をかけないで、同人の腰部を数回にわたって手の甲でトントンと叩いた行為、④大学教授が、座って作業していた職員の隣に座って、同人を褒めながらぽんぽんと頭を撫でたり、若年の女性教職員ら及び女子学生らに対し、礼を述べる際に頭を撫でる、肩に触れる、手を握るなどの馴れ馴れしい言動を繰り返していた行為は、いずれもセクハラに該当するとしました。

なお、⑤大学教授が、職員との間で、頻繁に業務用のチャットや電子メールで連絡を取り合って、業務とは関連しない雑談を交わしていた行為に関して、同人のことをチャットでくだけた表現として「〇〇様」などと呼びかけたり、「〇〇様がオールヌードの時に紙が来る」というチャットをしたことは大学教授としての品位に重大な疑問を感じさせるものの、職務上の権勢を振りかざしたり、何らかの不利益を示唆したりして、連絡や雑談を「繰り返しを強いて」いたというに足り

る具体的な言動も認めるに足りないことから、社会通念上、その客観的な性質、態様、程度等に照らして、相手に不利益や不快感を与える、又はその尊厳を損なう人格侵害に当たると断定することに疑問が残り、セクハラその他のハラスメントに該当するとは認めるに足りないとしました。

## Q4　セクハラと性別・性指向・性自認

> 男性から女性に対する場合以外でもセクハラになりますか。

### 1　男性や同性が被害者である場合

#### (1)　公務員の場合

　人事院規則10-10は、セクハラ被害者を「他の者」または「他の職員」（人事院規則10-10第2条1項）と定めており、女性に限定していません。

　そのため、公務員の場合、男性や同性に対する発言・行動であっても人事院規則10-10に該当するものはセクハラとなります。

　なお、女性から男性に対するセクハラが問題となった裁判例として、大阪高判平成17年6月7日労判908号72頁（原審：大阪地判平成16年9月3日労判884号56頁）があります。

#### (2)　民間の労働者の場合

　セクハラ指針は、セクハラの被害者を「労働者」（セクハラ指針「2　職場におけるセクシュアルハラスメントの内容」(1)）と定めており、女性に限定していません。

　また、セクハラ指針は、セクハラが「同性に対するものも含まれる」ことも明らかにしています（セクハラ指針「2　職場におけるセクシュアルハラスメントの内容」(1)）。

　そのため、民間の労働者の場合、男性や同性に対する発言・行動であって、男女雇用機会均等法やセクハラ指針に該当するものは、セクハラとなります。

　なお、同性間（男性から男性）の発言・行動がセクハラに該当し得ることを前提としている裁判例として、大阪地判平成15年1月21日等があります。

## 2　LGBTに対する配慮

上述したように、セクハラは同性に対するものも含まれます。

そして、近年、いわゆる「LGBT」（女性同性愛者（レズビアン、Lesbian）、男性同性愛者（ゲイ、Gay）、両性愛者（バイセクシュアル、Bisexual）、トランスジェンダー（Transgender：出生時に診断された性と自認する性の不一致）の各単語の頭文字を組み合わせた表現）のような性的マイノリティーに位置づけられる立場の労働者に対する配慮が注目されるようにもなりました。

この点、

① 「人事院規則10−10運用通知」（最終改正：平成28年12月1日）で、『「性的な言動」とは、性的な関心や欲求に基づく言動をいい、性別により役割を分担すべきとする意識又は性指向若しくは性自認に関する偏見に基づく言動も含まれる。』（同通知第2条関係2項）とされているほか、

② 「セクハラ指針」（最終改正：平成28年8月2日）でも、「被害を受けた者（以下「被害者」と言います。）の性的指向又は性自認にかかわらず、当該者に対する職場におけるセクシュアルハラスメントも、本指針の対象となるものである」（同指針「2　職場におけるセクシュアルハラスメントの内容」(1)）とされるなど、

LGBTに関する発言および行動がセクハラとなり得ることを明らかにしています。

## 3　まとめ

以上の経緯から、男性から女性に対する場合に限定されず、①女性から男性に対する発言・行動、②同性から同性に対する発言・行動、③いわゆるLGBTに対する発言・行動でも、セクハラとなり得ます。

## Q5 「職場内」以外におけるセクハラ

「職場内」以外でもセクハラが成立するケースはありますか。

### 1 はじめに

　セクハラは当初、雇用の分野において問題とされることが多かったため、裁判例においても職場内におけるセクハラが認められたものが多くを占めます。もっとも、裁判例においてセクハラが人格権侵害として構成されていることとの関係で、性的な嫌がらせが人格権侵害と認められるようなケースは職場内に限られないことから、「職場内」以外でもセクハラは成立します。

### 2 学内におけるセクハラの裁判例

　「職場内」以外においてセクハラが成立する代表的ケースとしては、学内におけるセクハラが挙げられます。
　具体的な裁判例では、短期大学の教授と研究補助員（仙台高秋田支判平成10年12月10日判タ1046号191頁）、大学の助教授と大学院生（仙台地判平成11年5月24日判タ1013号182頁）、大学教授と大学職員（仙台高判平成13年3月29日判時1800号47頁）、中学校の部活の顧問と部活に所属する女子生徒（前橋地判平成14年6月12日）、大学院通信教育プログラムの教員と学生（東京地判平成19年4月24日）、小学校教諭と女子児童（東京地判平成25年4月25日）といった関係においてセクハラの成立が認められています。
　また、男子高校生から女性教師に対するもの（大阪地判平成17年3月29日判時1923号69頁）、高校の寮における生徒同士（神戸地姫路支判平成18年7月10日判タ1257号209頁、判時1965号122頁）といった事案においてもセクハラの成立が認められています。

## 3 顧客や取引先等におけるセクハラの裁判例

顧客や取引先との関係においてもセクハラは成立します。

裁判例では、観光バス会社の運転手と取引先会社の添乗員（大阪地判平成12年4月28日労判789号15頁）、医師と保険会社の従業員（東京地判平成19年9月28日）、塾講師と塾生（広島地判平成24年10月31日）、マッサージ施術者と被施術者（東京地判平成25年5月20日）、医師と患者（東京地判平成27年8月28日）、弁護士と依頼者（東京地判平成28年3月29日）といった関係においてセクハラの成立が認められています。

## 4 その他のケースにおけるセクハラの裁判例

上記2および3以外のケースでセクハラの成立が認められたものとしては次のような裁判例があります。

市議会議員（女性）と市議会議員（男性）（千葉地松戸支判平成12年8月10日判時1734号82頁、判タ1102号216頁）、中学校校長とPTA役員（東京高決平成18年9月28日）、警察官と事情聴取を受けた参考人（那覇地判平成19年5月28日）、宗教法人の代表役員（主任牧師）と信者（東京地判平成26年5月27日）、ケースワーカーと生活保護受給者（水戸地判平成28年1月28日判例自治414号42頁）、市議会議員と市の職員（宇都宮地判平成29年10月25日労判ジャーナル71号26頁）。

## 5 まとめ

セクハラの被害者と加害者の関係性について見ると、加害者が被害者に対して優位的な立場にある場合が多いようです。また、教育関係者と学生、団体の構成員同士といったように人間関係が閉鎖的な場合や、顧客や取引先といったように人間関係が継続的な場合に、セクハラが行われることも多いようです。人間関係が閉鎖的または継続的であるために、人間関係を友好的に保とう、あるいは人間関係の悪化を避けようとの心理が働き、加害者に対する抗議や抵抗を差し控えたり躊躇したりすることが原因と考えられます。さらに、セクハラが行われる場面について見

ると、セクハラは、外部の目に触れない密室的な場所において行われることが多いようです。

　このような人間関係の優位性・閉鎖性・継続性や密室性といったセクハラの誘因は、職場内のみならず、学内、顧客や取引先および上記**4**のような各関係内においても存在します。

　そして、相手の意に反する性的言動が、社会的見地から不相当とされる程度のものであり、性的自由ないし性的自己決定権等の人格権侵害と認められるような場合（**本章Q1**金沢セクハラ事件裁判例参照）は職場内に限られないため、「職場内」以外であっても様々な場面においてセクハラが成立することになります。

# Q6　セクハラをしないために気を付けるべきこと

> セクハラはどのような場面で気を付けなければなりませんか。セクハラをしないようにするために気を付けるべきことはありますか。

## 1　セクハラに気を付けなければいけない場面

　国家公務員を対象とした人事院規則10-10では、セクハラの定義が定められるとともに、その運用について定めた人事院規則10-10運用通知では、セクハラをしないようにするために職員が認識すべき事項が定められています（詳細は**本章Q3**参照）。このような事項は、国家公務員に限らず、民間企業や教育機関その他の場面でも参考になります。

## 2　業務上の行為でもセクハラと訴えられるおそれがあること

　セクハラというと、男性から女性に対するセクハラや職場内のセクハラがイメージされやすいところですが、女性から男性に対するセクハラや職場外のセクハラも存在します（詳細は**本章Q4・Q5**参照）。

　また、正当な業務遂行であっても、その業務の遂行態様等が不適切だと、セクハラにあたるとして訴えられる場面も見受けられます。

　たとえば、①防犯パトロール中の女性管理者が男性用浴室を確認する行為について、一審（大阪地判平成16年9月3日労判884号56頁）は職場の内部規程に反するとしてセクハラ該当性を肯定しましたが、控訴審（大阪高判平成17年6月7日労判908号72頁）は、不愉快な思いをさせたことを否定できないとしても、職務上の正当な目的のために、目的に沿って必要な範囲で、基本的に相当な方法で行われた行為であるとしてセクハラ該当性を否定しました。また、②臨床検査技師（男性）が患者（女性）の下半身を検査した行為が準強制わいせつ罪にあたるとして起訴された刑事事件では、検査過程に配慮に欠ける部分があったもの

のわいせつ行為があったということには合理的疑いが残るとして無罪判決が出されています（京都地判平成18年12月18日）。さらに、③お笑いスクールの講師が受講生に対して下ネタのアドバイスをしたことについては、受講生がもともと下ネタ芸をしていたことなどから社会通念上許容される限度を超えた違法なものとまではいえないとされています（東京地判平成23年3月11日）。

このように、セクハラと訴えられる場面は増えており、職場の上司部下や同僚といった関係だけではなく、業務上の行為であっても、その態様次第では、セクハラにあたると主張をされて訴えられたり、場合によっては民事責任や刑事責任が問われ得ることには気を付ける必要があります。

## 3　セクハラをしないようにするために気を付けるべきこと

セクハラをしないようにするために気を付ける方法については、人事院規則10-10運用通知において、意識の重要性と基本的な心構えが説かれています。

すなわち、意識の重要性として、「お互いの人格を尊重しあうこと」「お互いが大切なパートナーであるという意識を持つこと」「相手を性的な関心の対象としてのみ見る意識をなくすこと」「女性を劣った性として見る意識をなくすこと」が求められます（同通知別紙1第1の1）。

さらに、基本的な心構えとして、「性に関する言動に対する受け止め方には個人間で差があり、セクシュアル・ハラスメントに当たるか否かについては、相手の判断が重要であること」「相手が拒否し、又は嫌がっていることが分かった場合には、同じ言動を決して繰り返さないこと」「セクシュアル・ハラスメントであるか否かについて、相手からいつも意思表示があるとは限らないこと」「職場におけるセクシュアル・ハラスメントにだけ注意するのでは不十分であること」「職員間のセクシュアル・ハラスメントにだけ注意するのでは不十分であること」があげられています（同通知別紙1第1の2）。

このように、常に相手の立場に立ちながら、自らの言動がセクハラに

あたらないか気を付ける必要があります。

　また、セクハラが疑われかねない言動を見つけた場合には、周囲の同僚等が、勤務環境に重大な悪影響が生じたりしないうちに、注意を促す、また、被害者に声をかけて相談にのるなどの対応をすることが、被害の深刻化を防ぐためにも必要なこととなります（同通知別紙1第2の2）。

## Q7 セクハラ被害への対処法

> セクハラ被害に遭った場合、どのような対処方法がありますか。

### 1 相談窓口への相談

　セクハラ被害に遭った場合、会社や大学内の相談窓口に相談することや上司への相談を検討してください。セクハラは、個人の問題のみならず会社や大学の問題でもあります。会社の人事労務などの相談担当者や上司に相談することを考えましょう。加害者のセクハラを止めさせるには、会社からの指導や注意が有効です。また、顧客や取引先などからセクハラを受けた場合も、会社の相談窓口に相談してください。会社の労働組合に相談する方法もあります。

### 2 外部の相談機関への相談

　会社や大学内に相談窓口がない場合や信頼できる上司がいない場合、会社内での相談対応に納得がいかない場合には、各地の弁護士会や日本司法支援センター（法テラス）での相談や各都道府県労働局雇用環境・均等部（室）、労働委員会での相談を検討してください。また、各地の女性相談センターや女性ユニオン、NPO団体などの相談窓口でも相談を受け付けています。

### 3 記録の確保

　被害申告や裁判においては、客観的な記録（証拠）が重要です。セクハラは2人きりの状況で生じることが多いため、証拠が残りにくいと言えます。第三者に被害の実態を正確に理解してもらうため、加害者から送られてきたメールやLINEなどは消さずに保管しましょう。加害者との会話を録音したり、写真を撮ったり、病院に行った場合には診断書を取得しておくなど、証拠を残すことをお勧めします。

## 4　加害者への損害賠償請求

　セクハラは、被害者の性的自由や名誉、プライバシー等を侵害するものであり、人格権の侵害として、加害者に慰謝料等を請求することができます（**本章Q10、Q11**参照）。

## 5　刑事告訴

　セクハラにより犯罪が成立する場合があります（**本章Q17**参照）。被害者としては、警察に被害届を出すことや告訴を行うことが考えられます。手続については、各地の弁護士会や日本司法支援センター（法テラス）、各都道府県の犯罪被害者支援センターに相談してください。

## 6　会社等への改善要求・損害賠償請求

　男女雇用機会均等法は、セクハラの防止のため、労働者からの相談に応じ、適切に対応するために必要な体制の整備をはじめ、その他の雇用管理上必要な措置を講ずることを事業主に義務づけています（雇均11条1項）。そこで、被害に遭った場合には、会社や大学の相談窓口を通じて、セクハラを防止するための職場環境や教育環境の改善要求を行うことができます。

　次に、会社は加害者である社員が職場で行ったセクハラについて、使用者責任を負担する場合があります。また、会社は被害者である社員との間で、雇用契約に付随する義務として職場環境を整える義務を負担しており、会社が、セクハラが行われている状況を放置してセクハラ被害を生じさせた場合には会社に対する損害賠償請求を行うことができます。

## 7　労災請求等

　セクハラにより精神疾患を発病するなど、セクハラ被害が労働災害にあたる場合、国による労災保険給付の対象となり得ます。厚生労働省では、労働者に発病した精神障害が業務上生じた疾病として労災認定できるかを判断するために、「心理的負荷による精神障害の認定基準」を定

めています。認定基準では、発病前のおおむね6か月間に起きた業務による出来事について、強い心理的負荷が認められる場合に、認定要件の1つを満たすとしています。認定要件を満たしている場合には、労災請求が可能です。

## Q8 精神的ケアの窓口

> セクハラ被害に遭った場合、精神的ケアの窓口はどこですか。

### 1 はじめに

セクハラ被害に遭った場合の相談窓口には、職場や学校等に設置されている内部の相談窓口と行政機関やNPO法人等が運営する外部の相談窓口があります。各相談窓口では、セクハラに関する相談に加え、被害者に対する精神的ケアの役割も期待されています。

### 2 内部の相談窓口

事業主は、職場において行われる性的な言動に対するその雇用する労働者の対応により当該労働者がその労働条件につき不利益を受け、または当該性的な言動により当該労働者の就業環境が害されることのないよう、当該労働者からの相談に応じ、適切に対応するために必要な体制の整備その他の雇用管理上必要な措置を講じなければならないとされています（雇均11条1項）。そして、この事業主が講ずべき措置について、セクハラ指針では、セクハラ相談窓口の整備や適切な相談対応を挙げているほか、被害者に対する配慮のための措置として、管理監督者または事業場内産業保健スタッフ等によるメンタルヘルス不調への相談対応を挙げています。したがって、職場でセクハラ被害に遭った場合にはまず、職場内のセクハラ相談窓口への相談を通じて精神的ケアを求めることが考えられます。なお、「女性の職業生活における活躍の推進に関する法律等の一部を改正する法律」の成立（令和元年5月29日）により、事業主は、労働者が前記の相談を行ったことまたは事業主による当該相談への対応に協力した際に事実を述べたことを理由として、当該労働者に対して解雇その他不利益な取扱いをしてはならないとの規定が盛り込まれました（雇均11条2項）。

また、学校やその他の団体でも、セクハラに関する指針等に基づき相談窓口が設けられているケースが多く見られます。これらの相談窓口では、必要に応じて精神的ケアや専門機関との連携等、被害者に対するサポートが行われています。したがって、学校やその他の団体においてセクハラ被害に遭った場合についても、内部の相談窓口を通じて精神的ケアを求めることができます。

## 3　外部の相談窓口

外部の相談窓口としては、セクハラに特化したものではありませんが、働く人の「こころの耳電話相談、メール相談」（厚生労働省）、女性の人権ホットライン（法務省）、精神保健福祉センター（各都道府県・政令指定都市）等、行政機関が運営する相談窓口があります。セクハラが性犯罪や性暴力に該当する場合については、性犯罪・性暴力被害者のためのワンストップ支援センター（内閣府男女共同参画局）や各都道府県警察の性犯罪被害相談窓口があります。また、学校で発生したセクハラについては、各都道府県や各市町村の教育委員会が運営する相談窓口があります。さらに、行政機関の相談窓口以外にもNPO法人等、民間団体が運営している相談窓口もあります。これら外部の相談窓口でも相談対応を通じて精神的ケアや専門機関との連携等、被害者に対するサポートが行われています。

したがって、職場等の内部に相談窓口が設けられていない場合、もしくは、内部の相談窓口へ相談することに不安を感じたり、相談しても十分に対応してもらえない場合や職場の関係者にセクハラ被害に遭ったことを知られたくない場合等については、外部の相談窓口を利用して精神的ケアを求めることができます。なお、セクハラによる精神的被害が深刻な場合には、精神科や心療内科等を受診することも検討すべきでしょう。

## 4　まとめ

このように、セクハラ被害に遭った場合には、内部の相談窓口や外部の相談窓口で精神的ケアを受けることができます。内部の相談窓口では、

職場の状況や人間関係といった内部事情を把握しやすく、円滑・迅速な対応が期待できるというメリットがあります。もっとも、内部に相談窓口が設けられていない場合はもとより、対応が不十分な場合等は外部の相談窓口を利用するのが効果的であると考えられます。

　したがって、各相談窓口の特性を踏まえながら、個々の事情に応じて各相談窓口を効果的に使い分ける、あるいは、双方を利用するのがよいでしょう。

## Q9 被害申告にあたっての注意点

セクハラ被害を申告することで不利益を受けないかが心配です。被害申告により不利益を受けないようにするために注意すべきことはありますか。

### 1 職場・学校の設置する相談窓口の利用

男女雇用機会均等法およびセクハラ指針は、事業主が相談窓口を設け、相談窓口において相談を受けた場合には迅速かつ適切な措置を講ずべき旨を定めるとともに、労働者がセクハラに関する相談をしたことまたは事実関係の確認に協力したこと等を理由として、事業主が当該労働者に対して不利益な取扱いを行ってはならない旨定めており、かつ、これらにつき労働者に周知・啓発する措置を講ずべき旨も併せて定めています（雇均11条1項、2項）。事業主が、これらの規定および義務に違反した場合には、厚生労働大臣から事業主に対する報告を求め、助言、指導もしくは勧告がなされることがあり、勧告に従わない場合には公表の対象とされることもあります（雇均29条1項、30条）。

したがって、職場において、セクハラ指針に基づいた相談窓口がある場合には、同窓口において被害申告をしたとしても不利益な取扱いを受けないことが一応担保されていると言えます。

なお、人事院規則10-10は、各省各庁の長の責務として、セクハラに関する苦情の申出、当該苦情等に係る調査への協力等に起因して当該職員が職場において不利益を受けないことを周知する旨を定めています。

大学等の学校に関しては法令の定めはありませんが、多くの大学では独自にハラスメント規程・ハラスメントガイドライン等を設けており、セクハラ指針と同様の定めがあることも多いため、被害申告に先立ち確認するとよいでしょう。

## 2　外部機関への相談

　不利益取扱いを受けないことに対する担保がないまま、職場・学校等の内部機関に対してセクハラの相談を行うことにはリスクが伴います。

　そこで、職場・学校において適切な相談窓口がない場合には、外部機関の設置する相談窓口の利用を検討すべきでしょう（**本章Q7**、**Q8**参照）。

## 3　公益通報者保護法について

　職場でセクハラが行われていることを事業主に通報した場合、公益通報者保護法の適用もあり得ます。

　しかし、同法による保護を受けるためには、通報した事実が単に違法な行為というだけでは足りず、一定の法律により直接的もしくは間接的に刑罰の対象とされている違法行為であることが要件となります。

　セクハラの場合、民法や男女雇用機会均等法などに反する行為であるだけでは要件を満たさず、強制わいせつ罪や強要罪等の刑罰の対象となる行為であることが要件となるため、注意が必要です。

## 4　不利益な取扱いを受けた場合

　セクハラ被害の申告自体につき職場や学校から不利益な取扱いを受けた場合は、外部機関の相談窓口および解決手続の利用を検討すべきです。

　都道府県労働局雇用均等室、労働委員会は、相談だけでなく、それぞれ紛争解決援助としての調停申請、個別労働紛争のあっせんを受け付けています。

　裁判手続としては、一般民事調停、労働審判、保全処分および訴訟などがあります。

## 5　被害申告後の欠勤・欠席等について

　仮に、セクハラ指針に基づき設置された相談窓口または大学等がハラスメント規程・ハラスメントガイドライン等に基づき設置した相談窓口

に相談していたとしても、当然に被害申告後の欠勤・欠席等が正当化されるものではありません。

　欠勤・欠席等する必要がある場合には、職場・学校の意向・方針を確認すべきです。争いが生ずるようであれば欠勤・欠席等の正当性を主張する必要があります。

## Q10　慰謝料

> セクハラ被害に遭った場合の慰謝料はどの程度が相当ですか。

### 1　「相当な」慰謝料とは

　慰謝料は精神的苦痛を慰謝するためのものですから、被害者の被った精神的苦痛に応じて金額が決まります。精神的苦痛の程度は事案により人により千差万別ですので、セクハラの態様、両者の関係・年齢、行為の反復・継続性等の諸事情を勘案して、精神的苦痛を慰謝するに足りる金額を決することになります。セクハラがあっても精神的苦痛を被ったと認められない場合は、慰謝料は認められません。

### 2　慰謝料請求の相手方

　セクハラ被害に遭った場合、セクハラ行為を行った加害者に対して慰謝料を請求することが一般的ですが、職場におけるセクハラでは、事業主が使用者責任を負う場合や、事業主の対応等が債務不履行ないし不法行為となる場合には、事業主に対して慰謝料を請求することができます。

### 3　裁判例にみる慰謝料の金額

#### (1)　概　要

　セクハラ事件が訴訟で争われるようになった平成2年以降、裁判で認められた慰謝料の金額は、概ね30万円から300万円の範囲に分布していますので、この範囲の金額がある程度「相当な」慰謝料の金額と言えます。もっとも、平成10年ころから、300万円を超える慰謝料を認めるものが散見されるようになり、近時は500万円以上を認めるものもありますが、これらはあくまでもレアケースであって、慰謝料の相場が上がったと捉えるべきではないでしょう。

(2) 加害者が支払うべき慰謝料の金額
　① 身体的接触を伴うセクハラの場合
　セクハラの態様として、手を握る、肩を抱く、胸や尻を触る、キスをする、性器に触れる・触れさせる、性行為に及ぶなどの身体的接触を伴う場合、概ね50万円から300万円程度の慰謝料が認められています。身体に触る・キスをする行為につき100万円（静岡地沼津支判平成2年12月20日判タ745号238頁）、自宅や車内で抱きつく・胸を触る・押し倒す等の行為につき200万円（旭川地判平成9年3月18日労判717号42頁）、着衣内に手を入れる・性行為等につき300万円（千葉地判平成10年3月26日判タ1026号240頁）等の裁判例に見られるように、行為の性質がより性的であるほど慰謝料の金額が高くなる傾向にあるようです（東京地判平成28年5月23日参照）。
　もっとも、慰謝料の金額は、行為の態様のみで決まるものでもなく、1で述べた諸事情を考慮して、その行為が被害者の性的自由（ないし性的自己決定権等の人格権）を侵害する程度に応じて個別具体的に判断されます。准教授が大学院生に対してその指導教官としての権限を濫用して性行為等に及んだ事案（750万円、仙台地判平成11年5月24日判タ1013号182頁）、会社の代表者が会社の寮に入寮している従業員である知的障害者に対し数年にわたり性的虐待を繰り返していた事案（500万円、水戸地判平成16年3月31日判タ1213号220頁・判時1858号118頁）では300万円を超える高額の慰謝料が認められていますが、これらは、行為の態様のみならず、当事者の関係、行為の期間、強要の手段等に着目したものと考えられます。
　② 身体的接触を伴わないセクハラの場合
　これらに対し、性的会話や性交の誘引等、身体的接触を伴わない場合には、慰謝料が認められたとしても数万円から数十万円程度のものが多いようです。もっとも、発言の内容や頻度が受忍限度を著しく超えるような場合には、悪質なセクハラとして、数十万円を超える慰謝料が認められることもあります。裁判例として、上司が部下に対し解雇をタテに交際を迫った事案（30万円、大阪地判平成24年11月29

日労判1068号59頁)、教授が女子学生に対しその地位を利用して執拗に婚姻を迫った事案(250万円、東京地判平成13年4月27日判タ1101号221頁)等があります。

### (3) 使用者が支払うべき慰謝料の金額

使用者がセクハラの被害者に対して慰謝料を支払うこととされたケースには、①セクハラ加害者の行為が事業の執行につき行われた場合に使用者責任を負うものと、②使用者が職場におけるセクハラに対し事前あるいは事後に適切な措置をとらなかった場合に職場環境配慮義務違反としての債務不履行責任ないし不法行為責任を負うものがあります。①の場合は加害者の支払うべき慰謝料と同様ですが、②の使用者固有の慰謝料額としては50万円程度が認められているようです。職場環境配慮義務違反の債務不履行責任を認めたものとして津地判平成9年11月5日判タ981号204頁・判時1648号125頁等、職場環境の悪化を放置した会社に不法行為責任を認めたものとして岡山地判平成14年5月15日労判832号54頁等があります。

### (4) 慰謝料が認められなかったケース

慰謝料を認めなかった裁判例の多くは、セクハラの証拠がないことを理由としており、密室・2人きり・秘密裡に行われることの多いセクハラの立証が困難であることを示しています(**本章Q12**参照)。

一方、セクハラの事実が認定されても、必ずしも慰謝料が発生するわけではなく、セクハラの事実は認めつつ慰謝料を認めない裁判例もみられます。たとえば東京地判平成16年4月26日では、勤務中に下着の色を耳元で囁くなどの行為がセクハラにあたるとしつつ、精神的損害を被ったとは言えないとして、当該セクハラについての慰謝料請求を認めませんでした。

また、当事者が恋愛関係にある・被害者の合意があるとして、セクハラにあたらないとされたケースもあり、これは恋愛関係の抗弁・合意の抗弁と呼ばれます。会社の同僚に対しキスをする・性器に触れさせるなどの身体的接触にとどまらず性行為に及んだ事案について、身体的接触はセクハラにあたるとして慰謝料105万円を認容しつつ、性行為は強要

によるものではないとして慰謝料を認めなかった裁判例として、東京地判平成23年8月12日があります。なお、合意があるとまでは認められなくても、被害者の行動の軽率性、無防備性などが慰謝料の減額要素として考慮されることはあります。裁判例として、車中で性行為に及んだ事案について、一審が慰謝料600万円を認めたのに対し、被害者の行動が無警戒にすぎるとして原判決を一部変更し200万円に減額したもの（仙台高判平成13年3月29日判時1800号47頁）があります。

また、職場で着替えを盗撮されたとして使用者に対する慰謝料を請求した事案において、加害者の盗撮をセクハラとして認定しつつも、盗撮は事業の執行につき行われたものでなく、使用者には当該盗撮を防止すべき義務もないとして慰謝料請求を認めなかったもの（東京地判平成25年9月25日労経速2195号3頁）があります。

### 4　慰謝料請求をする際の留意点

セクハラの被害者として慰謝料の支払いを求めていく場合、請求金額に制限はありませんので、「相当な」慰謝料額を超える高額の請求をすること自体は可能です。しかし、セクハラの事実が認められず請求が棄却されたケースも少なくありませんし、明らかに過大とみられるような請求は、裁判官の心証や請求の相手方の感情にも影響し、良い解決につながらないこともありますので、注意が必要です。

他方、XのYに対する慰謝料請求（本訴）に対して、YがXの提訴は不当であるとして反訴を提起した事案において、Yの行為は不法行為を構成しないとしてXからの本訴を棄却しつつ、Xの提訴が名誉毀損にあたるとして反訴の一部を認容しXに20万円の慰謝料の支払いを命じた裁判例（東京地判平成12年12月8日）のように、請求額の多寡にかかわらず、セクハラを理由として提訴することが不当提訴として不法行為を構成する場合もあります。提訴の際には十分な準備と慎重な判断が必要です。

## Q11 慰謝料以外の損害

> セクハラ被害に遭った場合、賠償が認められる損害には慰謝料以外にどのようなものがありますか。

### 1 治療関係費

セクハラ被害に遭って怪我をした場合には、治療費を請求することができます。セクハラによってうつ病やPTSDを発病することは少なくありません。セクハラを原因として、うつ病やPTSDなどを発病した場合には、相当期間の治療費が認められます。

また、治療費に付随するものとして、医師の出した処方箋に基づき薬局が処方した薬剤費についても認められる場合がありますし、通院のための交通費や診断書取付費用も請求することができます。

### 2 休業損害・逸失利益

(1) 休業損害が認められる場合があります。休業損害とは主に、セクハラを原因として、休業したことに伴う賃金相当額です。

その損害の算定方法は通常、一般的な不法行為に基づく損害賠償請求で認められる休業損害の算定と同様です。給与所得者の場合には、休業直前の3か月間の平均賃金を基礎収入とすることが多いように思われます。賃金の変動が認められる場合などでは、セクハラ行為が行われた時（不法行為時）の賃金センサスを基礎収入として算定することもあります。

(2) なお、治療等のために働くことができなくなった場合のほかに、解雇されたり退職を余儀なくされたりした場合についても、セクハラ行為と解雇ないし退職との間に相当因果関係が認められるときは、セクハラにより離職しなければ得られたであろう利益（逸失利益）として、半年から1年分程度の賃金相当分が認められることもあります。

退職後、約180日分の賃金が逸失利益として認められた裁判例として京都セクハラ事件（京都地判平成9年4月17日判タ951号214頁）、1年分の賃金が逸失利益として認められた裁判例として岡山セクハラ事件（岡山地判平成14年5月15日労判832号54頁）や青森セクハラ事件（青森地判平成16年12月24日労判889号19頁）などがあります。

## 3　後遺障害慰謝料・逸失利益

セクハラに起因するPTSDなどの後遺障害と当該セクハラ行為との間に相当因果関係が認められる場合には、後遺障害を理由とする慰謝料に加えて、労働能力が一部喪失したことを理由に将来にわたる逸失利益が認められる場合があります。

セクハラに起因するPTSDを認めた裁判例として、水戸地土浦支判平成30年7月18日、否定した裁判例として、静岡地浜松支判平成28年6月1日労判1162号21頁、東京地判平成28年8月24日等があります。

## 4　弁護士費用

訴訟上で損害賠償請求をする際、弁護士に訴訟追行を依頼した場合には、弁護士費用を損害として請求することができます。この場合、損害額の1割程度が、弁護士費用相当額として認定されることが多いと思われます。

## Q12　セクハラの立証活動

　セクハラの事実を立証するためにはどのような活動が必要ですか。

### 1　総　論

　セクハラ被害を受けたことを理由に民法709条等に基づく損害賠償請求訴訟を起こす場合、原告側に、セクハラ行為の存在・内容を立証する責任があるため、証拠が不十分で真偽不明となれば、訴訟法上、その事実をあったものとして取り扱うことはできないことになります。

　セクハラの存否で争いが生じる事案では、セクハラ行為を直接証明できる客観証拠（現場録音、現場録画等）がなく、当事者尋問による原告本人の供述が唯一の直接証拠という場合が少なくないと思われます。

　その場合、原告の供述の信用性を裏付け、間接的にセクハラ行為があったことを推認させる事実（間接事実）を証明することに力を入れる必要があります。

　そのような原告側の立証活動と、セクハラを否定する被告側からの反証・弾劾活動との比較で、結局、どちらの当事者の供述の方が、より信用できるかが重要なポイントになると思われます。

### 2　客観証拠の重要性

　間接事実についても客観証拠が多いほうが供述の信用性が増しますので、セクハラ被害に遭ってしまったら、できるだけ早めに、事件前の当事者の関係性や、行動状況等が分かる客観証拠（業務日誌、タイムカード、上司からの指示メモ・メール、着信記録等）の収集確保に努め、さらに、セクハラ被害に遭ったことを何らかの目に見える形で証拠に残す努力をしたほうがよいでしょう。

　たとえば、警察へ通報、被害届を出す、学校・弁護士・労基署等へ相

談する（相談日時・相談内容が記録に残るようにしてもらう）、被害当時の着衣等をそのまま保存しておく、受傷等あれば写真を残し病院（精神科も可）へ行き診断書を作成する（できれば医師に原因の記載もお願いする）、友人、同僚等に相談のメールを送る、加害者本人に、直接、あるいは電話、メールなどで、「なぜあんなことをしたのか」と、事件のことを問いただし、その会話を録音する（相手の承諾を得る必要はない）、メールのやり取りを残す、などが考えられます。

　もっとも、セクハラ被害に遭ってしまったことを誰にも相談できず、また、加害者本人との付き合いも従前とあまり変わらず長期間経過してしまった、という場合もあるでしょう。その場合には、隠しておきたい、なかったことにしたいという被害者心理の現れで不自然なことではないという主張を行い、それを裏付ける研究論文等を提出することが有効と考えられます。

## 3　信用できる供述・証言と判断されるための要素

　一般に、裁判官は、供述・証言内容の一貫性、具体性、迫真性、合理性、他の事実との整合性、供述態度の真摯性、供述者の利害関係（嘘を述べる動機の有無）などの要素を総合的に勘案して、信用性を判断します。

　そのため、被害者の供述内容が、経験則に照らして不自然であったり核心部分に変遷があると、信用性が低いものとなってしまいます。

　したがって、供述を信用してもらうためには、事件直後から、「いつどこでどうやってセクハラを受けたか」について記憶を整理しておき、事件前後にわたる幅広い事実の洗い出し、事件の実在をうかがわせる証拠の収集、証言協力予定者の認識と大きな食い違い・矛盾がないか等の確認が重要になると思われます。

　さらに、セクハラに抵抗できなかった、長期間継続した、記憶が曖昧、などの事案では、セクハラへの対処行動・援助要請行動には個人差があること、事件のことを忘れたいという思いから記憶が曖昧になることもありうることを、性犯罪被害者の実態に関する研究論文の提出や心理学の専門家の意見書などによって裁判官に理解してもらうことも重要です。

## 4　裁判例の紹介

　セクハラ行為を直接証明しうる客観証拠がなく、当事者の供述と間接事実によって事実認定された事案で、供述と間接事実との関連付けや、信用性比較、心理面の立証活動につき参考になる裁判例として、以下のものが挙げられます。

### (1) セクハラが認められたもの

　① 熊本地判平成9年6月25日（判時1638号135頁）

　被害者心理に関し「フェミニストカウンセラー」という専門家を尋問するなどの立証活動を行い、セクハラが認められた。

　② 東京高判平成9年11月20日（判夕1011号195頁・判時1673号89頁）

　20分にわたるわいせつな行為を受けた被害者が、抵抗せず助けを呼ばなかったとしても不自然ではないことを裏付けるため、アメリカの性被害に関する研究論文を提出し、一審で敗訴した被害者が逆転勝訴した。

　③ 仙台高秋田支判平成10年12月10日（判夕1046号191頁・判時1681号112頁）

　職場における性的自由の侵害行為の場合には、職場での上下関係や同僚との友好関係を保つための抑制が働くために、これらの抑制が被害者が必ずしも身体的抵抗という手段を採らない要因として働く可能性があるとの研究成果を証拠として提出した。裁判所は、その研究成果を採用したうえ、事後において事件の実在をうかがわせる間接証拠（会話録音）も存在し、他に事件を客観的に明らかにするような証拠がない以上、控訴人の供述を採用するほかないと判断し、一審で敗訴していた被害者が逆転勝訴した。

　④ 東京地判平成15年9月30日

　原告の供述のほうが被告の供述よりも相対的に信用性が高いとされた。

　⑤ 大阪地判平成24年11月29日（労判1068号59頁）

　主に原告の供述のみから事実認定し、セクハラを認定した。

　⑥ 東京地判平成26年12月16日

　セクハラの直接証拠が一部を除いて原告の供述のみであったため、

原告の供述の信用性を中心に検討し、セクハラがあったと認定された。

　⑦　名古屋高判平成28年7月20日（労判1157号63頁）

　原告の携帯電話の通話料が、被告の付きまとい以降に急増していること（通話料金記録）及び警察への相談の内容が原告の供述と合致していることから、原告の供述に十分高い信用性が認められると判断された。

(2)　**セクハラが認められなかったもの**

　①　東京地判平成17年1月25日（労判890号42頁）

　原告が被告に「昔、私のアマデウスだった方へ」と書かれたメールを送っていたことから親密な関係性を推認し、両当事者の身長・体重の比較から、「被告により無理やりホテルに引きずり込まれた」旨の原告供述は信用し難く、事後の和解交渉のため二人きりで飲酒を伴う食事をしたこともセクハラの被害者の行動としては疑問があるとした一方、被告の供述は全く不自然なものとはいえないとし、慰謝料請求を棄却した。

　②　福岡高判平成19年3月23日（判タ1247号242頁・判時1988号23頁）

　原告が作成した日記のようなノートや、携帯電話を通して被告の性的発言を聞いたとする証人の証言が、いずれも信用性が高いとは言えないと判断され、慰謝料請求が棄却された。

　③　東京地判平成19年12月5日

　原告が送信したメール（同僚や被告に対するもの）から、原告の供述の信用性を認めることはできないとされ、慰謝料請求が棄却された。

　④　東京地判平成22年9月15日

　原告が事件直後に送付したメールの信用性を否定し、慰謝料請求が棄却された。

　⑤　東京地判平成23年9月16日

　原告が作成していた日記が証拠として提出されたが、作成するに至った経緯や主観的な感情の表白を伴う日記という性質に照らして、脚色されている可能性を払拭できず、セクハラを裏付けるには足りな

いと判断された。

⑥ 東京地判平成25年9月18日

性交渉の強要があったかにつき、原被告間のメールが証拠として重視され、強要は認められないと認定され、慰謝料請求が棄却された。

⑦ 東京地判平成26年8月7日

性交渉の強要があったかにつき、メールのやり取り等から、性交渉が原告の意思に明らかに反するものではなかったと推認され、慰謝料請求が棄却された。

## Q13 職場・大学に対する請求と法的根拠

職場内（学内）でセクハラがあった場合、職場（大学）に対してはどのような請求ができますか。またその法的根拠は何ですか。

### 1 使用者責任（民715条）、国家賠償責任（国賠1条1項）
**(1) 職場が民間事業者の場合**

「使用者」は、被用者が「事業の執行について」第三者に加えた損害について賠償責任を負います。被用者のセクハラが事業の執行についてなされた場合には、事業主が使用者責任を負います。

裁判例上、勤務時間中のセクハラについては、多くが「事業の執行について」なされたと認められる傾向にあります。ただ、男性看護師が同僚の女性看護師らに対し、勤務中卑わいな言葉を掛け、深夜の仮眠中に太腿等を触ったことについて、行為者の個人的な行為であるから、業務との密接な関連性は認められないとして、会社の使用者責任を否定した事例（津地判平成9年11月5日判タ981号204頁・判時1648号125頁）、支店長がロッカーで女性社員の着替えの様子を盗撮した事件で、本件盗撮行為は、欲望を満たす行為であって、職務上の権限や上司としての地位を利用したものとも言えないから、「事業の執行につき」行われたと認めることはできないとした事例（東京地判平成25年9月25日労経速2195号3頁）など、使用者責任を否定するものもあります。

勤務時間外であっても、裁判例上、酒席やその帰り道でセクハラが行われ、使用者責任が認められるものも多くあり、三次会からの帰りのタクシーでキスした場合でも会社の使用者責任が認められています（東京地判平成15年6月6日判タ1179号267頁）。

**(2) 職場が国または地方公共団体の場合**

「公務員」のセクハラが、「その職務を行うについて、故意又は過失によって他人に損害を与えた」と言える場合、国賠法1条1項に基づき、

国または公共団体が賠償責任を負い、他方で加害者本人は民事上の損害賠償責任を負いません。

「職務を行うについて」の要件については、使用者責任の「事業の執行について」の要件と同様、広く捉えられる傾向にあります。横浜地判平成16年7月8日（判時1865号106頁）では、休日に課長の自宅で課の職員が集まって、職員から徴収した会費によりバーベキューパーティーを行った場合であっても、全員参加が想定され、その主たる目的が親睦を深め円滑な職務遂行の基礎を形成することにあったと言えることなどから、パーティーにおける職員の行為に職務執行行為性が認められています。

### (3) 職場が私立大学の場合

私立大学の教職員や事務職員によるセクハラがあった場合、会社の場合と同様、行為者本人は不法行為責任を負うとともに、私立大学は使用者責任を負います。

学生同士のセクハラの場合には、大学と学生の間に使用関係はありませんので、大学に対し使用者責任を問うことはできません。

### (4) 職場が国公立大学の場合

従前、国公立大学の教職員や事務職員がセクハラをしたような場合には、国賠法が適用されてきましたが、平成16年4月1日以降、国公立大学は、国立大学法人、公立大学法人により設置運営されるようになったため、これらの大学法人に対する国賠法1条1項の適用の有無が問題となります。

これについて、名古屋高判平成22年11月4日は、国立大学法人は法律によって設立され、高等教育、学術研究等に関して重要な役割を担うこと等を理由に、国立大学法人にも国賠法の適用を認めています。他にも肯定例が複数ありますので、国立大学法人・公立大学法人に対しても国賠法に基づく損害賠償請求が認められるものと考えられますが、その場合、加害者本人に対する損害賠償請求が認められない可能性があります。

なお、学生同士のセクハラの場合には、加害学生個人に対して不法行

為に基づく損害賠償請求はできますが、大学は賠償責任を負いません。

## 2　職場・大学が適切な対応を怠ったことによる固有の責任

### (1)　職場が民間事業者の場合

使用者は、労働者の生命、身体等の安全確保に必要な配慮をすべき雇用契約上の安全配慮義務を負っており（労契5条）、この義務を拡大して捉え、使用者は従業員に対し、労働契約に付随する信義則上の義務として、働きやすい職場環境を保つよう配慮すべき義務（職場環境配慮義務）を負うと考えられています。

したがって、事業主がセクハラを把握しながら十分な調査を行わないような場合には、事業主は、職場環境配慮義務違反に基づく債務不履行責任または不法行為責任を負うことになります。

なお、派遣労働者の場合には、派遣元事業主のみならず派遣先事業主も職場環境配慮義務を負いますので（派遣40条4項）、派遣先事業主に対しても損害賠償請求ができます。

### (2)　職場が国または地方公共団体の場合

国または地方公共団体でも、セクハラ申告を受けた現場監督者等は勤務環境を調整すべき義務を負っていますので、セクハラに対して適切な対応を行わない場合には、「公務員」が、「その職務を行うについて、故意又は過失によって他人に損害を与えた」と言え、国賠法に基づき、国または地方公共団体に対し損害賠償請求ができます。

### (3)　大学の場合

学生は、国公立、私立を問わず大学との間で、在学契約を締結しているため、大学は学生に対し、在学契約に付随する信義則上の義務として、教育を受け、研究しやすい環境を保つよう配慮すべき義務（教育・研究環境配慮義務）を負うと考えられます。したがって、大学が、学生に対するセクハラを把握しながら適切な対応を行わない場合には、被害者は、大学の義務違反を理由に損害賠償請求をすることが考えられます。被害者が教職員、事務職員の場合には、私立大学の場合は2(1)、国公立大学の場合は2(2)同様に考えることが可能です。

## Q14　セクハラの予防

職場内（学内）でセクハラが起きないようにするには、どのような予防をすればよいですか。

### 1　職場内でのセクハラ予防

(1)　事業主は、「職場において行われる性的な言動に対するその雇用する労働者の対応により当該労働者がその労働条件につき不利益を受け、又は当該性的な言動により当該労働者の就業環境が害されることのないよう、（中略）雇用管理上必要な措置を講じなければならない」とされています（雇均11条1項）。

　セクハラの予防のために必要な措置の具体的な内容は、セクハラ指針に示されています。セクハラ指針は、①職場におけるセクハラの内容及び職場におけるセクハラがあってはならない旨の方針を明確化し、管理・監督者を含む労働者に周知・啓発すること、②職場におけるセクハラに係る性的な言動を行った者については、厳正に対処する旨の方針及び対処の内容を就業規則その他の職場における服務規律等を定めた文書に規定し、管理・監督者を含む労働者に周知・啓発することを義務づけています。併せて、同指針は、セクハラの発生原因や背景には性別役割分担意識に基づく言動があるとし、そのような言動をなくしていくことがセクハラの防止のためには重要であると指摘しています。

　また、同指針には、上記の措置の内容についての具体的な例が示されています。上記①の例としては「就業規則その他の職場における服務規律等を定めた文書において、職場におけるセクシュアルハラスメントがあってはならない旨の方針を規定し、当該規定と併せて、職場におけるセクシュアルハラスメントの内容及び性別役割分担意識に基づく言動がセクシュアルハラスメントの発生の原因や背景となり得る

ことを、労働者に周知・啓発すること。」、上記②の例としては「就業規則その他の職場における服務規律等を定めた文書において、職場におけるセクシュアルハラスメントに係る性的な言動を行った者に対する懲戒規定を定め、その内容を労働者に周知・啓発すること。」などが示されています。

(2) また、令和元年の男女雇用機会均等法の改正で、セクハラに関して国、事業者、労働者がそれぞれ責務を負う旨の条文が新設されました（雇均11条の2）。

具体的には、国は、セクハラに対する関心と理解を深めるため広報活動、啓発活動等の措置を講じなければならないとされています。また、事業主は、自らセクハラに対する関心と理解を深め、労働者に対する言動に注意を払うとともに、労働者に対してもセクハラへの関心と理解を深めたり、他の労働者に対する言動に必要な注意を払うように必要な配慮をする等しなければならないとされています。そして、労働者は、セクハラに対する関心と理解を深め、他の労働者に対する言動に注意を払うとともに、事業者が実施するセクハラに関する雇用管理上の措置に協力しなければならないとされています。

(3) 国家公務員については、人事院規則10-10があり、職員がセクハラをしないように注意しなければならないことや、監督者がセクハラの防止・排除に努めなければならないこと、セクハラ防止のための研修等を実施しなければならないことなどが規定されています。

また、同規則を受けて、人事院規則10-10運用通知別紙1において、セクハラを防止するために職員が認識すべき事項が具体的に示されています（**本章Q6**参照）。

## 2　学内でのセクハラ予防

(1) 学内のセクハラ予防については、現在、直接規定した法令はありませんが、以下のような取組みがなされています。

国立学校等に関しては、「文部省におけるセクシュアル・ハラスメントの防止等に関する規程」においてセクハラの防止や苦情相談への

対応等が規定されています。

　公立学校等に関しては、「公立学校等における性的な言動に起因する問題の防止について」（平成11年4月12日文教地第129号文部省教育助成局地方課長通知）があり、各都道府県等の教育委員会に対して、セクハラ防止のために必要な措置を講じ、苦情相談に適切に対応できる体制を整えるよう通知がなされています。

　また、第4次男女共同参画基本計画は、第7分野「女性に対するあらゆる暴力の根絶」の中で「セクシュアルハラスメント防止対策の推進」を掲げ、さらに「教育の場におけるセクシュアルハラスメント防止対策等の推進」として、国立私立学校等に対してセクハラ防止等の周知徹底を行うこと、雇用関係にある者の間だけでなく、学生等関係者も含めた防止対策の徹底を促進することなどを規定しています。

(2)　国立私立大学では、セクハラ防止のためのガイドラインを設けたり、ハラスメント防止委員会やハラスメント相談窓口を設置したりしています（**本章Q2**参照）。

## 3　裁判例

　事業主のセクハラ防止対策が問題となった裁判例としては、東京地判平成18年6月26日（判タ1240号273頁、判時1958号99頁）があります。同判決では、社内でセクハラ等が継続的に行われていた事案において、セクハラ防止に努めるように、管理職に対して書面を交付し、従業員に対して社内報を交付するなどしていたものの、それをもって相当の注意をしたものということはできないと判示しています。

# Q15　セクハラに対する事業主等の対応

職場内（学内）でセクハラが起きた場合、どのように対処をすればよいですか。懲戒処分の手続や目安はどのようなものでしょうか。

## 1　セクハラが起きた場合の対応

(1)　セクハラ指針は、事業主が雇用管理上講ずべき措置として、①相談（苦情を含む）に応じ、適切に対応するために必要な体制の整備、②職場におけるセクシュアルハラスメントに係る事後の迅速かつ適切な対応、③プライバシー保護及び不利益な取扱いの禁止を規定しています。

また、人事院規則10-10運用通知は、「セクシュアル・ハラスメントに関する苦情相談に対応するに当たり留意すべき事項についての指針」として、苦情相談に対応する際の基本的な心構えや事務の進め方、問題処理のための具体的な対応例について示しています。

そのため、セクハラが発生した場合には、事前に定めておいた対応方法や上記の各指針に従って、対応していくこととなります。

(2)　対応の際に注意すべき点としては、①苦情相談者への対応の仕方、②事実の確認の方法、③具体的な問題解決手段となると思われます。

①　苦情相談者への対応の仕方については、真摯かつ丁寧に対応すること、プライバシーに配慮すること、希望する性の相談員が関与するように努めること、複数人で対応すること、必要に応じて複数回かけて聞き取りを行うこと、どのような対応を希望するのか確認することなどが求められます。

②　事実の確認の方法としては、加害者にも弁明の機会を与え、十分に事実関係等を聴取すること、必要に応じて第三者からも事実関係等を聴取すること、客観的な証拠がある場合には確認・保全をすることなどが求められます。

③　具体的な問題解決としては、苦情相談者の希望に留意すること、迅速に対応すること、個々の事例に即した柔軟な対処をすることなどが求められます。問題解決方法の具体例としては、監督者等を通じてまたは直接加害者への注意を行う、被害者に対して助言等を行う、当事者間での謝罪等のあっせんを行う、人事異動・懲戒処分等の人事上の措置をとるなどが考えられます。

(3)　セクハラへの対応について問題があった場合には、それ自体が不法行為または債務不履行となり、損害賠償の対象となる場合があります。セクハラへの対応の適否が争点となった裁判例として、札幌地判平成22年7月29日（航空自衛隊セクハラ訴訟）、東京高判平成28年5月19日（水町勇一郎「判解」ジュリ1496号4頁）などがあります。

## 2　懲戒処分について

(1)　公務員については、国家公務員法または地方公務員法等の規定に基づき、懲戒手続がとられることとなります。

　　職場内でのセクハラの場合は就業規則等に基づき、学校内のセクハラについては就業規則や学則等に基づいて懲戒処分が行われます。懲戒処分を行う場合には、告知・聴聞の機会を保障するなど適正な手続に則った上で、適正な内容の処分を行う必要があります。

　　懲戒処分の手続に違法性が認められる場合には、仮にセクハラ行為の事実が認められたとしても、当該懲戒処分が無効または取り消されることがあります。懲戒処分の手続の違法性が問題となった裁判例としては、東京地判平成17年5月13日（問題がないとされた事例）、東京地判平成24年3月16日（問題があるとされた事例）などがあります。

(2)　懲戒処分の内容については、確認されたセクハラ行為の内容に応じて、戒告、譴責、始末書の提出、減給、降格、停職、停学、解雇、退学等の処分がなされます。懲戒処分を行う場合には、確認されたセクハラ行為と処分の内容に均衡がとれていることが必要です。確認されたセクハラ行為と比べて処分内容が過度に重いような場合には、不服

申立てにより、当該懲戒処分が無効または取り消されることがあります。不服申立ての方法等については**本章Q19**を参照してください。

　なお、懲戒免職となった場合でも、当然に退職金の全額不支給が認められるわけではないことには注意が必要です（東京地判平成22年3月24日等参照）。

## Q16　調査の際の注意点

職場内（学内）でのセクハラの調査で注意すべき点はありますか。

　セクハラが発生した場合には、職場や大学も調査を行うことになりますが、被害者や行為者への調査の際には、それぞれ注意が必要です。

### 1　調査義務

　まず、民間事業者の場合ですが、セクハラ指針では、事業主に対し、セクハラの相談の申出があった場合には、事案に係る事実関係を迅速かつ正確に確認することを義務付けています。そして、セクハラ指針によれば、具体的な内容として、①相談窓口の担当者、人事部門又は専門の委員会等が、相談者及び行為者とされる者の双方から事実関係を確認すること、また、相談者と行為者の間で事実関係に関する主張に不一致があり、事実の確認が十分にできないと認められる場合には、第三者からも事実関係を聴取する等の措置を講ずること、②事実関係の確認が困難な場合等においては、男女雇用機会均等法18条に基づく調停の申請を行うこと（都道府県労働局雇用均等室への援助申立てによる）その他中立な第三者機関に紛争処理を委ねることとされていますので、これらの点を意識した調査を行うことになります。

　次に、公務員の場合には、人事院規則10−10の8条で、各省各庁の長に苦情相談体制の整備を義務づけたうえで、苦情相談に係る問題の事実関係の確認及び当該苦情相談に係る当事者に対する助言等により、当該問題を迅速かつ適切に解決するよう努めるものと定めています。そして、人事院規則10−10運用通知別紙2では、苦情相談に対応するに当たり留意すべき事項についての指針が規定されていますので、それらに配慮した調査を行います。

　さらに、大学内の場合についてですが、セクハラに対する事業主の配

慮義務を定めた男女雇用機会均等法の改正を受け、平成11年に文部省及び所轄学校等を対象とする「文部省におけるセクシュアル・ハラスメントの防止等に関する規程」が制定され、これを機に、国公立のみならず私立大学においてもセクハラ防止のための取組みが進められ、規程やガイドラインが定められました。各大学のガイドライン等では、セクハラの定義や防止のための大学の責務、問題が生じた場合の相談・調査体制等が定められていますので、それらの規程に基づき、大学も調査を行うことになります。

## 2　被害者への調査に際し注意すべきことについて
### (1)　事実確認の際の二次被害の防止やメンタルヘルスへの配慮

　相談窓口で事実確認を行うに際しては、被害者に二次被害が生じないように注意すべきです。被害者は心理的に混乱していたり、人間不信になっていたりする可能性もありますから、事実関係把握を急ぐのではなく、相手のペースで聞き取るようにします。また、被害者に落ち度があったとか、加害者を庇うような発言は被害者をさらに傷つける可能性がありますので、相談担当者の意見などは伝えず、まずは肯定的に聞いていきます。

　そして、今後の流れとして、これから行為者や他の人からも事情を聞き、セクハラか否かを認定し、場合によっては行為者の懲戒処分を行う必要があること、そのためには少し時間がかかるが、何か進展があればこちらから連絡することなどを伝えると、被害者も安心し、スムーズな対応につながります。

　また、セクハラ被害者はメンタルヘルスの不調を伴う事例が多いため、セクハラ指針でも、管理監督者又は事業場内の産業保健スタッフなどにより被害者のメンタルヘルス不調への相談に対応することが、適正な措置の一例として掲げられています。場合によっては、メンタルヘルス関連部署と連携しながら、休職手続を促すなどの対応が必要なケースもあります。

(2) **被害者の職場・教育環境への配慮**
　事実関係の確認中であっても、被害者と行為者とができる限り直接接触することがないような環境を整備するなど、被害者の職場・教育環境が悪化しないように配慮することが必要です。

## 3　行為者への調査に際し注意すべきことについて

　行為者に対しても、速やかに事情聴取を行うことになりますが、セクハラの事実が確認されれば就業規則等に従って処分される可能性があるため、弁明があれば十分に聴取します。行為者の反論が、客観的に見て不合理な点や矛盾点があれば指摘して、きめ細かく聞き取ります。

　また、後日行為者から不服申立てや訴訟提起がなされることがあるので、会社や大学としては、聴取は複数人で行うとともに、日時や聴取内容等について詳細なメモを残すのが肝要です。

　なお、行為者に対しては、現在は調査段階に入っていることから、被害者に直接接触して相談取下げを強いるなどの行為に出ることのないよう伝えます。

## 4　調査における不備を原因とした責任

　調査方法によっては、責任を問われることもあります。調査義務があるにもかかわらず、適切な調査を行わないと、その対応自体が不法行為責任を構成することがあるので注意が必要です。

　横浜地判平成16年7月8日（判時1865号106頁）では、市の係長から部下の女性に対するセクハラについて、女性からの苦情申出があっても、課長が女性からの事情聴取も行わず、客観的な証拠である写真も収集せず、女性が異動を希望していると思い込み、翌年4月まで待つように述べただけで、女性を責め係長を庇う発言を繰り返したことについて、課長の不作為は許容される限度を逸脱し、違法であるとして、市に対し、慰謝料80万円の支払いを命じています。

## Q17　セクハラと刑事罰

> セクハラが犯罪になることはありますか。量刑はどのくらいになるのでしょうか。

### 1　セクハラが犯罪となる場合

セクハラが犯罪になる場合としては、以下の規制に触れる場合が考えられます。各犯罪の法定刑と、実際の裁判例の量刑を紹介します。

(1)　**刑　法**

公然わいせつ罪（174条、6月以下の懲役若しくは30万円以下の罰金又は拘留若しくは科料）強制性交等罪（177条、5年以上の有期懲役）、強制わいせつ罪（176条、6月以上10年以下の懲役）、強要罪（223条、3年以下の懲役）、名誉棄損罪（230条、3年以下の懲役若しくは禁固又は50万円以下の罰金）、侮辱罪（231条、拘留又は科料）等があります。

(2)　**ストーカー行為等の規制等に関する法律**

つきまとい等の禁止（3条、つきまとい等を反復してすると「ストーカー行為」（2条3項）として1年以下の懲役又は100万円以下の罰金）があります。

(3)　**軽犯罪法**

のぞき見の禁止（1条23号、拘留又は科料）等があります。

(4)　**「迷惑防止条例」**（都道府県ごとに条例があり、以下は東京都の「公衆に著しく迷惑をかける暴力的不良行為等の防止に関する条例」によります。）

ちかん行為の禁止（5条1項1号、6月以下の懲役又は50万円以下の罰金）、盗撮行為の禁止（5条1項2号、1年以下の懲役又は100万円以下の罰金）、つきまとい行為等の禁止（5条の2第1項、メールやSNSの連続送信、名誉を害する事項を告げること、性的羞恥心を害する事項を告げることを含む、1年以下の懲役又は100万円以下の罰金）があります。

## 2 裁判例

　強制性交等罪については、集団で姦淫した事件で懲役3年の実刑判決が下された事例があります（下記強制性交等①の裁判例参照）。

　強制わいせつ罪については、身体接触が直接か服の上からか、接触時間の長短、強度の暴行脅迫の有無、接触した部位、常習性の有無等の要因で認定される犯行態様の悪質性の程度が実刑と執行猶予とを分ける重要な要素となり、これに被害感情の強さ、謝罪や被害弁償の有無等が加味されて量刑がなされていると考えられます（下記強制わいせつ①、②、④、⑤の裁判例参照）。

　他方で、犯行が密室で行われたことにより、被害者の供述が唯一の証拠となったため、その信用性が否定された結果、無罪判決が言い渡されている事件が両罪ともにあります（下記強制性交等②、強制わいせつ③、⑥、⑦の裁判例参照）。

　また、セクハラによる事件ではないものの、被害者の胸等の写真をインターネットに投稿したという名誉毀損罪の事件で懲役2年執行猶予3年の判決が下されています。

　ストーカー規制法違反では、執行猶予の付いた懲役判決も多数見受けられますが、暴力的な住居侵入があった事件や、ストーカー行為に対して警告を受けながら住居に侵入して窃盗も犯した事件では実刑の懲役判決が下されています。

　軽犯罪法違反では、のぞき見と盗撮行為を行った事件について科料判決が下されており、建造物侵入を伴いのぞき見と盗撮を繰り返した事件では懲役1年6月執行猶予3年の判決が下されています。

　迷惑防止条例違反では、ちかん行為、盗撮行為共に常習性がある場合は執行猶予付きの懲役判決が下されることが多く、そうでない場合に罰金刑が科せられています。

　とりあげたセクハラについての裁判例を以下に簡潔に列記します。

〔強制性交等〕
① 　千葉地判平成29年4月17日、集団で姦淫した、懲役3年
② 　水戸地土浦支判平成23年5月20日、被害者証言の信用性を否定し

て無罪（起訴罪名は準強姦）

〔強制わいせつ〕

① さいたま地判平成30年2月9日、女性職員の胸を直接さわったりなめたりしたと認定して懲役2年6月執行猶予5年

② 岡山地判平成26年7月28日、巡査長が女性巡査に多数回キスをして顔等をなめ、直接胸をもむ等したと認定して懲役3年執行猶予5年

③ 福島地郡山支判平成26年3月27日、女性従業員の陰部を直接触る等したとされた件につき、被告人はその時間他の客に施術中と認定され無罪

④ 大阪地判平成26年2月7日、取締役営業部長が酩酊して複数の女性の部下の胸を衣服の上から短時間揉んだ等したと認定して懲役2年執行猶予4年

⑤ 秋田地判平成25年2月20日、県立高校の運動部の監督が女子部員4名の乳房や陰部を弄ぶ、自己の陰茎を触らせる、口淫をせまる、自己の陰茎を陰部に直接押し当てる等したとして懲役3年6月

⑥ 静岡地浜松支判平成22年5月24日、中学校教諭が女子学生に対して乳がん検査と誤信させ、被害者を抗拒不能にして乳房を弄んだとされた件につき、胸を触ったことは認定したが、乳がんについての女子生徒の依頼に応じた行為とは認められないような状況は認められないとして無罪

⑦ 京都地判平成18年12月18日、臨床検査技師が女性患者に対し、検査名目で肛門部から陰核に至るまで検査器具を押し当てながら往復させたとされた件で、女性患者の供述の信用性を否定して無罪

# Q18　身に覚えのないセクハラ申告への対応

> セクハラをしたと言われていますが、身に覚えがありません。法的にどのような対処ができますか。

## 1　職場に対する対処

(1) セクハラの事実調査については、公務員・民間の労働者のいずれの場合であっても、加害者とされた者への聞き取り調査が実施されます。そのため、職場から身に覚えのないセクハラの調査を受けた場合には、職場に対して身に覚えのないことをきちんと説明することが重要です。仮に、事情を説明したにもかかわらず、勤務先からセクハラを原因とした何らかの処分がなされた場合には、損害賠償等を求めることができます（**本章Q19**参照）。

(2) また、セクハラの調査については、公務員・民間の労働者のいずれの場合であっても、勤務先には、セクハラの当事者のプライバシーを保護することが求められています（人事院規則10-10運用通知別紙2第1、セクハラ指針3(4)）。

　そのため、身に覚えのないセクハラについて、調査の結果が他の職員へと漏洩しないことを職場に求めることができます。仮に、職場の調査結果が漏洩した場合には、職場に対し、損害賠償等を求めることができます。

## 2　セクハラの報告者に対する法的請求

### (1) 民事手続

　実際にセクハラ行為がなかったにもかかわらず、職場に対して、セクハラの報告がされたような場合、そのような虚偽の報告は、加害者とされた労働者の名誉権を侵害するものですから、報告者は、不法行為責任（民710条）を負います。

過去の裁判例でも、
① 虚偽のセクハラの事実を記載したビラを配布したり、マスコミに対して虚偽のセクハラの記事の掲載をさせるなどの行為をした事案で、被告らに対して連帯して120万円の慰謝料、一部の被告に対して80万円の慰謝料の支払いと謝罪文の作成・交付を認めた裁判例（東京地判平成12年9月25日）、
② 従業員である原告が、上司らの行ったセクハラを理由とする損害賠償請求（本訴事件）をしたことに対し、本訴事件が上司及び会社の名誉を毀損するとして、原告を相手とする損害賠償請求（反訴事件）をした事案で、セクハラの事実が「存在しないことを知りながら公然と事実を摘示して本訴を提起した」、「又はそれが不法行為に該当しないことを通常人であれば容易に知りえたといえるのにあえて公然と事実を摘示して本訴を提起した」として、被告らが被った名誉侵害による損害賠償責任（20万円）を認めた裁判例（東京地判平成12年12月8日）

において、虚偽の報告者には加害者とされた労働者に対する不法行為責任（民710条）が成立するとしています。したがって、加害者とされた労働者は、報告者に対して損害賠償請求を行うことができます。

(2) 刑事手続

公然と事実を摘示して、相手の名誉をおとしめた場合は名誉毀損（刑230条）になり得ます。また、事実摘示以外の方法で、公然と相手を侮辱した場合には侮辱罪（刑231条）となり得ます。そして、名誉毀損罪および侮辱罪は、親告罪（刑232条）とされていますので、刑事処罰を求めるのであれば告訴権者の告訴が必要となります。

そのため、警察や検察等の捜査機関に対し、犯罪事実を申告し、犯人の処罰を求める告訴状を提出することが必要となります。

# Q19 懲戒処分への対応

> セクハラを理由に懲戒処分をされましたが、身に覚えがありません。どうしたらよいですか。

## 1 民間の労働者の場合

### (1) 処分の根拠規定、該当性の確認

懲戒処分が有効とされるためには、「使用者が労働者を懲戒することができる場合」であること（労契15条）、すなわち使用者に懲戒権が認められなければなりません。

そして、懲戒権が認められるためには、就業規則（雇用契約書、労働条件通知書等含む）に懲戒規定（懲戒の種類、事由）が定められている必要があり、規定にない種類・事由での処分は許されません。なお、就業規則は「周知」されている必要があります（労基106条1項）。

そこで、まず懲戒規定の有無、該当性等を確認してください。

### (2) 処分の合理性・相当性等の確認

仮に懲戒事由にあたる場合でも、当該懲戒処分が、「客観的に合理的な理由」があり、「社会通念上相当」といえる場合でなければ、権利濫用として無効となります（労契15条）。

そこで、当該処分に合理的理由があるか、相当であるかを確認することになります。これらの判断に関しては、多数の裁判例がありますので、それらを参照して検討してください。

### (3) 懲戒手続の確認

労働法上の規定はありませんが、適正手続の観点から、弁明手続が要請されると考えられています。

就業規則等に告知聴聞の機会が規定されている場合、その手続のないままされた懲戒処分は違法無効となると考えられます。規定がない場合でも、一般的には、手続の適正の観点から最低限本人に弁明の機会を与

えるべきと考えられていますが、弁明の機会のないまました処分の有効性については争いがあり、処分自体は有効とした裁判例もあります（海外漁業協力財団事件・東京高判平成16年10月14日労判885号26頁）。

いずれにしても、処分の有効性に関わりますので、懲戒手続について就業規則等に規定があるか、告知聴聞の機会があったか否かを確認してください。

(4) 請求の態様

懲戒処分に労働契約法15条違反、適正手続違反がある場合、処分の有効性を争うことができます。

争う方法は懲戒処分の内容により様々ですが、たとえば懲戒解雇された場合は、処分無効確認、地位確認の訴え等が考えられます。懲戒により退職金が不支給となった場合は、退職金支払請求（公務員であれば不支給処分取消の訴え等）も考えられます。出勤停止処分や減給処分等の給与に関する処分の場合、差額給与請求をすることも考えられます。さらに、違法な懲戒処分による慰謝料請求も考えられます。

(5) 解決手続

労働審判、民事裁判によって争うことが考えられます。また、民事訴訟による権利の実現を保全するために、一定の仮の措置を求めることも可能です。たとえば、解雇の場合、従業員たる地位を仮に定める地位保全の仮処分、賃金の仮払いを命ずる賃金仮払い仮処分等が利用されています。

なお、裁判所による紛争解決以外に、行政機関による紛争解決手続として、①都道府県労働局における個別労働関係紛争の処理制度として、都道府県労働局長の助言・指導・勧告（雇均17条1項）、男女雇用機会均等法18条以下の紛争調整委員会による調停、②労働委員会による個別労働関係紛争の調整手続等の方法による解決も考えられます。

## 2 公務員の場合

(1) 処分規定の確認

公務員の懲戒根拠は、国家公務員法82条、地方公務員法29条等で定

められています。なお、処分手続については行政手続法の適用はなく（行手3条1項9号）、後述の規則、条例で個別に定められています。

処分の内容、手続等については、国家公務員の場合、国家公務員法、人事院規則12-0（職員の懲戒）が規定され、また、個々の処分の量定については、「懲戒処分の指針について」（平成12年3月31日職職―68人事院事務総長発）や人事院規則22-1（倫理法又は同法に基づく命令に違反した場合の懲戒処分の基準）により、その判断に当たっての目安・考え方が示されています。

地方公務員の場合、上記と同じような内容が各条例で定められています。

そこで、まずは、当該懲戒処分の内容や手続について、上記規定や指針に沿ったものであるかを確認してください。

(2) **違法性の確認**

懲戒処分の要否及び内容については、行政庁に裁量が認められ、その懲戒処分に裁量権の逸脱又は濫用があった場合（行訴30条）、当該処分は違法となります。

この裁量権の逸脱又は濫用の判断方法は、多数の裁判例がありますので、それらを参照して検討してください。

また、民間の場合と同様、適正手続の要請があるため、上記の規則や条例に定められた手続に違反する懲戒処分は、違法無効となる可能性があります。そこで、処分手続についても確認してください。

(3) **解決手続**

公務員の場合、不服申立前置主義が採られているため（国公92条の2、地公51条の2）、まずは審査請求をし、それでも解決しない場合に取消訴訟を提起することになります。

審査請求については、処分説明書を受け取った日（地方公務員の場合は処分があったことを知った日）の翌日から起算して3カ月以内、または処分があった日の翌日から起算して1年を経過しないうちに請求する必要があります（国公90条の2、地公49条の3）。国家公務員の場合は人事院に対し（国公90条1項）、地方公務員の場合は人事委員会または

公平委員会に対して（地公49条の2第1項）のみ審査請求をすることができます。

　取消訴訟については、正当な理由がない限り不服申立ての審査結果が通知された日から起算して6カ月が経過しないうちに、または審査結果が出た日から起算して1年が経過しないうちに提起する必要があります（行訴14条1項、2項）。

## 3　学生の場合

　学生の懲戒権については、学校教育法11条において、校長および教員は、教育上必要があると認めるときは、児童、生徒および学生に懲戒を加えることができるとされており、同施行規則26条において、懲戒を加えるに当たっては、「児童等の心身の発達に応ずる等教育上必要な配慮をしなければならない」とされています。そして、これらを受け、各学校が、校則等により懲戒規定を設けています。

　そこで、校則等を確認し、当該懲戒処分が教育上の必要性がなく裁量権の逸脱または濫用があるか、「教育上必要な配慮」を欠くといった手続違反があれば、処分無効確認・取消、慰謝料請求等を求めることができます。もっとも、多くの裁判例では、退学の場合を除き処分権者に広範な教育的裁量権を認めているため、違法性の判断にあたっては注意が必要です。

# Q20　名誉毀損に対する救済措置

> セクハラをしたと週刊誌に記事を書かれたり、インターネット上の掲示板等に書き込みをされたのですが、どのように対処したらよいですか。

## 1　はじめに

週刊誌の記事やインターネット上の掲示板等への書き込みが名誉毀損に該当する場合、被害者は週刊誌の出版差し止め、書き込みの削除、損害賠償等を求めることができます。

## 2　名誉毀損の成立要件

民法710条には、「名誉」を毀損した場合に加害者は損害賠償責任を負うことが定められています。「名誉」とは、「人の品性、徳行、名声、信用等の人格的価値について社会から受ける客観的評価」をいい（北方ジャーナル事件・最大判昭和61年6月11日民集40巻4号872頁）、「名誉毀損」とは、「客観的な社会的評価を低下させる行為」を言うとされています（最三小判平成9年5月27日民集51巻5号2024頁）。よって、セクハラをしたと週刊誌に記事を書いて出版する行為やインターネット上の掲示板等に書き込みをする行為は、原則として客観的な社会的評価を低下させる行為に該当し、名誉毀損が成立すると考えられます。

## 3　名誉毀損に対する救済措置

### (1)　差止請求

名誉毀損を理由とする差止請求を認めた明文の規定は存在しませんが、上記北方ジャーナル事件最高裁判決では、人格権としての名誉権に基づき、名誉毀損を理由とする差止めを認めており、事情によっては事前の差止めも許容しています。したがって、セクハラをしたと週刊誌に記事を書かれ、その内容が名誉毀損に該当する場合、原則として被害者

は週刊誌の出版差止めを求めることができ、事情によっては出版前の差止めを求めることもできます。

### (2) 削除請求、発信者情報開示請求

インターネット上の掲示板等への書き込みが名誉毀損に該当する場合、被害者は当該書き込みをした者（発信者）や削除権限を有する者（サイト管理者等）に対し、利用規約等や人格権としての名誉権に基づき当該書き込みの削除を求めることが考えられます。任意の削除に応じてもらえない場合には、被害者は訴訟を提起して当該書き込みの削除を求めることができます。また、保全の必要性が認められる場合には、差止めの仮処分を申し立てることもできます。

発信者が特定できない場合には、特定電気通信役務提供者の損害賠償責任の制限及び発信者情報の開示に関する法律（いわゆる「プロバイダ責任制限法」）4条1項に基づき、当該サイト管理者等に対して、発信者情報（IPアドレスとアクセス時間等）の開示を求めることができます。任意の開示に応じてもらえない場合には、発信者情報開示の仮処分の申立て、もしくは本訴の提起を行うことになります。もっとも、IPアドレスとアクセス時間等の開示を受けたとしても、これだけでは発信者の特定はできませんので、発信者とプロバイダ契約を締結している経由プロバイダにこれらの情報を提供して発信者の契約情報（発信者の住所、氏名等）の開示を求めることになります。経由プロバイダがこの請求に任意に応じない場合には、発信者情報開示請求訴訟を提起することができます。なお、経由プロバイダから発信者情報の保存完了の回答が得られていない場合には、発信者情報の保全を目的とした仮処分の申立てを行う必要があります。

### (3) 損害賠償請求

名誉を毀損された被害者は加害者に対し、民法709条および710条に基づき金銭賠償（主には慰謝料）を請求することができます。実務上、慰謝料額に関する類型的な基準は存在していないため、裁判では当該審理に現れた一切の事情を斟酌して個別に慰謝料額を判断しています。名誉毀損に対する平均的な慰謝料認定額は、概ね100万円から150万円程

度で推移しています。

(4) **名誉回復処分の請求**

　他人の名誉を毀損した者に対して、裁判所は被害者の請求により、損害賠償に代えて、または損害賠償とともに、名誉を回復するのに適当な処分を命ずることができるとされています（民723条）。この名誉回復処分としては、実務上謝罪広告の掲載等が認められています。

　もっとも、名誉回復処分は、金銭賠償の原則に対する例外的な処分であるため、裁判例では名誉回復処分の必要性を要求する傾向にあります（東京地判昭和60年3月20日判タ556号146頁参照）。この必要性の判断にあたっては、「被害者の社会的地位、著名度、被害団体の公共性の程度、名誉毀損行為の態様、内容、程度、被害者が被った精神的苦痛の程度、社会的評価の低下の程度、掲載誌の著名度、発行部数、全国紙への広告掲載や電車の中吊り広告の有無、名誉毀損行為から口頭弁論終結時までの期間の長短、金銭賠償の有無、賠償額等」が考慮されています（静岡県弁護士会編『新版　情報化時代の名誉毀損・プライバシー侵害をめぐる法律と実務』33頁（ぎょうせい、2010年））。

# 第2章

# パワー・ハラスメント

○ Sexual harassment
● Power harassment
○ Maternity harassment
○ Academic harassment
○ Moral harassment and Others

## 第2章 パワー・ハラスメント

## Q1 パワー・ハラスメントの定義

パワー・ハラスメントとは何ですか。

　一般的にパワー・ハラスメント（以下「パワハラ」と言います。）と呼称されている行為は、極めて広範なものとなっています。そのため、必ずしもパワハラと呼称されている全ての行為が違法な評価を受けるものでもありません。実務上重要なのは、いかなる行為が違法なパワハラに該当するのかということになると思いますが、その部分は**本章Q4**を参照してください。
　ここでは、パワハラの定義一般について確認したいと思います。

### 1　法律上の定義
　令和元年5月29日、女性の職業生活における活躍の推進に関する法律等の一部を改正する法律が成立し、労働施策の総合的な推進並びに労働者の雇用の安定及び職業生活の充実等に関する法律（以下「労働施策総合推進法」と言います。）30条の2第1項において、パワハラの立法的定義付けがなされるに至りました。そこでは、パワハラを「職場において行われる優越的な関係を背景とした言動であつて、業務上必要かつ相当な範囲を超えたもの」と定義付けています。

### 2　厚生労働省の定義
　立法的定義付けがなされる以前に、厚生労働省の「職場のいじめ・嫌がらせ問題に関する円卓会議ワーキング・グループ報告」（平成24年1月30日）では、パワハラを「同じ職場で働く者に対して、職務上の地位や人間関係などの職場内の優位性を背景に、業務の適正な範囲を超えて、精神的・身体的苦痛を与える又は職場環境を悪化させる行為」と定義し、典型的な行為類型として、以下の6類型を挙げています。

> ① 暴行・傷害（身体的な攻撃）
> ② 脅迫・名誉毀損・侮辱・ひどい暴言（精神的な攻撃）
> ③ 隔離・仲間外し・無視（人間関係からの切り離し）
> ④ 業務上明らかに不要なことや遂行不可能なことの強制、仕事の妨害（過大な要求）
> ⑤ 業務上の合理性なく、能力や経験とかけ離れた程度の低い仕事を命じることや仕事を与えないこと（過小な要求）
> ⑥ 私的なことに過度に立ち入ること（個の侵害）

　これらの6類型は、あくまで典型的なものとしての例示列挙に過ぎません。したがって、個々の事案で問題となっている行為が6類型に分類できないからといって、違法なパワハラにならないという判断はできないものの、個々の事案を検討する上での一つの指標になると思われます。

## 3　裁判例における定義

　違法なパワハラを受けたとする各種裁判において、積極的にパワハラを定義している裁判例も存在しています。

　ザ・ウィンザー・ホテルズインターナショナル事件（東京地判平成24年3月9日労判1050号68頁）では、パワハラが極めて抽象的な概念であり、それが不法行為を構成するためには、質的にも量的にも一定の違法性を具備していることが必要であるとした上で、「企業組織もしくは職務上の指揮命令関係にある上司等が、職務を遂行する過程において、部下に対して、職務上の地位・権限を逸脱・濫用し、社会通念に照らし客観的な見地からみて、通常人が許容し得る範囲を著しく超えるような有形・無形の圧力を加える行為」が、不法行為を構成すると述べています。上記厚生労働省の報告の直後になされた判決ですが、文言上は厚生労働省の定義よりも狭いものとなっています。

　他方、上記厚生労働省の報告の公表後しばらく経過した近時の裁判例では、厚生労働省と同一の定義付けを行っているものが複数確認されています（東京地判平成28年2月3日、長崎地判平成29年2月21日労判

1165号65頁等）。

　そのため、近時の裁判例におけるパワハラの定義に関しては、厚生労働省の定義付けに強い影響を受けていると考えられ、文言の違いはあれども、概ね、①優位性を背景に、②適正な範囲を超えて、③精神的・身体的苦痛を与え、又は職場環境を悪化させる行為と捉えているものと考えられます。

　上記の通り、パワハラに関して立法的な定義付けがなされるに至りましたが、各要素が共通しておりますので、裁判例における定義付けに大きな変遷はないと思われます。

## 4　いじめ・嫌がらせとの違い

　パワハラと類似する概念として、「職場のいじめ・嫌がらせ」というものがあり、それらが不法行為を構成することも考えられます。しかし、**本章Q2**にもあるとおり、上司・同僚に対するパワハラも肯定されていますので、結局は、職場内のいじめ・嫌がらせについては、その大部分がパワハラに該当するものと考えられます。そのため、実務上は、「いじめ・嫌がらせ」をパワハラと明確に区別して論じる実益はないように思われます。

## Q2　部下から上司に対するパワハラの成否

上司から部下に対する場合以外でも、パワハラになりますか。

### 1　優位的な立場

　パワハラは、**本章Q1**にもあるように、近時の裁判例において「職務上の地位や人間関係などの職場内の優位性を背景に、業務の適正な範囲を超えて、精神的・身体的苦痛を与え、又は職場環境を悪化させる行為」とされています。

　上司と部下の関係であれば、一般的には上司の方が、職場内における優位的な立場にあると言えます。

　しかし、上司と部下の関係でも、必ずしも上司が部下よりも優位な立場にあるとは言えないこともあります。

### 2　裁判例

　この点については、療養補償給付等不支給処分取消請求事件の事案ですが、京都地判平成27年12月18日が参考になります。

　この裁判例は、医療福祉センターで医療費請求事務等に従事していた原告が、職場の上司や部下からのいじめ行為等によりうつ病に罹患したと主張して、処分行政庁に対し、労災保険法に基づき、療養補償給付たる療養の給付と休業補償給付等をそれぞれ請求したところ、処分行政庁は、うつ病の発病前6か月間を超える期間において業務に強い心理的負荷が認められないから、業務起因性がないとして、上記各給付をしない旨の各処分をし、原告が、上記各処分は違法であると主張して、その取消しを求めた事案です。

　原告は、従前から手が震えて字がスムーズに書けないという「書痙」という症状を持っていたところ、判決では、部下から事務の引継ぎを受ける際に、字が読みづらいことや表計算ソフトウェアをなかなか習得で

きないことについて、部下から「字を他の人にも読めるように書いてください。ペン習字でも習ってもらわないといけない。」「時間かかりすぎです。この表の作成に1日もかかりませんよ。」「お勉強をしてください。分からなかったら娘さんにでも教えてもらってください。」「日本語分かってはりますか。」などと辛辣な言葉をかけられていたと認定されています。

　しかも、一応、上司と部下の関係ではあるものの、原告は、当該部下の業務を監督したり、当該部下を勤務評定する立場にはなかった上、原告を軽く扱う雰囲気が職場内で醸成されていたとも認定されています。

　その上で、部下から原告への業務引継ぎとその際の部下の言動を総合考慮して、業務上の心理的負荷は、社会通念上、客観的にみて、精神疾患を発病させるおそれがあるほどに強度のものであったと認めています。

　このように上司と部下の関係であっても、事案によっては、部下が優位な立場になることもあり得ます。

　したがって、先ほどの裁判例からすると、①上司の業務上の経験や適性の有無、②上司の部下に対する監督権限の有無、③部下の不適切な行動を容認するような状況等といった事情次第では、部下に優位性が認められ、部下の行動がパワハラになり得るということになります。

　このような状況であれば、事業主としては、不適切な行動をする部下に対し、業務監督を行い、その行動を諫めるほか、それでも収まらない場合は、懲戒権限の行使なども検討する必要があるでしょう。

# Q3 「職場内」以外におけるパワハラの成否

「職場内」以外でもパワハラが成立する場合はありますか。

## 1 直接の雇用関係がない場合

パワハラは、**本章Q1**にもあるように、近時の裁判例において「職務上の地位や人間関係などの職場内の優位性を背景に、業務の適正な範囲を超えて、精神的・身体的苦痛を与え、又は職場環境を悪化させる行為」とされています。

したがって、雇用関係がなくても、上記要件を満たすのであれば、パワハラに該当し得ることになります。

この点については、①大阪高判平成25年10月9日（労判1083号24頁）や②長崎地判平成29年2月21日（労判1165号65頁）、③金沢地判平成29年3月30日（労判1165号21頁）や④大阪地判平成29年6月13日（判タ1451号223頁）が参考になります。

## 2 派遣労働

①の大阪高裁判決は、派遣労働者として就労していた被控訴人が、その派遣先であった控訴人（会社）の従業員らからパワハラに該当する行為を受け、同派遣先での就労を辞めざるを得なくなったと主張して、控訴人に対し、使用者責任に基づく損害賠償として慰謝料等を請求した事案です。

控訴人と被控訴人との間には直接の雇用関係はありませんが、控訴人の従業員の発言・対応が問題となりました。

この点について、「労務遂行上の指導・監督の場面において、監督者が監督を受ける者を叱責し、あるいは指示等を行う際には、労務遂行の適切さを期する目的において適切な言辞を選んでしなければならないのは当然の注意義務と考えられるところ、本件では、それなりの重要な業

務であったとはいえ、いかにも粗雑で、極端な表現を用い、配慮を欠く態様で指導されており、かかる極端な言辞を用いる性癖であって、その発言が真意でないことを認識し得るとしても、業務として日常的にそのような極端な言辞をもってする指導・監督を受忍しなければならないとまではいえず、逆に、監督者において、労務遂行上の指導・監督を行うに当たり、そのような言辞をもってする指導が当該監督を受ける者との人間関係や当人の理解力等も勘案して、適切に指導の目的を達しその真意を伝えているかどうかを注意すべき義務があるというべきである」「指導に付随してなされた軽口ともみえる発言のうち……それが1回だけといったものであれば違法とならないこともあり得るとしても、被控訴人によって当惑や不快の念が示されているのに、これを繰り返し行う場合には、嫌がらせや時には侮辱といった意味を有するに至り、違法性を帯びる」と判示されています。

したがって、労務遂行上の指導・監督を行う場面、特に指導・監督を受ける者が労働契約上弱い立場にある場合には、言葉遣いや指導方法について注意をする必要があります。また、労務管理事項や人事評価にも及ぶ事柄については、余計な不安や困惑を生じさせないように注意をする必要があります。

## 3　サービス利用契約

②の長崎地裁判決は、障害福祉サービス事業等を行う特定非営利活動法人である被告NPOの利用者であった原告らが、⑦被告NPOの理事である被告理事らからパワハラに該当する叱責等を受けたり、セクハラを受けた、⑦被告NPOの被告理事から二度にわたって性的虐待を受けたとして、損害賠償を求めた事案です。

原告ら利用者は、被告NPOと指定就労継続支援（B型）サービスの利用契約を締結していました。

判決では、パワハラ行為について、「原告と被告NPOと雇用関係にあるものではないが、……原告は、被告NPOにおいて就労継続支援（B型・非雇用型。通常の事業所に雇用されることが困難であって、雇用契約に

基づく就労が困難である障害者につき、就労の機会を提供するとともに就労に必要な知識及び能力の向上のために必要な訓練その他の便宜を提供することをいう。障害者総合支援法5条15項、同法施行規則6条の10第2号）を受け、工賃を受領していたところ、このような支援をする被告NPOの理事らは、その利用者である原告との関係において職務に準じた地位ないし人間関係等の優位性があるということができ、上記理事らが、就労のための訓練その他の便宜の供与の適正な範囲として社会通念上許容される範囲を超えて、精神的、身体的苦痛を与え又は職場環境を悪化させる行為をした場合には、不法行為としての違法性を具備するものというべきである」と判示されています。

したがって、雇用関係になくとも、職務に準じた地位ないし人間関係等の優位性を背景に、社会通念上許容される程度を超える行為をすれば、パワハラに該当することになります。

## 4　大学の教員同士

③の金沢地裁判決は、大学・大学院の准教授であった原告が、原告が所属する教室の主任であった被告（原告の実質的な上司）に対し、被告から度重なるハラスメント行為を受けたと主張して、損害賠償等を求めた事案です。

判決は、⑦共同実験室等の鍵の管理方法は、原則として被告の裁量により決定すべき事項ではあるものの、被告が、原告に対し、鍵を貸与しなかったために、約9年間という長期間にわたって、共同実験室等を自由に使用させず、原告から職務上の不利益が生じていることが長年にわたって主張されているにもかかわらず、不利益を解消するための具体的措置を採らなかったこと、④被告は、嫌がらせ目的で、原告に担当させる授業のコマ数を減らし、さらに授業を担当させないこととしたことなどが、裁量の逸脱、権限を濫用した違法な行為であると認定しています。

## 5　教諭と生徒

④の大阪地裁判決は、被告学校法人が設置・運営する高校の空手部に

所属していた原告が、高校の教諭であり空手部の顧問であった被告教諭からパワハラを受けたとして、損害賠償を求めた事案です。

　判決では、㋐夜間、被告教諭とOG5人が集まり、飲酒もしている場に、高校生である原告を呼び出し、OGらが集団で指導・注意を行うことは不適切である上、あたかも丸刈りにすることを強要するかのような発言をしたことは相当性を欠く、㋑原告の問題行動は、性格的な欠点に端を発した行動とうかがわれ、他の部員と口論するなどの秩序破壊行為をしたというわけでもないから、問題行動の程度としてはさほど重大なものではなく、翌日以降、原告が反省し、気分を一新して練習に臨むことにより、十分回復可能なものであったことがうかがえるにもかかわらず、翌日以降の練習参加を禁止したことは、問題行動との均衡を著しく欠く不相当な処分である、㋒被告教諭の指導方法により、インターハイ予選で、原告を応援する者はいないか、ごくわずかであるという状況を作出するなどの差別的取扱いを生じさせるなど、その行為は著しく相当性を欠く、㋓被告教諭が、原告をインターハイに出場させる条件として、突然、インターハイの試合の日付の退部届の提出を指示して署名押印させた行為は、手段・方法として相当性を欠く、㋔被告教諭が、インターハイ本戦前において、ゼッケンを間際に交付し、会場までの引率を行わず、試合の際にはコーチを付けなかったほか、原告が高校としての応援を受けることができなかったことについて、被告教諭の一連の扱いは相当性を欠くとして、不法行為に該当すると判断されています。

## 6　まとめ

　③と④の裁判例は、被告の裁量逸脱や権限濫用の有無という観点から論じていますが、地位や人間関係の優位性を背景とした相当性を欠く行為であれば、それは裁量逸脱や権限濫用としても評価され得ると思われるので、その結論において大差はないと思われます。

# Q4 具体的なパワハラ行為の内容

具体的にどのような行為がパワハラとなりますか。

## 1 パワハラのあり様は多種多様

　パワハラのあり様は極めて多種多様です。厚労省のワーキング・グループは、パワハラの典型例として6類型を挙げますが(**本章Q1**参照)、必ずしもこの6類型ですべてのパワハラ事例が網羅されるわけではありません。

　もっとも、裁判例を概観すると、パワハラないしそれに類する不適切な行動と評価される言動には、いくつかの共通する事情があり、これらの事情がパワハラを肯定する方向に働く事情(以下「肯定事情」と言います。)として考慮されていることがわかります。また、逆に、パワハラを否定する方向に働く事情(以下「否定事情」と言います。)も、ある程度共通のものがあることがわかります。

　具体的にどのような行為がパワハラとなるか、という問いに答えるには、肯定事情と否定事情の内容をそれぞれ具体化することが有益です。そこで、以下では、具体的な肯定事情の内容と否定事情の内容について見ていきたいと思います。ただし、実際に争われた裁判例の中には、法的請求についての法律要件の検討がメインとなっていて、必ずしも、当該行為がパワハラかどうかという切り口が直接問題とされていない事例が少なくないことに留意してください。

## 2 具体的な肯定事情

　肯定事情は、言動の内容、言動の態様、被害者側の事情、被害者と加害者の関係という4つに大別することができます。

### (1) 言動の内容

#### ① 有形力の行使

　有形力の行使は、大きな肯定事情と考えられます。有形力の行使が

業務との関連で必要性や相当性があることは通常あり得ず、被害者の心身に大きな苦痛を与えることが通常であるからです。一方、空手道の稽古など、業務遂行に必然的に有形力を伴う場合には、許容される場合があるとする裁判例（東京地判平成29年9月25日）があります。

扇風機の風を連日当て続けるという行為につき肯定事情とした裁判例（東京地判平成22年7月27日労判1016号35頁）もあり、悪ふざけで輪ゴムを飛ばす行為や、叱責中に机を叩くなどの威圧行為も、パワハラを肯定する方向に働くと考えられます。

② 脅迫、侮辱、名誉毀損

「殺すぞ」や「死ね」などの脅迫的言動も、業務との関連で必要性や相当性があることは通常あり得ず、被害者の心身に大きな苦痛を与えることが通常でしょうから、やはり大きな肯定事情と考えられます。

また、「ばか」や「あほ」などの侮辱的言動や、名誉毀損的言動も同様に、肯定事情となるのが通常であると考えます。実際、「事務局長の犬」（東京地判平成23年7月26日労判1037号59頁）、「中途半端な人間」や「凝り固まった化石」（長崎地判平成22年10月26日労判1022号46頁）、「君の人格には問題がある」（宮崎地判平成20年11月28日）など、それ自体で人間性を否定するかのような発言はもちろん、「研究者失格」（前橋地判平成29年10月4日労判1175号71頁）、「小学生の文書みたいやな」（大阪高判平成29年9月29日労判1174号43頁）、「新入社員以下だ」（東京地判平成26年7月31日判時2241号95頁）など、能力不足を馬鹿にするような発言や、100枚という極めて大部の反省文の作成を命じたこと（静岡地浜松支判平成23年7月11日判時2123号70頁）や作業指示書のほとんど全文をすべて平仮名で記載したこと（東京地判平成28年12月20日労判1156号28頁）を肯定事情とする裁判例があります。

また、「これこそ横領だよ」（東京地判平成27年1月13日判時2255号90頁）、「詐欺と同じ、3万円を泥棒したのと同じ」（福井地判平成26年11月28日労判1110号34頁）など、相手を犯罪者呼ばわりする名誉毀損的言動も、肯定事情とされています。

もっとも、「給料もらっているんだろう、アルバイトじゃないんだぞ、ちゃんと働け」（静岡地判平成23年12月15日労判1043号32頁）という発言や、「あなたの貢献度が低い」（大阪地判平成27年2月12日）という発言について、肯定事情としていないと思われる裁判例もあります。また、「誰だこんなことをしたのは。器物損壊になるよ」という発言につき、事実としては誤りではなく、不当とは言えないとする裁判例（東京地判平成28年1月25日労経速2272号11頁）もあります。これらは、真実（客観的な事実）の指摘それ自体は、必ずしも肯定事情とはならないということを示すものと考えられます。

③　退職勧奨、退職強要

退職強要となる言動はもちろんですが、退職をほのめかしたり、促したりする退職勧奨も、肯定事情となることが多いと考えられます。退職は、通常、労働者に大きな不利益を与えるものであることから、望まない退職を促されたり、強いられたりすることは、強度の心理的負荷を与えることにつながるという点が考慮されているものと考えられます。

実際、「辞めてもいいぞ」（長野地松本支判平成29年5月17日判時2354号97頁）と述べたり、退職の可能性をほのめかす言動（名古屋地判平成29年12月5日判時2371号121頁）を肯定事情とする裁判例があります。これを敷衍すると、減給や降格などの不利益処分の告知も、肯定事情となり得ると考えられます。

人事権行使がパワハラとなる場合について、詳細は**本章Q16**を参照してください。

④　過大な要求、強要

過大な要求や強要も、業務との関連で必要性・相当性は乏しく、労働者の心身に強度の負荷をかけるため、肯定事情となります。実際、達成が極めて困難な厳しいノルマ設定をすることについて、肯定事情として考慮した裁判例（前掲長崎地判平成22年10月26日）や、会社の売れ残り品の買取り、手当なしの休日出勤や時間外勤務を強要したことを肯定事情とした裁判例（前掲東京地判平成28年12月20日）

があります。

⑤　業務をさせない、業務限定・減少、業務変更

　業務を一切させないことは、労働を拒絶・否定するものであり、労働者の心身に強度の負荷をかけるものですから、肯定事情となります。実際、職員に事務を与えないことは一般的には適切な対応とは言えないとして、13年間の長期にわたり意味のある仕事をほとんど与えなかったこと（神戸地判平成29年8月9日労経速2328号23頁）や、労働者（麻酔科医）を一切の手術麻酔の担当から外したこと（東京高判平成26年5月21日労経速2217号3頁）を肯定事情とした裁判例があります。

　他方で、労働者の業務内容を合理的に限定することや減少させることを、肯定事情としない裁判例（前掲名古屋地判平成29年12月5日、東京地判平成28年3月3日）もあります。また、業務の変更についても、労働者の業務遂行能力や従前の行為に照らして相当なものであり、結果的にこのような相当な行為によって業務量が減少し、当該労働者が精神的負荷を感じても、肯定事情としない裁判例（広島地判平成27年3月4日労判1131号19頁）もあります。

　業務限定・減少や業務変更は、業務や指導の範疇に属するものであり、使用者側の判断や裁量がある程度尊重される傾向があることを示しています。

⑥　私的領域への踏み込み、価値観の押し付け

　個人の私的領域に踏み込む言動は、肯定事情となります。個人の人格権や人格的利益に対する直接的な打撃を与え、労働者の心身に強度の負荷をかけ得ることが考慮されているものと考えられます。

　たとえば、婚姻予定という私的事項を公にするよう強いる発言（前掲前橋地判平成29年10月4日）や、本名である韓国名を名乗るよう求め、身体的特徴や独身であることを揶揄するような発言（前掲宮崎地判平成20年11月28日）、営業目標の不達成の場合には私物の自動車を売却するよう促す言動（東京地判平成25年12月13日）について、肯定事情として考慮したと思われる裁判例があります。

また、「同期との飲み会は何より優先すべきだよ。そうしないと周りから誰もいなくなるよ」との発言を肯定事情として考慮したと思われる裁判例（東京高判平成29年4月26日労判1170号53頁）があります。これは、価値観の押し付けも、個人の私的領域に踏み込むものとして許容されないことを示すものと考えられます。

⑦　他者との不公平な取扱い

　同じ立場にある他者と比較して不公平な取扱いをすることは、肯定事情となります。当該不公平な取扱いと業務との関連性は乏しく、不公平な取扱いを受けた者の心身に負担をかけるからであると考えられます。

　たとえば、同じ医療過誤に関与した複数の看護師につき、他の看護師に比較して落ち度が明らかに大きいとは認められないのに、一人のみに反省文を書かせたことを、肯定事情とした裁判例（福岡地小倉支判平成27年2月25日労判1134号87頁）があります。

(2)　**言動の態様、方法**

①　場所、公然性

　当該行為が被害者以外の第三者に晒される状況で行われたことは、肯定事情となります。通常、このような状況で行われる方が、より労働者の心身に与える負荷が大きくなるからです。たとえば、朝礼での公表（東京地判平成29年9月25日）など、他の従業員がいる前はもちろん、形式的には別室でも、隣室にいた他の従業員に聞こえる状況で行われたことも、肯定事情として考慮した裁判例（長崎地佐世保支判平成25年12月9日）があります。

②　時刻、回数、継続時間

　当該行為が業務時間外に行われた行為であるほど、また、行為が行われた回数が増えるほど、さらに、継続時間が長時間に及ぶほど、肯定事情となります。これも、労働者の心身に与える負荷が大きくなるからです。たとえば、終業時刻を過ぎた後に、月に2回以上、かつそのうちの数回は2時間を超えて、合計9回行われた叱責を肯定事情とした裁判例（東京高判平成20年11月12日労経速2022号13頁）が

あるほか、10分間にわたって叱責し続けたことを肯定事情としたと思われる裁判例（岡山地判平成26年4月23日）があります。

### ③　不適正なプロセス

問題となる言動が労働者の言い分を聞かずに行われるなど、適正なプロセスを踏まないことは、肯定事情となります。これも、労働者の心身に与える負荷が大きくなるからだと考えられます。実際、被害者の言い分を聞かなかったこと（東京地判平成27年12月25日）を肯定事情として考慮している裁判例があります。

### ④　口調、声の大きさ

口調については強く厳しいほど、声量については大きいほど、労働者の心身に与える負荷の程度が大きくなるため、肯定事情になると考えられます。実際、強い口調、厳しい口調（名古屋高判平成29年11月30日判タ1449号106頁）、大声で怒鳴る（前掲東京地判平成29年9月25日）という事情を肯定事情としたと思われる裁判例があります。

もっとも、相当程度強い口調で指導や注意をすることがあったとしても、直ちにパワハラに該当することはできないとする裁判例（東京地判平成28年2月29日）もあります。強く厳しい口調や大きな声での指導が必要となる場面もあり、口調や声量自体が、パワハラを決定付ける重要な考慮要素になるとまでは言えないと思われます。

### (3)　被害者側の事情

被害者が当該行為により実際に被った心身の負荷が大きいことも、肯定事情となります。パワハラの成否は、あくまで当該業務における平均的な労働者が基準とされますが、当該労働者の心身に実際に強度の心理的・肉体的負荷が与えられたことは、翻って平均的な労働者にも強度の負荷をかけるものであったことを推認させるからです。

実際、被害者が会話の途中で過呼吸の症状を呈し、その場に倒れたこと（大阪地判平成29年2月8日）、叱責されたとき顔色が変わり固まっているのが目につくようになったこと（前掲岡山地判平成26年4月23日）、被害者が叱責の翌日から2日間仕事を休んだこと（名古屋地判平

成20年10月30日労判978号16頁）などの事情を肯定事情とした裁判例があります。一方、被害者側が自己の率直な意見・反論も相当程度述べていることから、被害者が萎縮して一方的に注意・叱責を受けていた様子はないとして、強い心理的圧迫を受けたことを否定する裁判例（前掲東京地判平成28年1月25日）もあります。

#### (4) 加害者と被害者の関係

被害者との関係で、加害者の優位性が強いほど、大きな肯定事情となります。たとえば、代表取締役と従業員（東京高判平成29年10月18日）、店長と店員（前掲東京地判平成27年12月25日）、経験豊かな上司と入社後1年にも満たない社員（前掲福井地判平成26年11月28日）、校長と管理職（鳥取地判平成26年4月23日労判1130号50頁）、主任と部下（前掲大阪高判平成29年9月29日）、先輩と後輩（前掲名古屋高判平成29年11月30日）などを、肯定事情とする裁判例があります。

## 3 具体的な否定事情

#### (1) 被害者に落ち度や帰責性があること

被害者に落ち度や帰責性があることは、否定事情となります。被害者に業務上の不正、大きなミスや改善されるべき点がある場合には、相当程度に厳しい指導が行われることがやむを得ないこともあるからです。

たとえば、本人が不正経理を行っていたため、不正経理の解消などについてある程度厳しい改善指導をすることは、上司のなすべき正当な業務の範囲内にあるものとする裁判例（高松高判平成21年4月23日労判990号134頁）があります。また、パワハラを否定するには至らなくとも、被害者の落ち度や帰責性が、慰謝料額に影響を与えることもあります。たとえば、会社の人事担当者が被害者に対して感情的になって大きな声を出したのは、面談に際してとる行動としては不適切とされながらも、そのような行為の発生には、被害者が人事担当者に対してふて腐れ、横を向くなどの不遜な態度をとり続けたことが多分に起因しており、慰謝料額は相当低額で足りるとして、10万円のみの認容（原審は300万円を認容）にとどめた裁判例（広島高松江支判平成21年5月22日労判

987号29頁）があります。

### (2) 業務の性質上の必要性があること

　業務の性質からして、厳しい指導が必要であることは、一般的には、否定事情になると考えられます。たとえば、業務の性質が生命・健康を預かるものであったことを否定事情としたと思われる裁判例（東京地判平成21年10月15労判999号54頁）があります。この裁判例についての詳細は、**本章Q5**を参照してください。

## 4　まとめ

　以上、肯定事情と否定事情を、内容ごとに細かく分類して見てきました。しかし、当然のことながら、上述の肯定事情や否定事情のいずれかの要素を含むとしても、それだけで直ちにパワハラの成否が決定付けられるわけではありません。ある行為がパワハラにあたるかどうかは、当該行為の目的や、その内容や態様（強度や継続性・反復性）、業務の内容や業務との関連性の程度、行為者と受け手との関係など様々な事情が総合的に考慮されて判断されることになります。

## Q5　業務上の指導とパワハラ

業務上の指導がパワハラになる場合はありますか。パワハラを避ける方法はありますか。

### 1　指導・監督の違法性

　単なるいじめ・嫌がらせだけではなく、行為者が業務遂行上の指導・監督目的で行為に及んだ場合であっても、行為を受ける者に対して心理的負荷等を過度に与え、その人格権を侵害するような行為は、パワハラに該当し、違法となります。

　業務上の指導や監督が違法性を帯びるかどうかは、当該行為の目的、手段、態様や双方の職務上における力関係等の諸事情を総合的に考慮して判断されます。

　その中では、行為者側の指導・指示における業務上の利益と、行為を受ける者の人格的利益とが比較考量されることになりますが、その判断には、行為を受ける者がその行為をどのように受け取ったかという点だけではなく、平均的な耐性を持つ者であっても当該行為が過度の心理的負荷を生じさせるような行為であったかどうかという客観的判断も考慮されます。

　指導目的に基づくものであったとしても、相手方の人間性・人格自体を否定する表現や侮辱的表現を用いたり、他の従業員の面前で継続的に行われるなど過度に名誉感情を毀損するものであったりした場合には、従業員ないし部下に対する指導として社会通念上許容される範囲を超え、違法とされる場合があります。

　もっとも、行為を受けた者にも問題がある場合や、業務の性質上、必要性や緊急性がある場合には、厳しい指導が許容される場合もあります。医療機関における誤入力について、「一般に医療事故は単純ミスがその原因の大きな部分を占めることは顕著な事実であり、そのため、上司が

## 第2章　パワー・ハラスメント

原告を責任ある常勤スタッフとして育てるため、単純ミスを繰り返す原告に対して、時には厳しい指摘・指導や物言いをしたことが窺われるが、それは生命・健康を預かる職場の管理職が医療現場において当然になすべき業務上の指示の範囲内にとどまるものであり、到底違法ということはできない」と判断した裁判例があります（東京地判平成21年10月15日労判999号54頁）。

また、営業所長を務めていた従業員が不正経理を働き、その後、上司らが不正経理の改善を指示したにもかかわらず、再度の不正経理が発覚したために、上司が当該従業員に不正経理の是正と工事日報を毎日報告するよう指導した上で、工事日報が報告されなかった日に叱責をしたほか、当該不正経理の埋め合わせに必要な金額を達成するためのノルマを課した行為について、不正経理が発覚し上司らの是正指示が行われたにもかかわらず、さらにその指導から1年以上経過した時点でも不正経理が続けられていたこと、重要とされていた工事日報の作成が従業員によって適正に行われていなかったことなどが考慮され、上司がある程度厳しい改善指導をすることは正当な業務の範囲内であるとした裁判例があります。

この事案は、上司が「この成績は何だ。これだけしかやってないのか！」、「現時点で既に1800万円の過剰計上の操作をしているのに、過剰計上が解消できるのか。出来る訳がなかろうが！」、「会社を辞めれば済むと思っているかもしれないが、辞めても楽にはならないぞ」と当該従業員を厳しく叱責し、さらに、当該上司が営業所の従業員全員に対し、「（埋め合わせをするために必要な数字は）無理な数字じゃないから、このぐらいの額だから、今年は皆辛抱の年にして返していこうや」と鼓舞したところ、当該従業員が3日後に営業所内で自殺したというものです。控訴審では、上司の行為は「正当な業務の範囲内にあるものというべき」と評価されました（高松高判平成21年4月23日労判990号134頁）。

もっとも、この事案の第一審判決では、不正経理の是正等のため叱責等を繰り返し行っていたこと、その際に当該従業員が落ち込んだ様子を見せるほど強い叱責をしたことがあったことなどから、上司が行った叱

責には社会通念上許される業務上の注意の範囲を超える叱責等もあったことが認定されていました（松山地判平成20年7月1日判時2027号113頁）。

また、別の事案ですが、会社のサービスセンター所長が部下に対し、「あなたの給料で業務職が何人雇えると思いますか。あなたの仕事なら業務職でも数倍の実績を上げますよ。」「これ以上、当SCに迷惑をかけないで下さい。」というメールの文言について、「それ自体は正鵠を得ている面がないではない」と言及しつつも、「やる気がないなら、会社を辞めるべきだと思います。当SCにとっても、会社にとっても損失そのものです。」などといった他の部分の記載もあいまって、「部下の名誉感情をいたずらに毀損するものであることは明らかであり、上記送信目的が正当であったとしても、その表現において許容限度を超え、著しく相当性を欠くものであって、不法行為を構成する」と違法性が認定された裁判例もあります（東京高判平成17年4月20日労判914号82頁）。

## 2　指導・監督を行う場合の留意点

業務遂行上の指導・監督を行う場合は、部下の勤務態様やミスがあった場合の重大性を勘案しつつ、指導を行う必要性、言葉や文章で指導を行う場合にはその内容や表現、また、継続性や指導を行う場所に配慮し、過度に人格を否定したり侮辱的な表現を用いず、また、そのような態様の指導をする必要性が乏しいのにもかかわらず、執拗に指導を繰り返したり、他の従業員の面前で指導をしたりしないよう留意すべきです。

## Q6 パワハラと自殺との間の因果関係

パワハラと自殺との間の因果関係は、どのように判断されるのですか。

### 1 因果関係とは

パワハラ（行為）と自殺（結果）との間に因果関係が認められなければ、自殺という結果に対して損害賠償責任は認められません。

そして、因果関係の判断は、訴訟上、口頭弁論終結時の知見に照らし、当該行為が当該結果の発生を招来した関係を是認し得る程度の蓋然性があると証明された場合に認められます（最二小判昭和50年10月24日民集29巻9号1417頁参照）。

### 2 うつ病の発病から自殺へと至る因果経過の複雑さ

#### (1) 複雑な因果経過

パワハラのストレスにより、うつ病を発病し、自殺念慮の症状が現れ、自殺に至るケースが存在することは、異論のないところでしょう。しかしながら、パワハラの程度と自殺の確率との間に、単純な正比例関係があるわけでないこともまた確かです。ストレス等からうつ病の発病を経て自殺に至るまでには、パワハラ以外の要因も介在し、複雑な因果経過を辿ることがむしろ通常です。その因果経過の複雑さが因果関係の判断を難しくしています。

#### (2) ストレスからうつ病を発病するまでの因果経過

うつ病の発病に関する現在の医学的知見として、「ストレス−脆弱性」理論が通用しています。この理論は、簡単に言えば、環境由来のストレスが強ければ、個体側の脆弱性が小さくても精神疾患を発病するし、逆に脆弱性が大きければ、ストレスが小さくても精神疾患を発病するという考え方です。つまり、同じ強さのストレスを受けても、精神疾患を発

病するか否かは、個体側の素因によって違うということを意味します。なお、労災認定における業務起因性の認定基準（平成23年12月26日付け基発1226第1号「心理的負荷による精神障害の認定基準について」）も、この理論に依拠しています（業務起因性判断の詳細は**本章Q18**参照）。

ところで、そもそも人は社会生活を営むうえで、家庭や職場などにおいて、あらゆる程度・態様のストレスに晒されています。たとえば、家庭内不和、経済的不安、恋愛関係、友人関係、職業上の対内的・対外的プレッシャー、災害など数えてもきりがありません。あらゆるストレスが入り混じるなかで、「パワハラが精神疾患を発病させ、自殺を引き起こした」と言える場合とそうでない場合を、どのように区別するのかが問題となります。

### (3) うつ病を発病してから自殺に至る因果経過

うつ病を発病した者は、病的状態に起因した思考により、自責・自罰的となり、客観的思考を失うため、些細なストレスに対しても過大に反応する状態に陥るとされます。つまり、その状態から追加されたストレスが比較的小さくても、病状を増悪させることは不思議でないわけです。

さらに、うつ病の病相は、典型的には、①前駆期、②極期、③回復期の経過を辿るとされますが、「重症になればなるほど自殺のおそれが高まる」という関係にはないことに留意する必要があります。②極期には自殺遂行のエネルギーすら足りないため自殺に至りにくく、むしろ発病から進行がさほど進んでいない時期や回復期の途上に自殺が遂行されやすいとされます。

このように、うつ病の増悪と自殺が必ずしも結びつくわけでないことがさらに問題を難しくしています。

## 3　因果関係の判断基準

それでは、自殺結果を帰責するべきパワハラと言えるか否かの判断基準は、どのように考えるべきでしょうか。

パワハラと自殺との間の因果関係を肯定するためには、「（一連の）パ

ワハラが、客観的にみて、社会通念上、うつ病を発病させるに足りるストレスを与える強度及び態様であること」が必要と考えられます。

　この点、「ストレス−脆弱性」理論によれば、客観的には些細なストレスに過ぎずとも、脆弱性が大きい個体はうつ病を発病または増悪させることがあることになります。しかし、そのような場合は、当該パワハラ行為よりも、個体側の脆弱性と自殺結果の結びつきの方が圧倒的に強いとの評価に帰し、パワハラと自殺との間の因果関係はないと判断することになるでしょう（条件関係を否定するか、民法416条の特別損害としたうえで予見可能性の問題とするかは、いずれの整理もあり得ます。また、因果関係が認められるとしても、過失相殺や素因減額が問題となることもあります。詳細については、**本章Q7**を参照。）。

　そして、パワハラ行為は、断続的に行われることが多く、時期によって強弱が変遷することから、うつ病の発病時期や自殺時期との時期的関連性を辿ることも重要です。ただし、先に述べたように、パワハラのエスカレート⇒うつ病の発病⇒自殺といった直線的な因果経過が認められないからといって、因果関係を否定してはならないことには留意が必要です。

## 4　業務起因性との関係

　ところで、損害賠償における因果関係と類似したものとして、労災認定における業務起因性があります。

　労災補償制度は、業務自体が有する危険性が現実化して労働者に傷病をもたらした場合に、過失の有無を問わず、損失をてん補させる危険責任の法理に基づいています。これに対して、損害賠償制度は、損害の公平な分担を図るため、使用者側の過失ないし帰責事由に基づいて損害をてん補させるものです。前者は、個別の損害との因果関係を問題にしていないのに対して、後者はそれを問題としています。

　このように、両制度の基礎が異なるため、因果関係と業務起因性とを直ちに同視することはできません。しかしながら、近時の裁判例の傾向を見る限り、精神疾患の発病に関しては、因果関係と業務起因性の判断

とで結論が一致している例が多数であり、結果を異にしている例は少数のようです。依拠する医学的知見や判断手法に重なる部分が多いからではないかと思われます。

## 5 過重労働の競合

最後になりますが、労働者がうつ病を発病して自殺に至ったケースの多くは、パワハラのみならず、過重労働が競合しています。専ら上司等の個人を相手取る場合は別として、使用者を相手取る場合には、その注意義務違反または安全配慮義務違反の態様として、過重労働に着目することも忘れてはなりません。

**【参考文献】**
1 石村智「大阪民事実務研究会 労災民事訴訟に関する諸問題について―過労自殺に関する注意義務違反、安全配慮義務違反と相当因果関係を中心として―」(判タ1425号30頁、2016年)
2 白石哲編『労働関係訴訟の実務』鈴木拓児「第27講 自殺・自殺未遂と業務起因性」(商事法務、第2版、2018年)

## Q7 損害賠償請求に対する過失相殺・素因減額の抗弁

> パワハラに関する損害賠償請求訴訟において、過失相殺や素因減額が争点になる場合の注意点を教えてください。

### 1 労働者に心因的素因がある場合

　パワハラの被害者が加害者側に対し損害賠償を請求する場合に、加害者側から過失相殺や素因減額が主張されることがあります。

　特に多く見られるのは、パワハラが原因で被害者が自殺に至った事案において、被害者の心因的素因が自殺による損害の発生等に寄与したとして、過失相殺ないし素因減額が主張されるケースです。

　この点、最高裁では、「ある業務に従事する特定の労働者の性格が同種の業務に従事する労働者の個性の多様さとして通常想定される範囲を外れるものでない場合には、その性格及びこれに基づく業務遂行の態様等が業務の過重負担に起因して当該労働者に生じた損害の発生又は拡大に寄与したとしても、そのような事情は使用者として予想すべきもの」であり、損害賠償額を決定するにあたり、その性格およびこれに基づく業務遂行の態様等を心因的要因として斟酌することはできない旨判示しました（最二小判平成12年3月24日民集54巻3号1155頁）。

　したがって、パワハラ被害に遭う前には心療内科などの通院歴がないような事案において、心因的要因による過失相殺が主張された場合には、その主張は排斥される傾向にあると思われます。

　ただし、被害者にうつ病の既往歴があるケースや、恒常的な叱責等により自殺したものではあるが、精神疾患に罹患していたとまではいえず被害者の自殺が極めて短絡的と評価されたケース（被害者がガソリンを浴びて焼身自殺した事案）では、すべての責任を加害者側に負わせるのは酷であるとして過失相殺を認めた事案もあります（前者につき、東京高判平成29年10月26日労判1172号26頁―うつ病の素因と被害者遺

族が被害者のうつ病を悪化させないように配慮する義務を怠った過失とを併せて損害額の7割を減額。後者につき、福岡高判平成29年1月18日労判1156号71頁―損害額の5割を減額）。

## 2　労働者の精神的健康に関する情報の申告義務、健康維持配慮義務

　最高裁は、労働者の精神的健康に関する情報は、「労働者にとって、自己のプライバシーに属する情報であり、人事考課等に影響しうる事柄として通常は職場において知られることなく就労を継続しようとすることが想定される性質の情報」であるため、使用者は、「労働者からの申告がなくても、その健康に関わる労働環境等に十分な注意を払うべき安全配慮義務を負っている」とされ、労働者にとって過重な業務が続く中で、その体調の悪化が看取される場合には、精神的健康に関する情報が労働者本人からの積極的な申告が期待しがたいことを前提とした上で、必要に応じてその業務を軽減するなど労働者の心身の健康への配慮に努める必要があるものというべきとして（最二小判平成26年3月24日判時2297号107頁）、労働者が自身の精神的健康に関する情報を会社側に申告しなかったことをもって過失相殺を認めることには慎重な姿勢を示しています。

　なお、労働者は自身の健康の維持に配慮する義務があるとされ、相当年の勤務経験がある者が、健康維持を怠り同居の家族にもこれを相談しなかった末にストレス反応を発症した事案で過失相殺が認められた場合もあり（甲府地判平成27年1月13日労判1129号67頁―損害額の3割を減額）、留意すべきでしょう。

## 3　心因的要因以外で考慮される場合があるか

　心因的要因のほかに、被害者が業務上の指導や叱責を受けた場合において、被害者が仕事上の不手際を頻発していたことをもって使用者側が過失相殺を主張した事案がありますが、こうした事情は慰謝料額の算定において考慮すべきとし、過失相殺の主張については排斥しています（名古屋高金沢支判平成27年9月16日労判ジャーナル45号24頁）。

## Q8 加害者に対する請求

> パワハラ被害に遭った場合、加害者個人に対し、どのような請求ができますか。

### 1 損害賠償請求

　パワハラを行った加害者個人に対して、損害賠償請求ができます。

　もっとも、損害賠償請求が認められるのは、民法上の不法行為（民709条）を構成する違法なパワハラに限られます。何が違法なパワハラにあたるかについては、**本章Q1**で触れたように定義付けを試みた裁判例も散見されますが、結局、個別の事情から総合的に判断するほかありません。

### 2 損害の種類

　パワハラによる被害類型は、①身体または精神に傷病を負うには至らなかった場合、②傷病を負った場合、③自殺にまで至った場合、④事実上退職を余儀なくされた場合などがあります。各場合に請求できる損害は、典型的には下表のとおりです。

| 損害費目 | 内　容 | 場　合 |
| --- | --- | --- |
| 慰謝料 | 被害の程度により幅あり | ①〜④ |
| 弁護士費用 | 損害額の1割程度が標準 | ①〜④ |
| 治療関係費用 | 傷病治療に要した費用 | ② |
| 休業損害 | 傷病による休業中に得られたであろう収入 | ② |
| 逸失利益（死亡） | 生涯得られた収入 | ③ |
| 逸失利益（賃金） | 半年〜1年分程度の賃金 | ④ |

生命・身体に対する人身損害一般と比べて特徴的な点は、退職を強要されたと評価できる場合、将来半年～1年分の賃金を、別途、逸失利益として認定する余地がある点です。たとえば、水戸地下妻支判平成11年6月15日（労判763号7頁）は逸失利益として賃金の6か月分を認容しています（ただし、その控訴審判決（東京高判平成12年5月24日労判785号22頁）は、不法行為該当性を否定したため労働者の逆転敗訴）。その他にも、セクハラに関する裁判例ですが、東京地判平成12年3月10日（判時1734号140頁）は賃金9か月分の、京都地判平成13年3月22日（判タ1086号211頁）は賃金1年分の、岡山地判平成14年5月15日（労判832号54頁）は賃金1年分の、青森地判平成16年12月24日（労判889号19頁）は賃金1年分の逸失利益をそれぞれ認めています。

## 3　公務員の個人責任

ところで、公務員によるパワハラの場合、加害者個人に対する責任追及には注意が必要です。なぜなら、判例は、公権力の行使にあたる職務に関しては、国家賠償法の解釈として、公務員個人の損害賠償責任を否定しているからです（最三小判昭和30年4月19日民集9巻5号534頁、最三小判昭和47年3月21日集民105号309頁、最二小判昭和53年10月20日民集32巻7号1367頁）。

実際に、公立八鹿病院事件控訴審判決（広島高松江支判平成27年3月18日判時2281号43頁、平成28年3月16日上告棄却・上告受理申立不受理決定）は、公立病院勤務の新人医師が過重労働および上司のパワハラによってうつ病を発病し、自殺したという事案において、公立病院と患者との診療関係は別としても、職員らの任用関係は公権力の行使にあたるとして、加害者個人に対する損害賠償請求を否定しました。

もっとも、護衛艦たちかぜ事件（東京高判平成26年4月23日判時2231号34頁）は、先輩自衛隊員による職務内外の暴行・恐喝行為のうち、エアガンを撃つ暴行およびアダルトビデオの押し売りについては、明らかに職務に関連しないことを理由に、国の責任の成立を否定して、加害者個人の不法行為責任を認めました。このように加害者が公務員で

あっても、パワハラが職務に関連しない領域にまで及んだ場合には、当該部分の不法行為責任は国家賠償責任から外れるため、個人責任を追及できる余地があります。

　パワハラ被害者（遺族含む）にとって、加害者の個人責任が認められることの意義は小さくないものです。そのため、公務員の個人責任を否定する判例法理に対しては、「公務員個人の不法行為責任の追及を単なる私的な恨みや報復感情によるものであると決めつけることも実態にそぐわない。（中略）加害者個人も不法行為責任を負うことにより、加害行為に向き合い、被害者及びその遺族・家族に真摯な償いをすることになるのであり、そのような責任を果たさせることこそが、司法に求められているのである。」（松本克美「公務員個人の対外的不法行為責任免責論の批判的検討―修復的正義論及び法心理的分析をふまえて―」立命館法学2015年3号（361号））との提言もなされているところです。

# Q9 パワハラにおける慰謝料の金額

パワハラ被害に遭った場合の慰謝料はどの程度が相当ですか。

## 1 慰謝料算定の考慮要素

　平成17年から平成30年までの間にパワハラによる慰謝料を認定した裁判例のうち73件（他のハラスメントと複合している事案を除く。）を分析したところ、その金額の内訳は、50万円未満が26件、50万円以上100万円未満が11件、100万円以上200万円未満が16件、200万円以上300万円未満が3件、300万円以上500万円未満が2件、500万円以上1000万円未満が0件、1000万円以上2000万円未満が2件、2000万円以上が12件となりました。したがって、パワハラに対する慰謝料金額としては、数万円程度を認定するものから2000万円以上を認定するものまで存在し、その認定額には大きな幅が存在しています。

　これら裁判例から、慰謝料金額を認定する際に考慮していると思われる要素を抽出すると、①行為の悪質性、②行為の継続性、③結果の重大性、④被害者側の対応・素因という点を挙げることができると考えます。

## 2 パワハラ行為の悪質性

　パワハラとされる行為がどの程度悪質であるかという点は、パワハラの慰謝料金額を認定する上で重要な要素になっていると考えられます。

　分析した裁判例のうち行為の悪質性が低いと考えられるものとして、上司の侮辱的な指導・叱責にパワハラの意図がないとして5万円の慰謝料のみを認めた事案（東京高判平成17年4月20日労判914号82頁）、交付する慰労金明細書に「不要では？」と記載された付箋を付着させた過失行為について1万円の慰謝料のみを認めた事案（高松高判平成18年5月18日労判921号33頁）、「いい加減にせえよ。ぼけか。あほちゃうか。」との暴言や胸ぐらを掴んで前後に揺さぶった暴行について5万

円の慰謝料のみを認めた事案（大阪地判平成24年5月25日労判1057号78頁）、生活保護受給者に対して「俺たちのおかげで外食したりしている」等の叱責や減量指導の一環として、周囲に人がいる環境で体重計に乗るように指示した上で、「まだ80キロにならないのか」等とする暴言について5万円の慰謝料のみを認めた事例（長崎地判平成29年2月21日労判1165号65頁）等が存在します。

　他方、悪質性が高いと考えられるものとして、過酷な時間外労働を恒常的に強いた上、養成社員という立場でおよそ不平不満を漏らすことができない状況で種々の嫌がらせをしたことについて150万円の慰謝料を認めた事案（津地判平成21年2月19日労判982号66頁）、退職に追い込むための執拗な隔離および監視、嫌がらせ的内容の業務指示等による精神的圧迫が、極めて執拗かつ陰湿で不当なものであるとして200万円の慰謝料を認定した事案（長野地判平成24年12月21日労判1071号26頁）が存在しています。

## 3　パワハラ行為の継続性

　パワハラ行為が単発のものであったのか継続的になされていたものであるのか、継続的なものであるとしてどの程度継続されてきたのかは、パワハラの慰謝料を認定する上で重要な要素になっていると考えられます。

　分析した裁判例のうち、パワハラ行為が長期間継続していることが影響していると考えられるものとして、大学の准教授が約9年間にわたって共同実験室等への入室が制限されたことで研究活動が長期間妨害されたこと等について150万円の慰謝料を認定している事案（金沢地判平成29年3月30日労判1165号21頁）、社長の秘書的業務を行っていた6年半の間に侮辱的な発言等多岐にわたるパワハラ行為を受けていたことについて100万円の慰謝料を認定した事案（東京地判平成28年2月3日）等が存在しています。一つ一つのパワハラ行為の悪質性が高くない場合であっても、長期間継続することで、より高額な慰謝料が認定される傾向があると思われます。

## 4　結果の重大性

　パワハラ行為が引き起こした結果が重大であるという要素は、パワハラの慰謝料を算定するにあたって極めて重要なものとなっています。ここでは、パワハラの結果として、被害者がうつ病等の精神疾患に罹患した場合と自殺した場合の慰謝料額について確認します。

### (1)　うつ病等の精神疾患に罹患した場合

　分析した裁判例の中でうつ病等に罹患したと認定されている10件の慰謝料金額の内訳は、100万円未満が1件（東京地判平成28年3月17日）、100万円以上200万円未満が5件（東京地判平成28年3月25日、名古屋地判平成29年12月5日判時2371号121頁、東京高判平成27年1月28日労経速2284号7頁、大阪地判平成24年4月13日労判1053号24頁、大阪地判平成20年9月11日労判973号41頁）、200万円以上300万円未満が2件（福岡地小倉支判平成28年3月10日、東京地判平成25年1月30日）、300万円以上が2件（大阪地判平成22年2月15日判タ1331号187頁、鳥取地米子支判平成21年10月21日労判996号28頁）となっています。

　もっとも、100万円未満の慰謝料を認定した事案は、後に述べる④被害者側の対応・素因という要素で減額された事案と考えられるため、結果としてうつ病に罹患した場合には、少なくとも100万円以上の慰謝料金額が認定されており、その重症度に応じて増額されているものと考えられます。

### (2)　自殺した場合

　分析した裁判例の中でパワハラ行為と自殺との間の因果関係が肯定されている12件の慰謝料金額の内訳は、1800万円が2件（福岡高判平成29年1月18日労判1156号71頁、さいたま地判平成27年11月18日労判1138号30頁）、2000万円が4件（名古屋高判平成29年11月30日判タ1449号106頁、東京高判平成29年10月26日労判1172号26頁、甲府地判平成27年1月13日労判1129号67頁、京都地判平成24年4月26日）、2200万円（仙台地判平成25年6月25日労判1079号49頁）、2500万円および2600万円が各1件（広島高松江支判平成27年3月18

日判時2281号43頁、東京地判平成26年11月4日判時2249号54頁）、2800万円が2件（名古屋地判平成26年1月15日判時2216号19頁、松山地判平成20年7月1日労判968号37頁）となっています。

　パワハラの結果として被害者が自殺した場合においては、概ね2000万円前後の高額な慰謝料金額が認定されていますが、同じ自殺の結果を伴う事案であっても、当該パワハラ行為の悪質性などその他の要素によって慰謝料金額に開きが生じていると考えられます。

### 5　被害者側の対応・素因

　分析したいくつかの裁判例では、パワハラに至った経緯に被害者側の落ち度が認められる場合や、精神疾患の発病等に被害者の素因が寄与しているといった被害者側の事情について、過失相殺・素因減額ではなく、慰謝料金額の減額要素として考慮しています。

　被害者側の落ち度を慰謝料の減額要素としている事案として、被害者側に仕事を与えることを躊躇させる言動があったとして、13年間継続して業務上の合理性なく仕事を与えられなかったことへの慰謝料金額を40万円とした事案（神戸地判平成29年8月9日労経速2328号23頁）、パワハラ行為の結果としてうつ病の診断を受けているものの、パワハラ行為とされた上司の言動が、被害者が態度を改めないことに起因していることを考慮して30万円の慰謝料を認定した事案（東京地判平成28年3月17日）、被害者が不遜な態度を取り続けたことが多分に起因しているとして10万円の慰謝料しか認定しなかった事案（広島高松江支判平成21年5月22日労判987号29頁）があります。いずれも、パワハラ行為と結果からして高額な慰謝料金額になり得るところですが、被害者側の落ち度から数十万円の慰謝料金額にとどまっています。

　他方、被害者の素因が慰謝料減額の考慮要素とされたものとして、パワハラ行為により重度のうつ病を発病しているものの、うつ病の発病と精神的不調の継続には、被害者の素因が寄与している面が大きいとして150万円の慰謝料にとどめている事案（東京高判平成27年1月28日労経速2284号7頁）があります。

# Q10 会社に対する請求

会社内でパワハラ被害に遭った場合、会社に対しては、どのような請求ができますか。また、その法的根拠は何ですか。

## 1 使用者責任

　会社内でパワハラ被害に遭った場合、パワハラを行った加害者本人に対して不法行為（民709条）に基づく損害賠償を請求するとともに（**本章Q8参照**）、会社に対しても損害賠償を請求することができます。

　その際の法的根拠として、会社の従業員や代表権のない取締役等（以下「従業員等」と言います。）による違法なパワハラによって損害を受けた場合には、会社に対して使用者責任（民715条）に基づく損害賠償請求を行うことが考えられ、また、会社の代表取締役によってパワハラが行われた場合には、会社法350条に基づき、会社に対して損害賠償請求を行うことが考えられます。なお、一般社団法人または一般財団法人の代表理事その他の代表者によるパワハラの場合には、一般社団法人及び一般財団法人に関する法律78条、197条に基づき、当該法人に対して損害賠償請求を行うこととなります。

　使用者責任に基づく損害賠償請求を行うためには、従業員等の不法行為が、「事業の執行について」なされることが必要となります。この点について、判例は、本来の事業執行行為のみでなく、執行行為を契機として、これと密接に関連する行為についても使用者の責任を認めています（最三小判昭和46年6月22日民集25巻4号566頁）。

## 2 債務不履行責任

　同じく、会社に対して損害賠償請求を行う法的根拠として、会社の安全配慮義務または職場環境配慮義務違反による債務不履行（民415条）に基づく損害賠償請求が考えられます。

使用者は、労働契約に伴い、労働者がその生命、身体等の安全を確保しつつ労働することができるよう、必要な配慮をすべきとされています（労契5条）。また、使用者は、労働契約に付随する信義則上の義務として、労働者にとって快適な就業ができるように職場環境に配慮し、整備、改善する義務を負っています。そのため、これらを根拠とした安全配慮義務または職場環境配慮義務に会社が違反し、会社の従業員等によるパワハラによって職場において保護されるべき労働者の権利が侵害された場合には、労働者は会社に対して債務不履行に基づき損害賠償を請求することができます（最三小判昭和59年4月10日労判429号12頁）。

　ところで、職場環境配慮義務と安全配慮義務はしばしば混同されますが、それぞれ生成過程を異にする義務であり、具体的な義務内容（行為規範）も異なったものとなり得ます。とりわけ労働者の精神的人格価値に着目する職場環境配慮義務は、ハラスメント関連訴訟への適合性が高いことが少なくありません（滝原啓允「職場環境配慮義務法理の形成・現状・未来—行為規範の明確化にかかる試論」法学新報121巻7・8号473頁（2014年））。そもそも、安全配慮義務は労働者の生命・身体に対する危険防止義務であるのに対し、職場環境配慮義務は、労働者の労務遂行を困難にするような精神的障害が生じないように、職場環境を整備すべき義務であり、その限りで安全配慮義務よりも広い概念であると言えます（山田省三「セクシュアルハラスメントの法理—福岡地方裁判所平成元年（ワ）一八七二号損害賠償請求事件鑑定書—」労旬1291号30頁（1992年）。

## 3　不法行為構成と債務不履行構成との関係

　訴訟においては、使用者に対して損害賠償を請求するための法的根拠として、上記の不法行為構成（使用者責任）と債務不履行構成とが考えられますが、判例では、これらはいずれを主張してもよいとされています（請求権競合説、最三小判昭和38年11月5日民集17巻11号1510頁）。実務においては、両構成のいずれか一方を主張するか、または双方を選択的もしくは予備的に主張することとなります。もっとも、主張

立証の点において、判例は、労働者が使用者に対し安全配慮義務違反を理由とする債務不履行に基づく損害賠償を請求する場合、労働者が主張立証すべき事実は、不法行為に基づく損害賠償を請求する場合とほとんど変わるところがないとしています（最二小判平成24年2月24日判タ1368号63頁）。

不法行為構成による場合と債務不履行構成による場合とでは、以下の点で異なります。

(1) 消滅時効の期間

消滅時効の期間については、不法行為構成の場合は、被害者またはその法定代理人が損害および加害者を知った時から3年であるのに対し（民724条）、債務不履行構成の場合は10年です（民167条）。

しかし、民法（債権法）の改正によって、不法行為構成の場合、人の生命または身体を害する不法行為による損害賠償請求権については、損害および加害者を知った時から5年（新民法724条の2）、または不法行為の時から20年（新民法724条2号）となります。また、債務不履行構成の場合は、権利を行使することができることを知った時から5年（新民法166条1項1号）、人の生命または身体の侵害による損害賠償請求権については、権利を行使することができる時から20年（新民法167条）となります。したがって、両構成での時効期間の相違はあまりありません。

(2) 近親者固有の慰謝料請求権の有無

不法行為構成の場合は、近親者固有の慰謝料請求権が明文で認められていますが（民711条）、債務不履行構成の場合は認められていません（最一小判昭和55年12月18日民集34巻7号888頁）。

(3) 遅延損害金の起算日

不法行為構成の場合は、損害の発生日が遅延損害金の起算日となる（最三小判昭和37年9月4日民集16巻9号1834頁）のに対し、債務不履行構成の場合は、損害賠償請求をした日の翌日が起算日となります（最一小判昭和55年12月18日民集34巻7号888頁）。

## 4　損害の内容

　損害賠償請求を行う際の損害の内容としては、治療費、通院交通費等の実費、休業損害、逸失利益、慰謝料、弁護士費用等が考えられます。

## 5　請求の相手方

　通常、損害賠償請求の相手方は、自らと労働契約を締結している会社となりますが、場合によっては、直接労働契約を締結していない会社に対し、損害賠償請求を行うことも考えられます。たとえば、下請企業の従業員が元請企業に請求する場合、派遣労働者が派遣先企業に請求する場合、出向元の従業員が出向先企業に請求する場合等が考えられます。

　このように、直接の労働契約の存在しない場合においても、当該労働者と会社との間に指揮命令関係が認められる場合には、当該会社は労働者に対して、使用者責任あるいは安全配慮義務違反による債務不履行に基づき、損害賠償義務を負うことがあり得ます。

　大津地判平成24年10月30日（労判1073号82頁）は、「派遣先企業は、直接の雇用関係を有する派遣会社と同様に、派遣労働者に対して適切な職場環境を維持し、職場環境につき苦情申出がなされたときには適切かつ迅速に処理すべき一般的な責務を負担していると解され、これを怠り、その程度が社会通念に照らし相当性を逸脱する程度といえるときには、派遣労働者に対して固有の不法行為責任を負うと解するのが相当である。」と判示しました（**本章Q3**参照）。

## Q11 会社内のパワハラ予防策

会社内でパワハラが起きないようにするためには、どのような対処をすればよいですか。

### 1 会社内のパワハラ予防策

労働施策総合推進法の一部改正により、会社には、パワハラに対する労働者の関心と理解を深め、他の労働者に対する言動に必要な注意を払うよう、研修の実施などのパワハラ予防策をとることが義務づけられました。

会社内のパワハラ予防策としては、パワハラに関するルールをつくり、従業員にパワハラの防止が重要な課題であることを理解してもらう必要があります。具体的には、研修などで周知・啓発を行うほか、従業員向けにパワハラに関するアンケート調査を実施して現状を把握したり、相談窓口を設置して従業員が気軽に相談できる環境を整備するとよいでしょう（相談窓口については、**本章Q12**参照）。

会社内のパワハラ予防策については、厚生労働省のウェブサイト「あかるい職場応援団」に掲載されている「パワーハラスメント対策導入マニュアル」やそのポイントを解説した「パワハラ対策7つのメニュー」の予防に関する項目が参考となります（https://www.no-pawahara.mhlw.go.jp/jinji/measures/）。

### 2 ルールづくり

#### (1) 就業規則

パワハラ防止のルールは、就業規則において、パワハラの定義とその禁止、パワハラがあった場合の処分方法などを規定するのが一般的です。

パワハラの定義について、従来は法律上の明文がありませんでしたが、労働施策総合推進法の一部改正により、「職場において行われる優越的

な関係を背景とした言動であって、業務上必要かつ相当な範囲を超えたものによりその雇用する労働者の就業環境が害されること」と規定されました。そのため、就業規則においても、法律に沿ったパワハラの定義やその禁止、処分規定を設ける必要があります。

　なお、上記ウェブサイトでは、パワハラの処分規定の例として、「会社は、従業員が次条のいずれかに該当する場合は、その情状に応じ、次の区分により懲戒を行う」とし、情状の悪質性などを基準として、懲戒解雇、出勤停止、減給、けん責などの処分を設けています。

(2)　**パワーハラスメント防止規程**

　パワハラについて詳細な規定を置く場合は、就業規則に委任の根拠規定を設けた上で、独立したパワハラ防止規程を定める方法もあります。上記ウェブサイトでは、この場合の例として、就業規則に「第□□条　パワーハラスメントについては、第○○条（服務規律）及び第△△条（懲戒）のほか、詳細は『パワーハラスメントの防止に関する規程』により別に定める」とし、独立した規程の第1条で「この規程は、就業規則第□□条に基づき、職場におけるパワーハラスメントを防止するために従業員が順守すべき事項及び雇用管理上の措置について定める」として、次条以降にパワハラの詳細な定義や禁止行為、懲戒内容、相談・苦情への対応、再発防止の義務などを定めた条項を設けるとしています。

(3)　**労使協定**

　労使が協力してパワハラ対策をする場合には、両者間でパワハラ防止に関する協定を締結することも考えられます。

　上記ウェブサイトでは、労使協定の例として、協定の目的条項で、「会社及び組合は、パワーハラスメントの問題を認識し、労使協力してその行為を防止し、パワーハラスメントのない快適な職場環境の実現に努力する」とし、次条以降にパワハラの定義や禁止行為、パワハラに関する方針の明確化や周知・啓発、相談・苦情への対応方法、不利益取扱いの禁止といった条項を設けるとしています。

# Q12　会社内での事後的対処

会社内でパワハラが起きた場合、どのような対処をすればよいですか。

## 1　事業主に対する必要な措置の義務付け

　労働施策総合推進法の一部改正により、会社には、パワハラにより雇用する労働者の就業環境が害されることのないよう、当該労働者からの相談に応じ、適切に対応するために必要な体制の整備その他の雇用管理上必要な措置を講じることが義務づけられました（労働施策30条の2第1項）。

　会社が社内でのパワハラを認知するのは、**本章Q11**で述べた相談窓口に相談があった場合が多いと思われます。

　そこで、会社の対処としては、窓口での相談者対応に続いて、事実関係の確認、事実関係確認後の措置を行うことになると考えられます。

　相談窓口がない場合は、早急に相談担当者を決めて同様の対処をします。

　労働施策総合推進法の一部改正により、会社の講じる措置に関し、厚生労働大臣が必要な指針を定めることになっていますので（労働施策30条の2第3項）、指針制定後は同指針に基づいて対処をすることになります。

## 2　相談窓口での相談者対応
### (1)　相談内容の秘密が守られることを説明する

　相談者は、相談内容を周囲に知られること、相談することによって社内で不利益な取扱いを受けることを心配しているので、相談内容の秘密を守ることや相談によって社内で不利益な取扱いを受けないことを説明します。

労働施策総合推進法の一部改正により、会社は労働者が相談を行ったことで、解雇その他の不利益な取扱いをしてはならないと規定されました（労働施策30条の2第2項）。

### (2) 相談者の心情に配慮して聴取する

相談者は心理的に混乱していることが多いため、その心情に配慮し、真摯に話を聞くことが大切です。

相談者にも落ち度があったのではないか等の担当者の意見や判断を述べると、相談者との信頼関係が築けず、事実関係を把握できなくなる危険があるので、控えるようにします。

### (3) 相談内容を記録する

相談担当者は、相談者から、①いつ、②誰から、③どのような行為を受けたか、④目撃者はいたか等を聴取し、記録します。

厚生労働省のポータルサイト「あかるい職場応援団」においてダウンロードできる「パワーハラスメント対策導入マニュアル」（第3版）参考資料11のパワーハラスメント相談記録票等を参考にして、あらかじめ相談記録票を作成しておき、記録するとよいでしょう。

### (4) 今後の手続の流れを説明する

相談者は、今後の手続がどのようになるのか、不安になることがあると思われるので、手続の説明を行います。

併せて、事実認定に一定の期間を要することを説明し、行為者に対する事実確認の了解を得るとよいでしょう。

## 3 事実関係の確認

### (1) 行為者に対する事実関係の確認

相談者の了解を得て、行為者に事実確認を行います。

最初から行為者を加害者と決めつけることなく、適正手続保障の観点からも、十分に弁明の機会を与えます。

この聴取の結果は、将来、行為者から会社の処分に対する不服申立て等がなされた場合に重要な資料になることから、複数名で対応し、聴取日時、場所、出席者、聴取内容について詳細に記録します。

前記の厚生労働省のポータルサイト「あかるい職場応援団」でダウンロードできる「行為者聞き取り表」等を参考にして記録するとよいでしょう。

また、行為者は、事情聴取を受けることや相談者の認識に誤解がある場合に不満を持つことがあるため、相談者に対して報復をしないよう伝える必要があります。

(2) **第三者に対する事実関係の確認**

相談者と行為者との間で主張する事実が一致しない場合、第三者からの事情聴取を検討します。

相談者のプライバシーを保護するため、相談者の了解を得ること、第三者の人数を絞ること、第三者に対し聴取内容について守秘義務を課すことが必要です。

## 4 事実関係確認後の措置

(1) **措置の検討**

相談者、行為者、第三者からの聴取結果等から事実を認定し、行為者、相談者への措置を検討します。

パワハラがあったと判断できる場合とパワハラがあったと判断できない場合とに分けて検討します。

(2) **パワハラがあったと判断できる場合**

① 行為者に対する措置

行為者に対し、認定した事実や処分の理由を説明した上、注意、指導、人事異動等の処分を行います。

事案の内容によっては、就業規則に従い、懲戒処分を行います（懲戒処分についての詳細は、**本章Q13**を参照）。

また、再発防止に向け、行為者との定期的な面談やアドバイス、パワハラに関する研修を行う必要があります。

労働施策総合推進法の一部改正により、会社はパワハラに対する労働者の関心と理解を深め、他の労働者に対する言動に必要な注意を払うよう、研修の実施などの必要な配慮をするように努めなければならないとされています（労働施策30条の3第2項）。

② 相談者に対する措置

認定した事実および職場環境改善措置や行為者に対する措置をとることを伝えます。

### (3) パワハラがあったと判断できない場合

調査結果に加え、パワハラの事実を確認できないと判断した理由を相談者に対して丁寧に報告し、会社として適切に対応したことを理解してもらいます。

また、パワハラがあったとは判断できないものの、そのまま放置すると事態が悪化する可能性がある場合、たとえば、行為者の発言の意図を相談者が誤解していたような場合には、行為者の発言の問題点を明確にし、行為者の意図を相談者に正しく伝え、誤解を解くなど関係改善を促し、事態が悪化する前に解決を図るようにします。

**【参考文献】**

1　厚生労働省「あかるい職場応援団」(https://www.no-pawahara.mhlw.go.jp/jinji/download/)（2019.3.15）
2　第二東京弁護士会両性の平等に関する委員会編『ハラスメントの事件対応の手引き』（日本加除出版、2016年）

# Q13　会社内の懲戒処分の手続、内容

　　会社内でパワハラがあった場合の懲戒処分の手続や内容を教えてください。

## 1　懲戒処分の有効要件

　懲戒処分は、①懲戒処分の根拠規定が存在すること、②懲戒事由に該当すること、③懲戒処分が相当であることが有効要件とされており、処分をしようとする会社はこれらすべてが対象事案において該当するかどうかを検討する必要があります。

　これらの要件を満たしていることについては、いずれも事業主側に立証責任があります。

## 2　根拠規定の存在

　そもそも懲戒処分は、規則や指示・命令に違反する労働者に対し規則の定めるところに従いなされるものとされており、規則に明定して初めて行うことができるものとされています（国鉄札幌運輸区事件―最三小判昭和54年10月30日民集33巻6号647頁）。したがって、懲戒の理由となる事由と、これに対する懲戒の種類・程度が就業規則上明記されるべきと言えます。

　では、懲戒の理由となる事由は「パワハラをしたこと」というように具体的に明記する必要があるのでしょうか。

　従来型の就業規則では、直接にパワハラ行為を規制する文言はありませんが、就業規則に職場規律違反を懲戒事由として掲げている例が多く見られます。

　実際に、就業規則にパワハラ行為を規制する文言がない場合に懲戒処分を行ったため、処分の根拠を欠き無効であるとして争われた事案では、セクハラを前提とした規定が就業規則に存在していたこと、セクハラに

準ずる行為を対象とするとの文言は存在していたこと、パワハラが懲戒処分の対象となることを手引きなどを配布して従業員に周知していたことから、就業規則をその旨変更しなくても懲戒処分の対象とすることはできると判断した裁判例があります（東京地判平成27年8月7日労経速2263号3頁）。

近年はパワハラ行為を懲戒処分の対象として就業規則に明記する会社も増えてきているようで、厚生労働省のモデル就業規則にも「職務上の地位や人間関係などの職場内の優位性を背景にした、業務の適正な範囲を超える言動により、他の労働者に精神的・身体的な苦痛を与えたり、就業環境を害するようなことをしてはならない」（同規則12条）というように記載され、これに違反した場合は、情状に応じ、「けん責、減給又は出勤停止とする」（同規則64条1項）とともに、「情状が悪質と認められる場合は懲戒解雇とする」が、「平素の服務態度その他の情状によっては、」普通解雇、減給又は出勤停止とすることがある（同規則64条2項）旨の記載例が示されています。これに倣い、パワハラを直接の懲戒処分の対象とする会社はさらに増加するものと見込まれます。

## 3　懲戒事由への該当性

懲戒処分が有効とされるには、加害者の問題行為が就業規則上の懲戒事由に該当し、かつ加害者を懲戒処分とすることに客観的に合理的な理由があると認められなければなりません。

前述のモデル就業規則と同様の規定をおいている企業であれば、当該行為が、職場内の優位性を背景としたものであるか、言動が業務の適正な範囲を超えているか、それにより他の労働者に精神的・身体的苦痛を与えたり職場環境が害されたりしたかといった点を検討することとなります。

## 4　懲戒処分の相当性

懲戒処分は、理由とされた当該行為の性質・態様その他の事情に照らして社会通念上相当なものと認められない場合には懲戒権を濫用したも

のとして無効となりますので、会社は加害者にどのような懲戒処分を課すのか慎重に考える必要があります。

　一般的な就業規則には、懲戒処分の内容として、けん責（戒告）・減給・出勤停止・降格・諭旨（普通）解雇・懲戒解雇などが定められていることが多いと思われます。

　会社として具体的な処分内容を決定するにあたっては、労働契約法15条にのっとり、同様の事例と同程度の処分とするように注意すべきです（公平性の要請）。

　仮にパワハラの加害者に対し重過ぎる処分を課した場合、懲戒処分は無効と判断されることがあります。

　実際に懲戒処分の効力が争われた裁判例では、加害者である上司のパワハラ行為が、多数に上る被害者に対し、長期間にわたって継続的に行われていたこと、行為態様が極めて悪質であったこと（成果の上がらない従業員の能力を否定したうえで退職を強要したもの）、当該行為により被害者の精神的苦痛が多大であったこと、会社がパワハラのない職場づくりを経営指針に掲げており事前の注意喚起がされている中で相反する言動をとり続けていたこと、加害者が事実関係を争っており改心の情が見られないことなどの事情から、二段階降格という処分を有効と判断しています（東京地判平成27年8月7日労経速2263号3頁）。また、セクハラの事案ですが、これを理由とする出勤停止処分は重すぎて無効とは言えないとした裁判例（大阪地判平成25年9月6日労判1099号53頁）、事前に警告や注意がないまま、セクハラ行為を理由にした出勤停止処分は、懲戒処分としては重過ぎるが、降格は違法でないとした裁判例（大阪高判平成26年3月28日労判1099号33頁）もあり、参考になります。

　他方で、教室を運営する教授が、部下である講師および研究員らに対しハラスメント行為を行った事案につき、ハラスメント行為の内容および回数が限定的であること、ハラスメント行為の悪質性が高いとは言えないこと、被害者が当該行為によって就労を制限されるまでには至っていないこと、当該教授が過去に懲戒処分歴がないこと、反省の意思を示

していることなどの事情から、懲戒解雇を無効と判断した裁判例（前橋地判平成29年10月4日労判1175号71頁）もあります。

したがって、行為内容の悪質性、行為の頻度や期間、被害者の数、被害の程度、行為後の反省や謝罪の程度、懲戒処分歴などを斟酌して懲戒処分の軽重を考えるべきでしょう。

行為内容の悪質性については、行為の業務上の必要性の有無、加害者の意図・目的を踏まえて判断されています。

また、懲戒処分は、手続的な相当性を欠く場合にも社会通念上相当なものとは認められないので、無効となり得ます。就業規則や労働協約上、労働組合との協議や労使代表から構成される懲戒委員会の討議を経ることなどが必要とされる場合には、その手続を当然遵守するべきです。そのような規定がない場合でも、特段の支障のない限り、本人に弁明の機会を与えることが求められています。

これらの手続上の瑕疵がある場合は、些細な瑕疵でない限りは懲戒権の濫用として無効となるものと考えられます。

懲戒処分が無効と判断された場合、会社側は、被処分者が当該懲戒処分によって得られなかった賃金などの支払いに応じるべきことになります。

また、会社側が懲戒事由がないことを認識しながら違法に懲戒権を行使すれば、不法行為責任を問われ慰謝料を請求される場合もあります（東京地判平成26年9月5日）。

## Q14　身に覚えのないパワハラ申告への対応

> 会社からパワハラをしたと言われていますが、身に覚えがありません。法的にどのような対処ができますか。また懲戒処分をされた場合はどうしたらよいですか。

　どのような手続の中でパワハラをしたと言われているのか、段階を追って検討してみましょう。

### 1　社内調査を受ける段階

　会社内で、パワハラ被害を受けたという訴えがあった場合は、通常、会社内にハラスメント等の相談手続等に関する規定があれば、それにのっとり、相談員等が相談・調査・調整等の対処をとるべきことは前述（**本章Q12**）のとおりです。この調査等は、被害を訴えた人の申し出によって行われますので、自分には全く身に覚えがない人も調査等を受けることがあります。

　このような場合は、自己の言い分をきちんと相談員等に伝えることで理解を得られる場合もありますが、前述のとおり（**本章Q5**）、業務上の指導であっても、パワハラと捉えられることもありますので、業務上の必要性等について、証拠を提出できるようにすることも大切です。また、パワハラにあたらないと認定されるような場合であっても、訴えた人はあなたの態度や業務内容などに不満を持っていることが考えられますので、関係改善に努めたり、会社に対し、配置転換等の人事配慮などを検討するように申し出て、関係悪化を防ぐことが必要な場合があります。

### 2　配置転換をされた場合

　会社としては、パワハラと認定しなくても、配置転換等により、さらなる関係悪化を防ごうと措置する場合があります。自分はパワハラをし

ていないのに、望まない配置転換の措置を採られたときは、この配置転換が違法であると主張することが考えられます。一般に、使用者は、就業規則等に基づいて、配置転換を実施することが可能ですが、仮に配置転換が業務の適正な範囲を超えて労働者に精神的・身体的苦痛を与えるものである場合には、違法行為であると評価されることがあります。裁判例では、業務上の必要性が存しない場合または業務上の必要性が存する場合であっても、他の不当な動機・目的をもってなされたものであるときもしくは労働者に対し通常甘受すべき程度を著しく超える不利益を負わせるものであるときには権利濫用になるとされています（東亜ペイント事件・最二小判昭和61年7月14日労判477号6頁）。詳しくは**本章Q16**を参照してください。

### 3　懲戒処分をされた場合

　会社が懲戒処分を行うには、就業規則に懲戒事由と手段（懲戒の種類）等を定め、これにのっとって処分を行う必要があります。

　厚生労働省のモデル就業規則（平成31年3月版）では、「職務上の地位や人間関係などの職場内の優越的な関係を背景とした、業務上必要かつ相当な範囲を超えた言動により、他の労働者の就業環境を害することをしてはならない。」（同就業規則12条）と定め、これに違反した場合は、「情状に応じ、けん責、減給又は出勤停止とする」（同就業規則66条1項）と定めるとともに、「情状が悪質と認められる場合」は懲戒解雇とする（同就業規則66条2項本文）が、「平素の服務態度その他の情状によっては普通解雇、減給又は出勤停止とすることがある」（同就業規則64条2項但書）と定めています。

　したがって、身に覚えがないのにパワハラを理由に懲戒処分を受けた場合は、そもそも懲戒事由がないということを理由に争うことのほか、パワハラの事実だけでなく、その他の情状も加味されて、懲戒処分を選択できる就業規則であれば、懲戒処分の選択についても争うことが考えられます。

　また、懲戒処分は、手続的な相当性を欠く場合は社会通念上相当なも

のとは認められないので無効となる場合があります。具体的には、懲戒委員会の討議を経るなどの手続が定められている場合は、その手続を経ることは当然ですが、特段の定めのない場合であっても、特段の支障のない限り、本人に弁明の機会を与えることが求められています。

したがって、自分の弁明の機会が与えられていないなど、懲戒処分手続自体に瑕疵がある場合にも、懲戒権の濫用であると主張することが考えられます。

会社内の懲戒処分の手続・内容について、詳しくは**本章Q13**を参照してください。

## Q15　名誉毀損等に対する救済措置

> パワハラをしたと週刊誌に記事を書かれたり、ネットに書き込みをされたのですが、身に覚えがありません。どのように対処すればよいですか。

### 1　はじめに

　個人や会社の特定ができる形でパワハラを行ったとインターネット上に書き込まれ、これらの書き込み等が名誉棄損等にあたる場合には、人格権に基づく妨害排除請求や妨害予防としての差止請求として当該書き込みの削除請求を行うことができます。また、書き込みを行った者に対し、損害賠償請求ができる場合があります。

　また、週刊誌等の刊行物の記事であれば、出版の差止めを求めたり、出版後であっても、事実誤認の部分は謝罪広告の掲載を求めることなどが考えられます。

　そのほか、名誉毀損罪（刑230条）が成立する場合には、刑事事件として対処することも考えられます。

### 2　インターネット上の書込み

#### (1)　削除請求

　事実無根の書込みに対しては、書き込みがブログ等発信者自身で削除できる場合、当該発信者に対して削除請求をします。これに対し、口コミサイトや掲示板など、発信者がいったん発信した後は自身ではその記事の削除・修正ができなくなるようなサイトの場合は、口コミサイトの運営者、掲示板の管理者等のウェブサイト管理者、ウェブサイトのデータが保存されているサーバーを提供しているサーバー管理者など、情報の削除が可能な者に対して、削除請求をすることとなります。

　他方、削除請求を受けた口コミサイト運営者等としては、任意に削除（送信防止措置）をするか否かを判断する場合、自身に損害賠償責任

が生じないかを検討することになります。すなわち、特定電気通信役務提供者の損害賠償責任の制限及び発信者情報の開示に関する法律（以下「プロバイダ責任制限法」と言います。）3条2項は、口コミサイト運営者等が、削除請求を受けて任意に削除（送信防止措置）を行った場合の発信者に対する損害賠償責任について、①他人の権利が不当に侵害されていると信じるに足りる相当の理由があるとき、②発信者に対して削除への同意の可否について照会をした場合に、発信者が照会を受けた日より7日以内に同意しない旨の回答を行わなかったときのいずれかの場合にのみ免責されるとしているので、この要件に該当しない場合には、任意の削除が実施されないこともあります。したがって、削除請求をする場合には、この要件にあたることを明確にして請求することが必要です。

一方で、違法情報の流通に関与したウェブサイト管理者やサーバー管理者の損害賠償責任は、プロバイダ責任制限法3条1項により、原則として免責されます。

(2) **損害賠償請求**

書き込まれた記事が拡散するなどし、会社に損害が生じたような場合には、損害賠償請求をすることが考えられますが、匿名記事で書き込み者が不明ということがあります。そのような場合には、まずは請求の相手方である書き込み者の特定が必要です。発信者情報の開示は、プロバイダ責任制限法4条1項に基づき行うことができます。

書き込みが掲示板等に投稿された場合、まずは、掲示板等の管理者に対して、発信者のIPアドレス等の開示を求めます。その後、IPアドレス等から経由プロバイダが判明した場合は、経由プロバイダに対し、氏名不詳者によってインターネット上に投稿された記事によって、自身の名誉権が侵害されたとして、記事の発信者情報の開示を求めるという二段階の手続が必要です。

それでは、発信者情報の開示について、いかなる情報の開示を求めることができるでしょうか。

この点、損害賠償請求権を行使するため、書き込み者の氏名または名称、住所のほか、電子メールアドレスについても発信者の特定および原

告の権利行使に資する情報であることは否定できないとし、メールアドレスについても情報の開示を受ける正当な利益があるとして、原告の請求を認容した例があります（東京地判平成28年4月26日）。

　削除請求や発信者情報の開示請求は、①ウェブサイト上のフォームから行う、②インターネットサービスプロバイダ等で構成される一般社団法人テレコムサービス協会が制定している、プロバイダ責任制限法の運用に関するガイドライン（プロバイダ責任制限法関連情報Webサイト http://www.isplaw.jp/）に基づき公開されている書式等を用いて行う、③裁判（仮処分）を行うという3つの手段が考えられます。

　裁判の場合には、仮処分であっても日数がかかる場合もありますので、早急に削除のみを求めたい場合には、①や②の方法が適していると考えられます。一方で、発信者情報の開示は任意では得られにくいので、損害賠償請求を考えている場合には、裁判が必要になる場合が多くなります。

　注意したいのは、削除請求を先行させると、削除とともに書き込みをしたIPアドレス等も削除され、後に裁判で請求してもデータの保存がない場合があることです。また、アクセスログの保存期間の問題もありますので、証拠の保全と迅速さのいずれもが重要になります。

## 3　週刊誌の記事

　週刊誌等の記事に対しては、損害賠償請求が可能なほか、人格権としての名誉権に基づき、名誉毀損を原因とする出版差し止めが認められています。記事の内容が事前にわかった場合には、事後的な差し止めよりも要件は厳しくなりますが、事情によっては出版前の差し止めも認められる可能性があります。

　そのほか、名誉を回復するのに適当な処分として、謝罪広告の掲載等を求めることが可能です。

## 4　刑事事件

　インターネット上での情報発信が刑法上の名誉毀損罪や業務妨害罪に

当たるような悪質なケースでは、刑事告訴や被害届の提出などを行い、刑事事件として対処することも可能です。

**【参考文献】**
中澤佑一『インターネットにおける誹謗中傷法的対策マニュアル　第2版』(中央経済社、2016年)

# Q16 人事権行使によるパワハラ

人事権行使が違法なパワハラとなるのは、どのような場合ですか。

## 1 人事権とは

　使用者は、雇用契約に基づき、労働者に対して人事権を行使することができます。この「人事権」とは、広義には、労働者を企業組織の構成員として受け入れ、組織の中で活用し、組織から放逐する一切の権限を指し、狭義には、採用、配置、異動、人事考課、昇進、昇格、降格、休職、解雇など、企業組織における労働者の地位の変動や処遇に関する使用者の決定権限を指すとされています（菅野和夫『労働法』151頁（弘文堂、第11版、2016年））。

　人事権は、権利濫用の禁止（民1条3項、労契3条5項）という基本原則に服するほか、いくつかの局面に関して個別に設けられた重要な法規制に服することになります。後者の代表的な例としては、たとえば、解雇については、労働契約法16条において、「解雇は、客観的に合理的な理由を欠き、社会通念上相当であると認められない場合は、その権利を濫用したものとして、無効とする。」とされていますし、懲戒についても、同法15条において、同様の規制が設けられているところです。

　人事権の行使を巡る紛争においては、上記の法規制との関係でその有効性（たとえば、解雇が有効か否か、配転命令が有効か否か等）が争点となることが多いところですが、人事権の行使（またはそれに準ずる使用者の行為）が違法なパワハラに該当するか否かが争点として争われることもあります。

## 2 人事権の行使とパワハラ

　上述のとおり、使用者には人事権があるとはいえ、決して無制約ではなく、雇用契約の本来の趣旨に即して、合理的な裁量の範囲で人事権を

行使する必要があり、裁量を逸脱・濫用した場合には、一般に当該人事権行使は無効となり、不法行為法上も違法と評価されます。

以下では、トラブルになりやすい配置転換と退職勧奨を例に挙げて、どのような場合に人事権行使がパワハラと評価されるかについて概観します。

### (1) 配置転換

配置転換とは、企業内での労働者の配置を変更することであり、具体的には、職務内容または勤務場所を変更することを指します。一般に、就業規則等には配転命令権について定められていることが多く、使用者は当該規定に基づいて配置転換を実施することが可能ですが、仮に、配置転換が、業務の適正な範囲を超えて労働者に精神的・身体的苦痛を与えるものである場合には、違法なパワハラにあたると評価されることもあります。

ホンダ開発事件（東京高判平成29年4月26日労判1170号53頁）は、上司の言動により精神的に苦痛を与えられた上、合理的な理由なく、不当な動機・目的により異動させられたとして、労働者が、配転の無効確認を求めるとともに、これらが不法行為に該当するとして慰謝料を請求したという事案です。裁判所は、業務上の必要性が存しない場合または業務上の必要性が存する場合であっても、他の不当な動機・目的をもってなされたものであるときもしくは労働者に対し通常甘受すべき程度を著しく超える不利益を負わせるものであるときには権利濫用になるという最高裁の判断枠組み（東亜ペイント事件・最二小判昭和61年7月14日労判477号6頁）を前提として、当該異動命令自体については違法・無効であるとまで認めることはできないと判断しました。もっとも、上司らが「多くの人がお前をばかにしている。」等の配慮を欠いた発言を繰り返していたこと等を踏まえて、「（上司らの）言動並びに本件異動は、一体として考えれば、……労働者として通常甘受すべき程度を著しく越える不利益を課すものと評価すべき」と述べ、上司らの言動と当該異動命令を一体として考慮した上で、これらが全体として不法行為に該当すると判断しました。

また、イオンディライトセキュリティ事件（千葉地判平成29年5月17日労判1161号5頁）では、配置転換命令および教本の文字起こしを命じる業務命令がパワハラにあたるとして不法行為に基づく損害賠償等を求めた事案において、最高裁の枠組み（上掲）を前提に、「本件配転命令及び本件業務命令は、業務上の必要性が存しないものではなく、かつ、不当な動機・目的をもってなされたものであるとも、原告に対し通常甘受すべき程度を著しく超える不利益を負わせるものであるとも認められないから、権利の濫用になるものではなく、原告に対する不法行為を構成するものでもない」として、パワハラにあたるという労働者の主張を排斥しています。

このように、配置転換に関しては、前掲の最高裁の判断枠組みを前提にその有効性および違法性が判断されることになりますが、たとえ配転命令自体は有効・適法であっても、他の言動等と相まって全体として違法と評価される場合もあり得ると言えます。

(2) **退職勧奨**

退職勧奨とは、使用者が労働者に対し、退職するように促す行為のことを言います。単に「労働者に退職を勧める」という事実行為に過ぎませんので、退職勧奨のみでは、退職という効果が発生することはありません。

そのため、退職勧奨を行うか否かは基本的に使用者の自由であり、退職勧奨を行うための要件は特にありません。もっとも、使用者が労働者に対し、執拗に退職を求めるなど、労働者の人格的利益を侵害する態様で退職勧奨が行われた場合には、違法な退職勧奨またはパワハラに該当するとして不法行為が成立し得るため、その場合には、使用者は労働者に対して損害賠償責任を負うことになります。

たとえば、3～4か月の間に11～13回にわたり、4～6名の者が、退職するまで続けるとの意図のもとに、長いときで2時間15分にも及ぶような退職勧奨を行ったという事案においては、当該退職勧奨は不法行為に該当すると判断されています（下関商業高校事件・最一小判昭和55年7月10日労判345号20頁）。

他方、病院の新生児未熟児科科長の地位にあった労働者が、病院の院長から不当な退職勧奨を受けたと主張して、損害賠償を請求したという事案において、裁判所は、約2か月の間に4回にわたって矢継ぎ早に院長室に呼び出して退職を勧奨したと事実認定したうえで、「退職しない限り有無を言わせないという態度ではなく、退職勧奨ととれる発言とともに業務改善の指示も出しており、原告に反論する機会も与えられていた」として、当該退職勧奨は違法ではないと判断しています（静岡県立病院機構事件・静岡地判平成24年1月13日判タ1382号121頁）。

　退職勧奨の違法性に関しては、一般的には、退職勧奨の回数・期間、退職勧奨を行う時間・場所、勧奨を行う者の人数、退職勧奨を行う際の具体的言動、提示する退職条件等を踏まえて、労働者の人格的利益を侵害する態様であったか否かが判断されることになります。

## Q17　人事権行使によるパワハラを受けた場合の請求内容

人事権行使によるパワハラを受けた場合、会社に対して、どのような請求ができますか。

### 1　損害賠償請求
#### (1) 法律構成
　人事権の行使またはそれに準ずる使用者側の行為が違法なパワハラに該当する場合、労働者は、会社に対して、民法709条または715条もしくは415条に基づいて、損害賠償を求めることが可能です。
　具体的には、特定の個人によるパワハラの場合には、民法715条の使用者責任に基づき会社に対して損害賠償請求を行うことが考えられます。また、そのパワハラが会社自身の行為であると評価し得る場合には、まさしく会社自身が不法行為者にあたるとして、民法709条の不法行為責任に基づき会社に対して損害賠償請求を行うことも考えられます。さらに、会社の安全配慮義務ないし職場環境配慮義務の違反による債務不履行に基づく損害賠償請求という法律構成で会社の責任を追及することも考えられます。

#### (2) 損害の内容
　上記の法律構成に基づき、労働者は、パワハラという不法行為または安全配慮義務違反によって損害を被ったとして、会社に対して、損害賠償を求めることが可能ですが、ここでいう「損害」とは、典型的には慰謝料（精神的損害）が考えられます。
　仮に、違法な降格等により、賃金が減少するなどして損害が生じているようであれば、差額賃金についても損害として請求することが考えられます。

## 2 無効確認請求

　人事権の行使がパワハラに該当する場合には、一般的には、当該人事権行使は権利濫用にあたるとして、その無効を主張することが可能であると言えます。

　たとえば、パワハラがあったとして配置転換が命じられた場合には、当該配転命令が無効であることを前提として、配転先で勤務する雇用契約上の義務がないことについての確認を求める訴えを提起することが考えられます。

　もっとも、たとえば、退職勧奨のような事実行為（法律効果が発生しない事実上の行為）については、会社側の行為によって特に法律効果が発生しているわけではありません。したがって、このような場合、上記のような無効を前提とした確認請求ということは通常は観念し得ませんから、損害賠償請求（上記1）のみが可能ということになります。

## Q18 労災におけるパワハラの判断過程

> パワハラが労災と認められるのはどのような場合ですか。

### 1 業務上の疾病について

　労働者災害補償保険（以下「労災」と言います。）給付の対象となる疾病とは、業務起因性が認められる疾病、すなわち業務との間に相当因果関係が認められる疾病です（以下「業務上の疾病」と言います。）。

　判例は、公務員の災害補償給付についてではありますが、職員の疾病等を業務上のものと認めるためには、業務と疾病等との間に相当因果関係が認められることが必要であるとし（最二小判昭和51年11月12日集民119号189頁）、相当因果関係を認めるためには、当該疾病等の結果が、当該業務に内在する危険が現実化したものであると評価し得ることが必要であるとしています（最三小判平成8年1月23日集民178号83頁、最三小判平成8年3月5日集民178号621頁）。

### 2 業務上の疾病の認定基準について

#### (1) 認定基準

　パワハラ被害を受けて罹患する疾病として特に問題となるのが、精神疾患（および精神疾患を原因とする自殺）です。代表的な精神疾患としては、統合失調症やうつ病、適応障害などが挙げられます。

　パワハラによって、業務起因性の認められる精神疾患を発病したと認められる場合には、労災給付の対象となります。業務により精神疾患（対象疾病）を発病していた被災労働者が自殺を図った場合には、精神疾患によって正常の認識、行為選択能力が著しく阻害されるなどの状態に陥ったものと推定され、業務起因性が認められて、労災給付の対象となります（後掲参考文献1、10頁）。

　そして、厚生労働省は、精神疾患の業務起因性に関する判断基準と

して、平成23年12月26日基発1226第1号「心理的負荷による精神障害の認定基準について」（以下「認定基準」と言います。）を策定しています。

「認定基準」では、認定要件として、①対象疾病を発病していること、②対象疾病の発病前おおむね6か月の間に、業務による強い心理的負荷が認められること、③業務以外の心理的負荷および個体側要因により対象疾病を発病したとは認められないことという要件を満たすことで、業務上の疾病として取り扱うこととされています（労災12条の8第2項、労基75条2項、労基規35条、同別表第1の2第9号。後掲参考文献1、2頁）。

**(2) 認定要件に関する基本的な考え方**

対象疾病の発病に至る原因の考え方は、環境由来の心理的負荷（ストレス）と、個体側の反応性、脆弱性との関係で精神的破綻が生じるかどうかが決まり、心理的負荷が非常に強ければ、個体側の脆弱性が小さくても精神的破綻が起こり、逆に脆弱性が大きければ、心理的負荷が小さくても破綻が生ずるとする「ストレス−脆弱性理論」に依拠しています（後掲参考文献1、2〜3頁）。

**(3) 裁判例における判断について**

具体的な認定について、東京地判平成27年5月28日（労判1120号5頁）は、「精神障害の発病については、…『ストレス―脆弱性』理論が広く受け入れられている」こと、また、「認定基準」等は、「労災保険の事業を行う行政庁内部の通達にすぎず、法的な拘束力があるわけではないが、いずれも上記理論に依拠し、それぞれ策定当時の最新の医学的知見を踏まえて発出されたものであって…、その内容には合理性があり、少なくともこれらの定める要件が充足されれば、特段の事情がない限り、…業務起因性は肯定される」としています（同旨のものとして名古屋高判平成29年3月16日労判1162号28頁、東京地判平成27年4月27日労経速2249号19頁、大阪地判平成27年3月30日、広島地判平成27年3月4日労判1131号19頁）。

もっとも、上記東京地判平成27年5月28日は、「認定基準は絶対的

なものではないから、厳密にいえば認定基準の要件が完全に充足されているとはいえない場合であっても、事案の内容や認定基準の基礎となっている医学的知見に照らし、業務起因性を認めるのが相当なこともある」ことを判示し、具体的な事情を詳細に検討しています。

以上から、具体的な事案を検討するにあたっては、「認定基準」に該当するかどうかを検討し、仮に該当しない場合であっても、事案の内容を分析し、業務起因性を判断する必要があります。

## 3 具体的な認定要件について

### (1) 認定要件①：対象疾病

対象疾病のうち業務に関連して発病する可能性のある精神障害は、主として国際疾病分類第10回修正版（以下「ICD-10」と言います。）第Ⅴ章「精神および行動の障害」に分類される精神障害のうち、統合失調症等（F2）や、気分［感情］障害等（F3）、神経症性障害等（F4）が該当します。

### (2) 認定要件②：業務による心理的負荷の強度の判断

① 強い心理的負荷とは、対象疾病の発病前おおむね6か月の間に業務による出来事があり、当該出来事およびその後の状況による心理的負荷が、客観的に対象疾病を発病させるおそれのある心理的負荷であると認められることを言うとされています。

注意点としては、精神疾患を発病した労働者がその出来事および出来事後の状況が持続する程度を主観的にどう受け止めたかではなく、職種、職場における立場や職責、年齢、経験等が類似する、同種の労働者が一般的にどう受け止めるかという観点から評価されることが挙げられます（同旨の裁判例として、前掲名古屋高判平成29年3月16日労判1162号28頁、仙台地判平成28年10月27日、福岡地判平成20年3月26日労判964号35頁）。

② 業務による心理的負荷の強度の判断にあたっては、具体的な出来事やその後の状況を把握し、それらによる心理的負荷の強度はどの程度であるかについて、「認定基準」別表1「業務による心理的負

荷評価表」を指標として「強」、「中」、「弱」の三段階に区分し、判断することになります。

③ 裁判例について

裁判例において、パワハラを明示的に認定し、労災給付を認めた事案は少ないです。もっとも、「認定基準」にのっとり、労災給付を認めた事案は数多くあり、これらの中には、実質的には、パワハラに該当する事案も相当数見受けられます。

裁判例としては、退職強要で業務起因性が肯定された事例（前掲名古屋高判平成29年3月16日労判1162号28頁）、上司との関係で業務起因性が肯定された事例（仙台地判平成28年10月27日、名古屋高判平成19年10月31日判タ1294号80頁）、過小な要求で業務起因性が肯定された事例（広島高判平成27年10月22日労判1131号5頁）が挙げられます。

### (3) 認定要件③：業務以外の心理的負荷および個体側要因の判断

当該要件は、業務以外の心理的負荷および個体側要因が認められない場合、または、業務以外の心理的負荷または個体側要因は認められるものの、業務以外の心理的負荷または個体側要因によって発病したことが医学的に明らかであると判断できない場合に認められます。

後者の判断は、「認定基準」別表2「業務以外の心理的負荷評価表」を指標として、心理的負荷の強度を三段階（「Ⅰ」～「Ⅲ」）に区分して判断します。

たとえば、業務による強い心理的負荷が認められる事案であっても、就業年齢前の若年期から精神疾患の発病と寛解を繰り返しており、請求に係る精神疾患がその一連の病態である場合には、認定要件③を充足しないことになります（後掲参考文献1、8頁）。

裁判例として、東京地判平成19年10月15日（判タ1271号136頁）は、具体的事情を詳細に検討して業務起因性を肯定しています。

【参考文献】

1 「心理的負荷による精神障害の認定基準について」(平成23年12月26日付け基発1226第1号)
   https://www.mhlw.go.jp/stf/houdou/2r9852000001z3zj-att/2r9852000001z43h.pdf
2 古川拓『労災事件救済の手引　労災保険・損害賠償請求の実務(第2版)』(青林書院、2018年)

# Q19 パワハラが犯罪になるか

パワハラが犯罪になることはありますか。また、どのような犯罪が成立するでしょうか。

## 1 パワハラ行為により成立し得る犯罪

平成23年度の職場のいじめ・嫌がらせ問題に関する円卓会議（以下「円卓会議」と言います。）の提言により示されたパワハラの6類型のうち、「身体的な攻撃」については、傷害罪や暴行罪（刑204条、208条）の成立が考えられます。また、同類型のうち「精神的な攻撃」については、脅迫罪、強要罪、名誉毀損罪、侮辱罪の成立が考えられます（刑222条、223条、230条、231条）。

### (1) 暴行罪

暴行罪は、人に対して物理力を行使することで成立します。裁判例では、①スナックにおいて、カラオケを歌っている部下の両大腿部を両腕で抱えて同人を持ち上げる行為（福岡地判平成27年12月22日）、②先輩が椅子を足蹴にして後輩の右脚に当てたほか、後輩の胸ぐらをつかんで前後に揺さぶる行為（大阪地判平成24年5月25日労判1057号78頁）などが暴行罪として処罰されています。

### (2) 傷害罪

傷害罪は、人の身体を傷害した場合に成立します。裁判例では、①公立高校の教諭（部活の顧問）が、生徒の顔面および頭部を平手で立て続けに十数回殴打し、直後にも、顔面を平手で数回殴打する暴行を加え、生徒に全治約3週間を要する上唇の中央部および下唇全体の粘膜下出血ならびに下唇左側の粘膜挫創の傷害を負わせた行為（東京地判平成28年2月24日判タ1432号204頁）が傷害罪として処罰されています。また、暴行によらずに人の身体を傷害した場合であっても、傷害罪の成立を妨げないとされます。裁判例では、社会保険労務士が、ブログの記事

等が不適切であったことで業務取消処分をされたことを不服とする取消訴訟において、「本件ブログには、「社員をうつ病に罹患させる方法」などという刑法上の傷害罪を構成する違法行為を推奨するかのような表題が付された記事がある」と裁判所が言及した事例があります（名古屋地判平成30年2月22日労判ジャーナル74号46頁）。

(3) **脅迫罪**

脅迫罪は、生命、身体、自由、名誉または財産に対し害を与える旨を告知して人を脅迫した場合に成立します。裁判例では、上司が深夜、夏季休暇中の部下に対し、2度も「ぶっ殺すぞ」という脅し言葉を使用したうえ、口汚く罵りながら退職を強要した行為について、「刑法上も脅迫罪（刑222条1項）を構成するほどの違法性を備えて」いると言及した事例があります（東京地判平成24年3月9日労判1050号68頁）。

(4) **強要罪**

強要罪は、①脅迫しまたは暴行を用いて人に義務のないことを行わせた場合②親族へ害を加える旨告知して脅迫し人に義務のないことを行わせまたは権利の行使を妨害した場合に成立します。裁判例では、大学事務職員が、上司に対して、「わび入れろや」などと怒号したうえ、ドアを施錠してその前に座り、「土下座せい、頭、足蹴にしたろか」などと大声で叫んで上司を恫喝して複数回土下座させ、また長時間正座させるなどして、少なくとも1時間30分にわたり上司2名が室内から出ることを著しく困難にした行為について、強要罪として処罰されています（神戸地判平成29年8月9日労経速2328号23頁）。

(5) **名誉毀損罪**

名誉毀損罪は、公然と事実を摘示し、人の名誉を毀損した場合に、その事実の有無にかかわらず成立します。裁判例では、大学の教授が准教授に対し、助手や仮移転作業を行う業者などがいる前で、准教授が実験室の鍵を隠匿している旨摘示した行為に対し、准教授の名誉を毀損するものであって不法行為上違法と評価した事例があります（金沢地判平成29年3月30日労判1165号21頁）。

(6) **侮辱罪**

侮辱罪は、事実を摘示せずに、公然と人を侮辱した場合に成立します。裁判例では、社長が社員に対して、様々なパワハラ行為を行う中で、ほとんど全文を平仮名で記載し、一日の業務内容を挙げて「できるかな？」「ちゃんとみようね！」などと子供相手のような文面である指示書を交付した行為が、「これが上司の立場を利用したパワハラに当たることと、原告を全くの幼児扱いし、酷く侮辱する」行為と言及した事例があります（東京地判平成28年12月20日労判1156号28頁）。

## 2 まとめ

パワハラは、労働施策総合推進法30条の2第1項により、「職場において行われる優越的な関係を背景とした言動であって、業務上必要かつ相当な範囲を超えたもの」と定義されていますが、パワハラ行為が同時に刑法犯に該当しないとする理由はありません。パワハラの中でも被害者の権利侵害の程度が重大である行為については、刑法上の犯罪に該当する可能性は十分にあると言うべきです。

また、パワハラ行為は、一般に密室で行われることが多く、証拠が残り難いと言えます。そのため、パワハラを行った者の刑事責任を追及するためには、暴行や傷害罪については被害についての診断書やカルテ、脅迫、強要、名誉毀損および侮辱罪については音声録音やメール、書面などの客観的証拠を確保しておく必要があります。そのほか、被害者自身で詳細な日記を作成する、現場に居合わせた第三者の記憶を書面化し公証役場で確定日付を取得しておくなどの方法によって、パワハラの現場を目撃した人物の記憶を証拠化しておくことも有効と考えられます。

## Q20　パワハラの事実の立証

　パワハラの事実を立証するためには、どのような証拠が必要ですか。

### 1　パワハラを立証するための証拠

　パワハラを立証するのに必要と考えられる証拠としては、①直接の会話、電話での会話等の録音、②パワハラを行った者が作成した文書やパワハラを行った者とのメール・SNSのやり取りなどの保存、③暴行の場合には防犯カメラの映像の保存、④暴行で傷害を負った場合やうつ病等を発病した場合の診断書の作成、⑤パワハラを見聞きしていた人の証言、⑥パワハラ被害を受けた人自身が社内の相談窓口や警察などに相談に行った際に作成された記録（友人に相談したやり取りの記録、医師に相談した内容が記載された診療録なども含む）、⑦自身が作成した日記、メモ、備忘録などが考えられます。

### 2　証拠の収集方法

　裁判等では、これらのうち特に、客観的な直接証拠（①、②、③、⑤）が重視されるのが一般的です。そこで、パワハラ行為が繰り返されている場合には、次のパワハラ行為に備えて、いつでも会話や電話を録音できるようにしておくことが重要です。録音は、パワハラ行為に対するパワハラ被害者がとり得る対抗手段であり、録音することを躊躇する必要はありません。また、文書もなるべくコピーをとる、写真に撮るなどして保存することが考えられます。ただし、文書の性質や内容によっては、文書の持ち出しや第三者への提供が社内規定に違反するなどといった問題になる可能性もあります。そのような場合には、弁護士に相談し、文書の性質や内容を検討した上で社内文書の取得を検討すべきです。

　職場内でのパワハラ行為の場合、同僚もその会社の従業員であり、使

用者に対して弱い立場にあるため、その協力を得ることは一般的には難しいことが多いと考えられます。ただし、職場内でもパワハラ行為をやめさせたいと考えている人がおり、その人の協力を得ることができる可能性はあります。また、すでに退職した人などは会社との関係を気にする必要が無い場合もあり、そのような立場の人からの協力も考えられます。また、同じ職場で他の人もパワハラ被害にあっている場合には、お互いが協力して証言することも有効です。

　被害者が友人などの第三者に話をしたり、相談窓口などに提出した文書も証拠としての価値があります。したがって、相談窓口などに事情を説明する文書を提出する場合には、なるべく具体的に記載し、コピーを保管しておくことが有効です。また、医師の診断書や診療録も証拠になり得るため、この点からも医師の診察の際には隠すことなく被害の実態を具体的に伝える必要があります。

## 3　本人で作成できる証拠

　被害者自身がメモや備忘録を作成する場合には、自身の記憶が鮮明なうちになるべく被害の実態やその日時などを具体的に記録しておくことが求められます。職場でのいじめや退職勧奨で追い出し部屋などに置かれている場合には、その客観的状況を被害者自身が写真などで記録し、その場所での具体的な状況を記述しておくことは証拠として有効になる場合があります。

## Q21 紛争の解決手段

> パワハラに関する紛争を解決するにはどのような手段がありますか。

### 1 当事者の話し合いによる解決手段

　会社や学校でパワハラ行為があった場合には、組織内部にパワハラ行為についての相談窓口が設置されている場合があります。そのような場合には、その相談窓口に相談をすることが考えられます。

　しかし、相談窓口が問題を解決する能力を有していない場合、また、そもそもそのような相談窓口がない場合も多くあります。そのような場合には、弁護士に相談することが考えられます。個人の力で交渉することが困難な場合には、弁護士を代理人として相手方と交渉することも考えられるでしょう。交渉に際しては、たとえばそのパワハラ行為が当事者に与える心理的影響などを医師に診断してもらうなどして、相手方に対し、どのような行為がパワハラに該当し、被害者がどのような被害を受けているのかについての理解を促すことも必要です。

　その他、裁判外での手続では、職場でのパワハラの場合、都道府県労働局長による助言、指導または勧告、労働局や労働委員会のあっせんを利用することが考えられます。ただし、これらのあっせんには強制力はありませんので、後述する調停と同じく、相手方が話し合いを拒否した場合には手続は終了します。

　また、労働組合がある場合には、組合に加入してパワハラ行為を行っている使用者側と交渉することも考えられます。

### 2 裁判所を利用した解決手段

　任意の交渉による解決が困難な場合には、裁判所に訴えを提起することが考えられます。

パワハラによる不当な解雇や配転などを受けた場合に、緊急性があるようなケースでは、本訴の前に地位確認等の仮処分を行うことが考えられます。また、パワハラ行為による侵害行為が急迫している場合には、差止めの仮処分をすることも考えられます。

　また、労働事件では、事業主を相手方とする労働審判手続を利用することができます。労働審判は原則3回までの期日で終了する手続であり、早期解決を実現できる可能性があります。一方、複雑な事案では労働審判で解決せず、訴訟に移行することもありますので、事案をみて慎重に判断することが求められます。

　その他、民事調停手続を利用することも考えられます。ただし、民事調停では相手方が話し合いを拒否した場合には、不調に終わる可能性もあります。

## Q22 パワハラ被害者からの加害者に対する誹謗・中傷

パワハラの被害者が加害者に対して誹謗・中傷を行ったことが問題となった裁判例はありますか。

　勤務先でパワハラ被害に遭った場合に、その被害者がインターネット上のサイトにその旨の書き込みをしたことで、名誉権を侵害したとして損害賠償を請求されるおそれがあることはすでに述べたとおりです（**本章Q15**参照）。

　それでは、パワハラの被害者が、その加害者に関して、実際にされたパワハラの被害とは直接関係のない書き込みを行ったときはどうでしょうか。

　このような場合、パワハラ行為の存在がどのような法的効果をもたらすか争われた事案があります（東京地判平成29年2月14日）。

　本事案は、パワハラ行為の被害者がインターネット上の掲示板に、特定人について「サボり魔」などという社会的評価を低下させるような事実（ただし、パワハラ行為そのものの事実には触れていません。）などの書き込みをしたものですが、こうした書き込みは、当該人物から度重なるパワハラやセクハラを受けストレス反応性障害に罹患したことに起因するとして、パワハラの加害者とされる者からの損害賠償請求に対し、書き込みをした被害者が過失相殺を主張したものです。

　裁判所は、ハラスメント行為は書き込みによる名誉毀損やプライバシー侵害行為とは別の性質の行為であって、不法行為（書き込み行為）とハラスメント行為との関連性の有無や程度によっては不法行為（書き込み行為）による慰謝料の算定要素として考慮する余地はあるが、ハラスメント行為によって不法行為責任を減ずる根拠とはなり得ない、と判断しました。

　このようなケースでは、ハラスメント行為については、加害者とされる者に対し別途不法行為による損害賠償を請求して争うべきと考えられます。

# 第3章

# マタニティ・ハラスメント

○ Sexual harassment
○ Power harassment
● Maternity harassment
○ Academic harassment
○ Moral harassment and Others

第3章 マタニティ・ハラスメント

## Q1 マタニティ・ハラスメントの定義

マタニティ・ハラスメントとはどのような行為を指しますか。また、マタニティ・ハラスメントは、どのような法令等で規制されていますか。

### 1 マタニティ・ハラスメントとは
#### (1) マタニティ・ハラスメントとは

一般的には、マタニティ・ハラスメントとは、「職場などでの、妊娠・出産に関するいやがらせ。妊婦に直接いやがらせを言ったりしたりするほか、妊娠を理由に自主退職を強要する、育児休暇を認めない、妊娠しないことを雇用の条件にするなどの行為も含まれる。」(『デジタル大辞泉』(小学館))、「妊娠・出産した女性に対する職場での差別・嫌がらせ」(『広辞苑(第7版)』岩波書店、2018年) とされています。

#### (2) 厚生労働省の立場

厚生労働省は、マタニティ・ハラスメントについて直接定義していませんが、厚生労働省作成のパンフレット(「職場でつらい思いをしていませんか？職場でのあらゆるハラスメントは許されません！」(平成29年7月作成パンフレットNo.11))には、セクシュアル・ハラスメントとパワー・ハラスメントに続く形で、職場での妊娠・出産等に関する嫌がらせについて、①「妊娠・出産・育児休業・介護休業等を理由とする不利益取扱い」、②「妊娠・出産・育児休業・介護休業等に関するハラスメント」と整理しています。

そして、厚生労働省は、
① 「妊娠・出産・育児休業・介護休業等を理由とする不利益取扱い」とは、「妊娠・出産したこと、育児や介護のための制度を利用したこと等を理由として、事業主が行う解雇、減給、降格、不利益な配置転換、契約を更新しない(契約社員の場合)といった行為」を指し、
② 「妊娠・出産・育児休業・介護休業等に関するハラスメント」と

は、「妊娠・出産したこと、育児や介護のための制度を利用したこと等に関して、上司・同僚が就業環境を害する言動を行うこと」を指すとしています。

⑶　本書におけるマタニティ・ハラスメントの定義

　本書においては、上記⑵の厚生労働省の立場を参考にして、上記の①および②をマタニティ・ハラスメントとして考えます。

　そして本書では、主に不利益取扱いの問題を扱います。不利益取扱いの詳細については、**本章Q2**を参照してください。

## 2　マタニティ・ハラスメントを規制する法令等について

　マタニティ・ハラスメントを規制する法令、通達、指針等は、以下のとおりです。なお、本章では、併記した略称を用います。

【法令】
- 雇用の分野における男女の均等な機会及び待遇の確保等に関する法律—雇均法（雇均）
- 雇用の分野における男女の均等な機会及び待遇の確保等に関する法律施行規則—雇均規則（雇均規）
- 育児休業、介護休業等育児又は家族介護を行う労働者の福祉に関する法律—育児介護法（育児介護）
- 育児休業、介護休業等育児又は家族介護を行う労働者の福祉に関する法律施行規則—育児介護規則（育児介護規）
- 労働基準法—労基法
- 労働契約法—労契法
- 労働者派遣事業の適正な運営の確保及び派遣労働者の保護等に関する法律—派遣法

【通達】
- 雇均法施行通達—雇児発第1011002号H18.10.11（最終改正H28.8.2雇児発0802第1号）「雇用の分野における男女の均等な機会及び待遇の確保等に関する法律施行について」
- 育児介護法施行通達—職発0802第1号・雇児発0802第3号H28.8.2

（最終改正H29.9.29雇均発0929第3号）「育児休業、介護休業等育児又は家族介護を行う労働者の福祉に関する法律の施行について」

**【指針】**
・雇均法指針─「妊娠中及び出産後の女性労働者が保健指導又は健康診査に基づく指導事項を守ることができるようにするために事業主が講ずべき措置に関する指針」（平成9年厚生労働省告示105号）
・性差別指針─「労働者に対する性別を理由とする差別の禁止等に関する規定に定める事項に関し、事業主が適切に対処するための指針」（平成18年厚生労働省告示第614号）
・マタハラ指針─「事業主が職場における妊娠、出産等に関する言動に起因する問題に関して雇用管理上講ずべき措置についての指針」（平成28年厚生労働省告示312号）
・セクハラ指針─「事業主が職場における性的な言動に起因する問題に関して雇用管理上講ずべき措置についての指針（平成18年厚生労働省告示第615号、最終改正：平成28年8月2日厚生労働省告示第314号）
・育介指針─「子の養育又は家族の介護を行い、又は行うこととなる労働者の職業生活と家庭生活との両立が図られるようにするために事業主が講ずべき措置に関する指針（平成21年厚生労働省告示第509号）」

**【Q&A】**
・妊娠等を契機とする不利益取扱いに係るQ&A─「妊娠・出産・育児休業等を契機とする不利益取扱いに係るQ&A」（厚生労働省）

## Q2 禁止される不利益な取扱いの内容

> どのような場合に、雇均法や育児介護法が禁止する「不利益な取扱い」にあたるのか教えてください。

### 1 雇均法や育児介護法が禁止する「不利益な取扱い」について

産前産後休業や育児休業の取得等を理由とする「不利益な取扱い」については、雇均法9条3項および育児介護法10条等が規定しています。以下では、法令等の規定に触れながら、「不利益な取扱い」についての判断枠組みについて説明します。

### 2 事業主による妊娠、出産、産前・産後休業または育児休業の請求等を理由として行われる「不利益な取扱い」についての判断枠組み

(1) 雇均法上の規定

① 雇均法9条3項は、事業主に対して、厚生労働省令で規定された妊娠等の事由を理由にして、不利益な取扱いを行うことを禁止しています。そして、この規定は、私法上の強行規定と考えられています(広島中央保健生協事件、最一小判平成26年10月23日民集68巻8号1270頁参照)。

---

**雇均法**
(婚姻、妊娠、出産等を理由とする不利益取扱いの禁止等)
**第9条**
3 事業主は、その雇用する女性労働者が妊娠したこと、出産したこと、産前産後休業を請求し、又は同項若しくは同条第二項の規定による休業をしたことその他の妊娠又は出産に関する事由であって**厚生労働省令で定めるもの**を**理由として**、当該女性労働者に対して解雇その他**不利益な取扱い**をしてはならない。
※太字、下線は筆者による。

② 「厚生労働省令で定めるもの」の内容については、雇均規則で、以下のとおり定められています。

> **雇均規則**
> （法第9条第3項の厚生労働省令で定める妊娠又は出産に関する事由）
> **第2条の2** 法第九条第三項の厚生労働省令で定める妊娠又は出産に関する事由は、次のとおりとする。
> 一　妊娠したこと。
> 二　出産したこと。
> 三　法第十二条若しくは第十三条第一項の規定による措置を求め、又はこれらの規定による措置を受けたこと。
> 四　労働基準法（昭和二十二年法律第四十九号）第六十四条の二第一号若しくは第六十四条の三第一項の規定により業務に就くことができず、若しくはこれらの規定により業務に従事しなかつたこと又は同法第六十四条の二第一号若しくは女性労働基準規則（昭和六十一年労働省令第三号）第二条第二項の規定による申出をし、若しくはこれらの規定により業務に従事しなかつたこと。
> 五　労働基準法第六十五条第一項の規定による休業を請求し、若しくは同項の規定による休業をしたこと又は同条第二項の規定により就業できず、若しくは同項の規定による休業をしたこと。
> 六　労働基準法第六十五条第三項の規定による請求をし、又は同項の規定により他の軽易な業務に転換したこと。
> 七　労働基準法第六十六条第一項の規定による請求をし、若しくは同項の規定により一週間について同法第三十二条第一項の労働時間若しくは一日について同条第二項の労働時間を超えて労働しなかつたこと、同法第六十六条第二項の規定による請求をし、若しくは同項の規定により時間外労働をせず若しくは休日に労働しなかつたこと又は同法第六十六条第三項の規定による請求をし、若しくは同項の規定により深夜業をしなかつたこと。
> 八　労働基準法第六十七条第一項の規定による請求をし、又は同条第二項の規定による育児時間を取得したこと。
> 九　妊娠又は出産に起因する症状により労務の提供ができないこと若しくはできなかつたこと又は労働能率が低下したこと。

③ 「不利益な取扱い」の内容については、性差別指針で、以下のとおり定められています（性差別指針第4の3(2)）。

> 法第9条第3項により禁止される「解雇その他不利益な取扱い」とは、例えば、次に掲げるものが該当する。
> イ　解雇すること。
> ロ　期間を定めて雇用される者について、契約の更新をしないこと。
> ハ　あらかじめ契約の更新回数の上限が明示されている場合に、当該回数を引き下げること。
> ニ　退職又は正社員をパートタイム労働者等の非正規社員とするような労働契約内容の変更の強要を行うこと。
> ホ　降格させること。
> ヘ　就業環境を害すること。
> ト　不利益な自宅待機を命ずること。
> チ　減給をし、又は賞与等において不利益な算定を行うこと。
> リ　昇進・昇格の人事考課において不利益な評価を行うこと。
> ヌ　不利益な配置の変更を行うこと。
> ル　派遣労働者として就業する者について、派遣先が当該派遣労働者に係る労働者派遣の役務の提供を拒むこと。

④ 「理由として」とは、妊娠等と「不利益な取扱い」の間に因果関係があることを指していると考えられます。マタハラについて判断した初めての最高裁判例である広島中央保健生協事件（最一小判平成26年10月23日民集68巻8号1270頁）では、妊娠等の事由を「契機として」「不利益な取扱い」がなされた場合は、原則として、妊娠等の事由を「理由として」「不利益な取扱い」がなされたものと判断しています。

当該判例の示した「契機として」の具体的内容については、妊娠等を契機とする不利益取扱いに係るQ&Aにより、以下のとおり、妊娠等の事由の終了から1年以内に不利益な取扱いがなされた場合には、原則として、妊娠等の事由を「契機として」不利益な取扱いがなされたとし、1年を超えている場合であっても、実施時期が事

前に決まっている等の事情がある場合には、妊娠等の事由を「契機として」不利益な取扱いがなされたと判断するとされています。

> 原則として、妊娠・出産・育休等の事由の終了から1年以内に不利益取扱いがなされた場合は「契機として」いると判断する。
> ただし、事由の終了から1年を超えている場合であっても、実施時期が事前に決まっている、又は、ある程度定期的になされる措置（人事異動（不利益な配置変更等）、人事考課（不利益な評価や降格等）、雇止め（契約更新がされない）など）については、事由の終了後の最初のタイミングまでの間に不利益取扱いがなされた場合は「契機として」いると判断する。

ただし、雇均法施行通達により、因果関係が認められる場合にも、以下の場合には、例外的に雇均法違反にならないとされています。

> (5) 指針第4の3(1)柱書きの「法第九条第三項の「理由として」とは、妊娠・出産等と、解雇その他の不利益な取扱いの間に因果関係があることをいう。」につき、妊娠・出産等の事由を契機として不利益取扱いが行われた場合は、原則として妊娠・出産等を理由として不利益取扱いがなされたと解されるものであること。ただし、
> ①円滑な業務運営や人員の適正配置の確保などの業務上の必要性から支障があるため当該不利益取扱いを行わざるを得ない場合において、
> ②その業務上の必要性の内容や程度が、法第九条第三項の趣旨に実質的に反しないものと認められるほどに、当該不利益取扱いにより受ける影響の内容や程度を上回ると認められる特段の事情が存在すると認められるとき
> 又は
> ①契機とした事由又は当該取扱いにより受ける有利な影響が存在し、かつ、当該労働者が当該取扱いに同意している場合において、
> ②当該事由及び当該取扱いにより受ける有利な影響の内容や程度が当該取扱いにより受ける不利な影響の内容や程度を上回り、当該取扱いについて事業主から労働者に対して適切に説明がなされる等、一

般的な労働者であれば当該取扱いについて同意するような合理的な
　　理由が客観的に存在するとき
　についてはこの限りでないこと。

## (2) 育児介護法上の規定

① 　育児介護法10条は、事業主に対して、育休利用の申出等を理由にして、不利益な取扱いを行うことを禁止しています。その他の規定（16条、16条の4、16条の7、16条の10、18条の2、20条の2、23条の2）でも、子の看護休暇の申出等を理由とする「不利益な取扱い」を禁止しています。

---

**育児介護法**
（不利益取扱いの禁止）
**第10条**　事業主は、**労働者が育児休業申出をし、又は育児休業をしたことを理由として**、当該労働者に対して解雇その他**不利益な取扱い**をしてはならない。
※太字、下線は筆者による

---

② 　「不利益な取扱い」の内容については、育介指針で以下のとおり定められています（第2の11(2)）。

---

(2)　解雇その他不利益な取扱いとなる行為には、例えば、次に掲げるものが該当すること。
　イ　解雇すること。
　ロ　期間を定めて雇用される者について、契約の更新をしないこと。
　ハ　あらかじめ契約の更新回数の上限が明示されている場合に、当該回数を引き下げること。
　ニ　退職又は正社員をパートタイム労働者等の非正規社員とするような労働契約内容の変更の強要を行うこと。
　ホ　自宅待機を命ずること。
　ヘ　労働者が希望する期間を超えて、その意に反して所定外労働の制限、時間外労働の制限、深夜業の制限又は所定労働時間の短縮措置

## 第3章 マタニティ・ハラスメント

　　　　等を適用すること。
　　ト　降格させること。
　　チ　減給をし、又は賞与等において不利益な算定を行うこと。
　　リ　昇進・昇格の人事考課において不利益な評価を行うこと。
　　ヌ　不利益な配置の変更を行うこと。
　　ル　就業環境を害すること。
　③　「理由として」の要件については、雇均法で述べた解釈と同様であり、育休等の事由の終了から1年以内に不利益な取扱いがなされた場合には、原則として、育休等の事由を「契機として」不利益な取扱いがなされたとし、1年を超えている場合であっても、実施時期が事前に決まっている等の事情がある場合には、育休等の事由を「契機として」不利益な取扱いがなされたと判断するとされています。

---

　原則として、妊娠・出産・育休等の事由の終了から1年以内に不利益取扱いがなされた場合は「契機として」いると判断する。
　ただし、事由の終了から1年を超えている場合であっても、実施時期が事前に決まっている、又は、ある程度定期的になされる措置（人事異動（不利益な配置変更等）、人事考課（不利益な評価や降格等）、雇止め（契約更新がされない）など）については、事由の終了後の最初のタイミングまでの間に不利益取扱いがなされた場合は「契機として」いると判断する。

---

　　　ただし、因果関係が認められる場合であっても、育児介護法施行通達により、以下の場合には例外的に育児介護法違反にならないとされています（第2の23(3)）。

---

　また、「因果関係がある」については、育児休業の申出又は取得をしたことを契機として不利益取扱いが行われた場合は、原則として育児休業の申出又は取得をしたことを理由として不利益取扱いがなされたと解されるものであること。ただし、
イ
(イ)　円滑な業務運営や人員の適正配置の確保などの業務上の必要性から

支障があるため当該不利益取扱いを行わざるを得ない場合において、
(ロ)　その業務上の必要性の内容や程度が、法第10条の趣旨に実質的に反しないものと認められるほどに、当該不利益取扱いにより受ける影響の内容や程度を上回ると認められる特段の事情が存在すると認められるとき

又は

ロ
(イ)　当該労働者が当該取扱いに同意している場合において、
(ロ)　当該育児休業及び当該取扱いにより受ける有利な影響の内容や程度が当該取扱いにより受ける不利な影響の内容や程度を上回り、当該取扱いについて事業主から労働者に対して適切に説明がなされる等、一般的な労働者であれば当該取扱いについて同意するような合理的な理由が客観的に存在するとき

についてはこの限りでないこと。

## Q3 採用時における留意点

> 妊娠している女性を採用するにあたって、事業主が注意すべき点は何でしょうか。

### 1 結論

事業主は、妊娠していることを理由に、妊娠していない女性との間で採否に差異が生じないように注意しなければなりません。特段の事情がない限り妊娠の有無を質問すべきではないと考えられますし、妊娠の事実を秘匿したことを理由に何らかの処分等を行うことも適当ではないでしょう。また、妊娠を理由に内定を取り消すべきではなく、妊娠を理由に試用期間終了に伴う本採用拒否をすべきでもありません。

### 2 採用面接における質問

事業主としては、妊娠していることが採用直後に発覚することは避けたいという意向から、応募者に対して妊娠の有無について確認したいと考えるかもしれません。

この点、東京地判平成27年6月2日（労経速2257号3頁）は、「使用者は、労働力の評価に直接関わる事項や企業秩序の維持に関係する事項について必要かつ合理的な範囲で申告を求め、あるいは確認をすることが認められ」ると判示しています。

また、厚生労働省がホームページ上で公表している「公正な採用選考の基本」では、「応募者の基本的人権を尊重すること、応募者の適性・能力のみを基準として行うこと」とされています。

妊娠していること自体が労働者としての適性・能力に結びつくものとは言えず、企業秩序の維持に関係する事項とは言えないこと、妊娠が極めて私的な事項であることを踏まえると、採用面接時に質問すべき適切な事項とは言えないでしょう。

したがって、法律上妊娠中の就業制限がかかる（労基64条の2、64条の3）等、妊娠していること自体が直ちに就業の可否に影響するような特段の事情がある場合を除き、基本的には妊娠の有無について質問することは避けるべきです。

## 3　採用面接時の不申告・虚偽申告を理由とした処分

上記のとおり、特段の事情がなければ妊娠の有無を採用面接時に質問すること自体が原則として不適切であると考えられることからすると、採用面接時に労働者側が妊娠の事実について自ら申告しなかったとしても、これを経歴詐称等と同視して懲戒処分等を行うことはできないと考えられます。

また、使用者側が妊娠の有無を質問したのに対して、妊娠をしていないと虚偽の回答をした場合であっても、質問自体が不適切であるときには、これに対して何らかの処分等を行うことも適当ではないと思われます。

## 4　採用内定取消し

内定の法的性質については、最二小判昭和54年7月20日（民集33巻5号582頁）が、事案ごとの判断と留保しつつも、始期付きの解約権留保付労働契約であると判示し、その後の裁判例の多くも同様に解しています（小宮文人『労働契約締結過程』31頁以下（信山社、2015年）、長谷川聡「採用内定—大日本印刷事件」『労働判例百選（第9版）』21頁（2016年）参照）。使用者からの一方的な内定取消しは、解約権の濫用と判断されることがあり、内定取消しは、「解約権留保の趣旨、目的に照らして客観的に合理的と認められ社会通念上相当として是認することができるもの」に限定されるものと解されます（前掲最判）。内定取消しにはもともと、解雇と同様もしくはこれに準ずる制約が存在すると言えます。

そして、雇均法9条3項は、「事業主は、その雇用する女性労働者が妊娠したこと…を理由として、当該女性労働者に対して解雇その他不利

益な取扱いをしてはならない。」と定めています。

　上述した内定取消しに対する理解からすると、妊娠を理由とした内定の取消しは、同条項の定める妊娠したことを理由とする解雇その他不利益な取扱いに該当するものと考えられます。

　したがって、妊娠したことを理由に内定を取り消すことは、雇均法9条3項が許容していないものと解されます。また、妊娠により産休等が必要になることを理由として取り消すような場合も、妊娠と因果関係のある事由によって解雇その他不利益な取扱いを行うことになるため許されないと考えられます（性差別指針第4の3参照）。

## 5　試用期間後の本採用拒否

　試用期間における使用者と労働者の関係は、労働者の資質、性格、能力その他適格性の有無に関連する事項について必要な調査を行い、適切な判定資料を十分に収集した上で最終的な採否を決定するための、解約権を留保した労働契約であると解されています（三菱樹脂事件、最大判昭和48年12月12日民集27巻11号1536頁）。また、同判決は、「留保解約権に基づく解雇は、これを通常の解雇と全く同一に論ずることはできず、前者については、後者の場合よりも広い範囲における解雇の自由が認められてしかるべき」と判示しつつ、「留保解約権の行使は、上述した解約権留保の趣旨、目的に照らして、客観的に合理的な理由が存し社会通念上相当として是認され得る場合にのみ許されるものと解するのが相当」とも述べています。

　したがって、雇均法9条3項が妊娠を理由とした「解雇その他不利益な取扱い」を禁止しているところからすれば、妊娠を理由とした試用期間終了に伴う本採用拒否は、客観的合理的理由が存在せず、社会通念上相当として是認されないものと解されます。

　よって、妊娠を理由として本採用拒否とすべきではありません。

　また、妊娠を理由として試用期間を延長することも、試用期間の延長が労働者の立場を不安定にする側面に鑑みれば、同法9条3項の「不利益な取扱い」に該当するものと解するべきです。

もっとも、妊娠により試用期間中に出社できない日が続き、「十分に資質、性格、能力その他適格性の有無に関連する事項について必要な調査」を行うことができなかったため、採否につき判断することができないというような場合には、妊娠を理由として試用期間を延長しても「不利益な取扱い」には該当しないものと考えられます。ただし、妊娠以外の理由で出社できなかった労働者について同様の措置を講じていないというような場合には、結局、妊娠を理由として試用期間を延長しているものと捉えられるので、「不利益な取扱い」に該当する可能性があると言えます。要するに、妊娠しているか否かによって、他の労働者との間に差異が生じていないか否かが問題になるものと考えられます。

## Q4 妊娠した従業員への配慮

妊娠した従業員に対して事業主が配慮すべきことがあれば教えてください。

### 1 雇均法11条の2

　事業主には、雇均法の定めにより、女性労働者に対する妊娠、出産等に関する言動によってなされるマタニティ・ハラスメントについて、これを予防するための必要な措置を講じることが義務付けられています。

　すなわち、雇均法11条の2第1項は、事業主は、職場において行われるその雇用する女性労働者に対する当該女性労働者が妊娠したこと、出産したこと、産前産後休業をしたことその他の妊娠又は出産に関する一定の事由（雇均規2条の3参照）に関する言動により当該女性労働者の就業環境が害されることのないよう、当該女性労働者からの相談に応じ、適切に対応するために必要な体制の整備その他の雇用管理上必要な措置を講じなければならないとしています（山川隆一「職場のハラスメント―その現状と法的規律」ひろば70巻9号10頁（2017年））。

　事業主が講ずべき措置の具体的内容は、「事業主が職場における妊娠、出産等に関する言動に起因する問題に関して雇用管理上講ずべき措置についての指針」（平成28年厚生労働省告示312号）において示されています。

　ここでは、防止措置の対象となる言動として、①産前休業制度や軽易業務への転換措置を利用することについて、上司が解雇その他不利益な取扱いを示唆したり、そうした制度等の利用を阻害すること（制度等の利用への嫌がらせ型）、②女性労働者が妊娠等したことにより、上司や同僚が繰り返しまたは継続的に嫌がらせ等をすること（状態への嫌がらせ型）等が挙げられています。

　また、講ずべき措置として、①事業主の方針の明確化とその周知・啓

発、②相談（苦情を含む）に応じ、適切に対応するために必要な体制の整備、③職場における妊娠、出産等に関するハラスメントに係る事後の迅速かつ適切な対応、④職場における妊娠、出産等に関するハラスメントの原因や背景となる要因を解消するための措置、⑤①から④までの措置と併せて講ずべき措置が挙げられています。

④は、妊娠した労働者にのみ配慮するのではなく、妊娠した労働者の労働能率が低下すること等により生じた、周囲の労働者の業務負担等にも配慮することが重要とされている点に特徴があります（中井智子『職場のハラスメント―適正な対応と実務―』90頁（労務行政、第2版、2018年））。

## 2　雇均法12条および13条

雇均法12条は、事業主に対し、女性労働者が母子保健法の規定による保健指導や健康診査を受けるために必要な時間を確保することを義務付けています。また、同法13条は、女性労働者が上述した健康診査等を受け、医師等から指導を受けた場合には、当該女性労働者がその指導を守ることができるようにするため、事業主に対して、勤務時間の変更や勤務の軽減等の必要な措置を講じなければならないとしています。

## 3　職場環境配慮義務違反

労働者の妊娠に関して、事業主に対し職場環境配慮義務違反を認めた裁判例も存在します。

①職場環境配慮義務が債務不履行または不法行為による損害賠償請求の根拠として認められ、事業主が妊娠中の労働者に業務軽減のための具体的措置を講じなかったことが当該労働者に対する職場環境を整え健康に配慮する義務に違反しているとした事例（福岡地小倉支判平成28年4月19日労判1140号39頁）や、②妊婦に対し想像妊娠である旨の言動等を行った上司らが勤務する法人に対して職場環境配慮義務違反を認めた事例（札幌地判平成27年4月17日）が存在します。

## 4　負担軽減時の注意点

　他方で、妊娠しているからといって一律に業務を軽減させたり部署を異動させたりすることは不適切です。事業主には、個々の労働者の個人差や業務の具体的内容に応じて、軽減が必要な業務負担の内容を検討する必要性があります。

　負担の少ない業務に変えたり、部署を異動させたりする場合は、妊娠した従業員とよく打ち合わせて納得を得た上で、必要があれば対応するという形がよいでしょう。ただし、業務の変更や部署異動に伴い不利益が生じないか注意が必要です。

　雇均法9条3項に基づき、性差別指針第4の3(3)ロは、「業務に従事させない、専ら雑務に従事させる等の行為は、同(2)ヘ「就業環境を害すること」に該当する」とし、同(3)ヘは「配置の変更が不利益な取扱いに該当するか否かについては、配置の変更の必要性、配置の変更前の賃金その他の労働条件、通勤事情、労働者の将来に及ぼす影響等諸般の事情について総合的に比較考量の上、判断すべきものであるが、例えば、通常の人事異動のルールからは十分に説明できない職務又は就業場所の変更を行うことにより、当該労働者に相当程度経済的又は精神的な不利益を生じさせることは、同(2)ヌの「不利益な配置の変更を行うこと」に該当する」としています。

　具体的には、「①妊娠した女性労働者が、その従事する職務において業務を遂行する能力があるにもかかわらず、賃金その他の労働条件、通勤事情等が劣ることとなる配置の変更を行うこと、②妊娠・出産等に伴いその従事する職務において業務を遂行することが困難であり配置を変更する必要がある場合において、他に当該労働者を従事させることができる適当な職務があるにもかかわらず、特別な理由もなく当該職務と比較して賃金その他の労働条件、通勤事情等が劣ることとなる配置の変更を行うこと」が、「不利益な配置を行うこと」に該当するとしています。

　以上からすると、労働者が妊娠したとき、事業主が、妊娠を理由として当該労働者の業務内容を変更すること自体は許されますが、将来分も

含めて賃金等の労働条件に対する影響が出ないかどうかを検討する必要があるでしょう。事業主は、当該労働者個人がどのような業務ができてどのような業務ができないのか個別具体的に把握した上で、同様の業務ができる他の従業員と比較して不利な労働条件にならないように注意しなければなりません。

したがって、本当にその業務が妊娠した労働者にとって重い負担となっているのかどうか、当該労働者と話し合いをした上で、本当に必要な負担の軽減について相互理解を形成していくことが重要であると考えられます。

## 5　女性の職業生活における活躍の推進に関する法律等の一部を改正する法律

令和元年6月5日、女性の職業生活における活躍の推進に関する法律等の一部を改正する法律が公布されました（令和元年6月17日現在未施行）。

同法の成立に伴い、雇均法や育児介護法が一部改正されます。

まず、上記雇均法11条の2は、同法11条の3となります。

そして、同法11条の3第2項が新設されます。ここでは、労働者が同法11条の3第1項の相談を行ったことまたは事業主による当該相談への対応に協力した際に事実を述べたことを理由として、当該労働者に対して解雇その他不利益な取り扱いをしてはならないとされています。

さらに、雇均法11条の4が新設され、同第2項では、妊娠、出産等に関する言動に起因する問題（妊娠・出産等関係言動問題）について、雇用する労働者に対する研修の実施やその他、必要な配慮をすること、国の講ずる措置に協力することの努力義務が定められています。

また、同第3項では、事業主自身も妊娠・出産等関係言動問題に対する関心と理解を深め、労働者に対する言動に必要な注意を払うように努めなければならないとしています。

加えて、雇均法13条の2が新設され、事業主が講ずべき必要な措置

の適切かつ有効な実施を図るための業務を担当する者を選任する努力義務が課せられることになります。
　育児介護法においても、同様の改正がなされています。

# Q5 軽易業務への転換と「不利益な取扱い」

妊娠を理由に、より軽易な業務への転換を希望して異動したところ、会社から降格されてしまい、これまで貰っていた役職手当も貰えなくなってしまいました。これは適法なのでしょうか。

## 1 裁判例

本問のようなケースでは、広島中央保健生協事件（最一小判平成26年10月23日民集68巻8号1270頁）が参考になると考えられます。

この事件は、理学療法士として病院のリハビリ科で副主任を務めていた女性労働者が妊娠したために病院に対して労基法65条3項に基づく軽易業務への転換を希望した結果、身体的負担の少ない部署に異動することになったところ、すでに異動先の部署には副主任がいたため、病院が、当該女性労働者から事後的に承諾を得て副主任の役職を解くとともに（降格）、役職手当を支給しなくなったこと等が、雇均法9条3項の「不利益な取扱い」にあたるかが争われたものです。

## 2 「不利益な取扱い」（雇均9条3項）の該当性

(1) この点に関して、最高裁は、妊娠中の女性労働者について、労基法65条3項に基づく軽易な業務への転換を契機として降格させる事業主の措置は、原則として、雇均法9条3項が禁止する「不利益な取扱い」にあたると判断しました。

もっとも、軽易業務への転換の際に行われる降格が「不利益な取扱い」にあたらない例外として以下の2つの場合を示しています。

【例外1】

当該労働者について自由な意思に基づいて降格を承諾したものと認めるに足りる合理的な理由が客観的に存在するとき

〔判断基準〕

最高裁は、上記の例外に該当するかどうかの判断基準について、「合

理的な理由に関しては、上記の有利又は不利な影響の内容や程度の評価に当たって、上記措置の前後における職務内容の実質、業務上の負担の内容や程度、労働条件の内容等を勘案し、当該労働者が上記措置による影響につき事業主から適切な説明を受けて十分に理解した上でその諾否を決定し得たか否かという観点から、その存否を判断すべき」と判示しています。

**【例外２】**

事業主において当該労働者につき降格の措置を執ることなく軽易な業務への転換をさせることに円滑な業務運営や人員の適正配置の確保などの業務上の必要性から支障がある場合であって、上記措置につき同項の趣旨及び目的に実質的に反しないものと認められる特段の事情が存在するとき

〔判断基準〕

最高裁は、上記の例外に該当するかどうかの判断基準について、「特段の事情に関しては、上記の業務上の必要性の有無及びその内容や程度の評価に当たって、当該労働者の転換後の業務の性質や内容、転換後の職場の組織や業務態勢及び人員配置の状況、当該労働者の知識や経験等を勘案するとともに、上記の有利又は不利な影響の内容や程度の評価に当たって、上記措置に係る経緯や当該労働者の意向等をも勘案して、その存否を判断すべきものと解される。」と判示しています。

(2)　その上で、最高裁は、軽易業務への転換および本件措置により受けた有利な影響の内容や程度は明らかではないとした上で、女性労働者が受けた不利な影響の内容や程度は管理職の地位と手当等の喪失という重大なものであり、自由な意思に基づいて降格を承諾したものと認めるに足りる合理的な理由が客観的に存在するということはできないと判断しました（**【例外１】**にはあたらないと判断）。

また、業務上の必要性の有無およびその内容や程度が十分に明らかにされているということはできないとして、原審に差し戻しました（**【例外２】**については差戻し）。

そして、差戻し後の裁判（広島高判平成27年11月17日労判1127号

5頁）では、降格措置の必要性とそれが均等法9条3項に実質的に反しないと認められる特段の事情があったとは言えないとして、上記の例外にはあたらず、当該降格処分が「不利益な取扱い」にあたると判断しました。

## 3 検 討

したがって、本問のケースでも、特に上記の2つの例外との関係で、業務転換前後の職務内容の実質、業務上の負担の内容や程度、労働条件の内容等といった事情に加え、事業主における業務上の必要性の有無や内容、その程度等によっては、事業主の行った降格処分が雇均法9条3項の「不利益な取扱い」に該当して違法となる可能性があります。

降格処分が「不利益な取扱い」に該当する場合には、当該女性労働者は、不法行為または債務不履行に基づく損害賠償として、不支給とされた役職手当相当額の請求や、事情によっては慰謝料の請求ができるものと考えられます。また、降格処分が無効となる結果、民法536条2項に基づき役職手当の請求を行うという法的構成も考えられます。

## Q6 妊娠と人事考課

妊娠によるつわりなどによって、仕事の能率が落ちたり欠勤が増えたりしました。将来の人事考課に影響したり解雇されたりしないでしょうか。

### 1 妊娠した従業員に対する人事評価・解雇について

#### (1) 雇均法9条3項

本章Q2で説明したとおり、雇均法9条3項によれば、事業主は、その雇用する女性労働者が妊娠したことや労基法65条1項の規定による休業を請求したことその他の妊娠に関する事由であって厚生労働省令で定めるものを理由として、当該女性労働者に対して解雇その他不利益な取扱いをしてはならないこととされています。

雇均法9条3項は、私法上の強行規定と考えられており、この規定に反した行為は無効と判断されます。

ここで、雇均法9条3項の「妊娠に関する事由」とは、雇均規則2条の2第9号において、妊娠に起因する症状により労務の提供ができないこともしくはできなかったことまたは労働能率が低下したことと規定されています。また、同条項の「理由として」とは、妊娠と解雇その他の「不利益な取扱い」との間に因果関係があることを言います（性差別指針第4の3(1)参照）。

#### (2) 性差別指針

性差別指針第4の3(2)では、雇均法9条3項に定める解雇その他の「不利益な取扱い」の例を挙げており、たとえば、解雇することを始めとして、減給をしたり賞与等において不利益な算定を行うこと、そして、昇進、昇格の人事考課において不利益な評価を行うことなどが「不利益な取扱い」にあたるとしています。そして、このうち解雇をする場合には、直ちに「不利益な取扱い」に該当すると判断されますが、「減給等において不利益な算定を行うこと」、「人事考課において不利益な評価を行う

こと」については、以下の事項を勘案して判断することとされている点に注意が必要です。

　ア 「減給等において不利益な算定を行うこと」に関しては、性差別指針第4の3(3)ニにおいて、以下の4つの事項のいずれかが認められれば、これに該当するものとされています。

① 実際には労務の不提供や労働能率の低下が生じていないにもかかわらず、妊娠等の事実のみを理由として賃金又は賞与若しくは退職金を減額すること
② 賃金について、不就労期間分を超えて不支給とすること
③ 賞与又は退職金の支給額の算定に当たり、不就労期間や労働能率の低下を考慮の対象としている場合において、同じ時間休業した疾病等や同程度労働能率が低下した疾病等と比較して妊娠等の休業や労働能力低下を不利に取り扱うこと
④ 賞与又は退職金の支給額の算定に当たり、不就労期間や労働能率低下を考慮の対象とする場合において、現に妊娠等により休業した期間や労働能率が低下した割合を超えて、休業した又は労働能率が低下したものとして取り扱うこと

　イ 「人事考課において不利益な評価を行うこと」に関しては、性差別指針第4の3(3)ホにおいて、以下の2つの事項のいずれかが認められれば、これに該当するものとされています。

① 実際には労務の不提供や労働能率の低下が生じていないにもかかわらず、女性労働者が、妊娠し、出産し、又は労働基準法に基づく産前休業の請求等をしたことのみをもって、人事考課において、妊娠をしていない者よりも不利に取り扱うこと。
② 人事考課において、不就労期間や労働能率の低下を考慮の対象とする場合において、同じ期間休業した疾病等や同程度労働能率が低下した疾病等と比較して、妊娠・出産等による休業や妊娠・出産等による労働能率の低下について不利に取り扱うこと。

## 2 まとめ

　以上のとおり、妊娠のみを理由とする解雇は、それだけで雇均法9条3項の「不利益な取扱い」に該当するものとして無効となります。従業員の解雇において妊娠等以外の解雇事由に客観的に合理的理由を欠き、社会通念上相当と認められないことを認識し、あるいは、これを当然に認識すべき場合に、妊娠等に近接して解雇が行われた場合には、雇均法9条3項や育児介護法10条に反し、少なくともその趣旨に反した違法なものと判示した裁判例もあります（東京地判平成29年7月3日労判1178号70頁）。

　また、妊娠のみを理由とする減給や賞与算定における低評価は、性差別指針第4の3(3)ニの①に該当するため、雇均法9条3項の「不利益な取扱い」に該当するものとして無効となります。妊娠を原因とした労働能率低下の場合は、その全てが「不利益な取扱い」に該当するとは限りませんが、他の疾病等と比較して妊婦を不利益に扱った場合には、同第4の3(3)ニの③に該当するため、やはり雇均法9条3項に該当して無効となります。

　同様に、妊娠や妊娠を原因とする労働能率低下などを理由に人事考課における評価を下げることも、同第4の3(3)ホ①または②に該当するため、雇均法9条3項に該当するものとして無効とされることが多いと考えられます。

　したがって、少なくとも妊娠のみを理由として、将来の人事考課で低い評価が与えられたり解雇されたりした場合は、いずれも無効になると考えられます。

## Q7 育児休業と不昇給

私は、育児休業を取得した結果、昇給できず、昇格試験も受けられませんでした。これは適法なのでしょうか。

### 1 問題の所在

育児介護法10条は、「労働者が育児休業申出をし、又は育児休業をしたことを理由として、当該労働者に対して解雇その他不利益な取扱いをしてはならない」と規定しています。

そこで、本設問においては、不昇給とした取扱いと昇格試験を受験する機会を与えなかったことがそれぞれ、「不利益な取扱い」として違法になるかが問題となります。

### 2 裁判例

本設問を検討するにあたっては、医療法人稲門会（いわくら病院）事件（大阪高判平成26年7月18日労判1104号71頁）が参考になると考えられます。

上記事件は、病院側が、3か月の育児休業を取得した男性看護師に対して、3か月以上の育児休業をした者は翌年度の職能給を昇給させない旨の就業規則の規定があるとして翌年度の職能給を昇給させず、また昇格試験の受験資格も認めなかったというものです。

#### (1) 不昇給について

上記事件において、大阪高裁は、「被控訴人によると、同じ不就労でありながら、遅刻、早退、年次有給休暇、生理休暇、慶弔休暇、労働災害による休業、通院、同盟罷業による不就労、協定された組合活動離席などは、職能給昇給の欠格事由である3か月の不就労期間に含まれないのであるから、育児休業を上記欠勤、休暇、休業に比べて不利益に取り扱っているといえる。そして、本件不昇給規定の趣旨が、……不就労期

間が1年のうち3か月以上に及ぶこと、昇給に必要な職場経験が絶対的に不足することにあるとすると、育児休業であれ、他の理由であれ、不就労の事実は同じであるから、育児休業を上記欠勤等に比べて不利益に取り扱うことに合理的理由は見出しがたい。」とし、被控訴人の不昇給規定は育児介護法10条や公序に反して無効であるとし、本件不昇給規定を根拠に控訴人を昇給させなかった行為は不法行為法上違法であるとしました。

(2) **昇格試験を受けることができなかったことについて**

上記事件において、大阪高裁は、「被控訴人病院においては、評価期間1年のうち勤務期間が3か月以上の者を全て人事評価の対象とすると定めており、控訴人について平成22年度の人事評価をし、BBの総合評価を下したことが認められる。そうすると、控訴人は、平成23年度の終了により、総合評価Bを取得した年数が標準年数の4年に達したのであるから、平成24年度にS5に昇格するための試験を受験する資格を得たことが認められ、正当な理由なく控訴人に昇格試験受験の機会を与えなかった被控訴人の行為は不法行為法上違法というべきである。」としたものの、試験合格の高度の蓋然性があるとまでは認められないとして、昇給していれば得られたはずの給与、賞与および退職金相当額と実際の支給額との差額相当額の財産的損害の発生は認めませんでした（もっとも、控訴人には合格する相当程度の可能性があったこと等を斟酌して、15万円の慰謝料を認めています。）。

## 3 本設問の検討

(1) **不昇給について**

本設問においても、就業規則等において、育児休業以外の不就労、すなわち、遅刻、早退、年次有給休暇、生理休暇、慶弔休暇、労働災害による休業、通院、同盟罷業による不就労、協定された組合活動離席などが、職能給昇級の欠格事由としての不就労期間に含まれていないのであれば、育児休業を上記欠勤等に比べて不利益に取り扱っていることになり、当該取扱いは育児介護法10条の「不利益な取扱い」にあたり不法

行為が成立する可能性があります。その場合は、原則として、昇給していれば得られたはずの給与、賞与と実際の支給額との差額相当の損害が認められると考えられます。

### (2) 昇格試験の受験をさせなかったことについて

**本章Q2**で説明したように、育介指針第2の11⑵リは、育児介護法10条の「解雇その他不利益な取扱い」の例として、「昇進・昇格の人事考課において不利益な評価を行うこと。」を挙げており、同指針第2の11⑶ホ⑷は「育児休業…をした労働者について、休業期間を超える一定期間昇進・昇格の選考対象としない人事評価制度とすること」は、同指針第2の11⑵リに該当するとしています。

したがって、育児休業を取得したことで、その期間を超える間の昇格試験の受験資格を認めない取扱いがあったとすれば、それは、「休業期間を超える一定期間昇進・昇格の選考対象としない人事評価制度」として育児介護法10条の「不利益な取扱い」にあたり、無効となると考えられます（ただし、育児介護法施行通達が示す例外にあたる場合には、「不利益な取扱い」とはならないと考えられます。**本章Q2**参照）。

もっとも、前掲大阪高判に倣えば、昇格試験を受験していれば合格した高度の蓋然性があると認められない場合には、昇給していれば得られたはずの給与、賞与および退職金相当額と実際の支給額との差額相当額の財産的損害の発生は認められないと考えられます（ただし、合格の高度の蓋然性までは認められなくとも、合格する相当程度の可能性があった場合には慰謝料が認められる余地はあります。）。

## Q8 再度の育児休業の取得

① 私は、育児休業取得後に一度職場復帰しましたが、子どもが1歳にならないうちに、再度、子どもの面倒をみなければいけなくなりました。事業主に相談したところ、育児休業の取得に難色を示されています。私は、再度、育児休業を取得することができますか。

② 私は、妻の出産直後から1か月の育児休業をとり、一度職場復帰しましたが、その後、家庭の事情で、もう一度育児休業を取る必要がでてきました。事業主は育児休業の取得を認めてくれません。私は再度の育児休業を取得することができますか。

### 1 設問①について

育児休業の回数は、妻が出産後8週間以内(ただし、出産予定日より実際の出産日が早まった場合は、実際の出産日から出産予定日から起算して8週間を経過する日の翌日まで。出産予定日より実際の出産日が遅れた場合には出産予定日から実際の出産日から起算して8週間を経過する日の翌日まで)に父親が育児休暇を取得した場合(②の場合)を除き、原則としてひとりの子につき1回となっています(育児介護5条2項)。

しかし、子が1歳に達する日の前日までに以下の事情が生じた場合には、再度の取得が可能となります(育児介護5条2項、育児介護規5条)。

ア 産前産後休業期間が始まったことにより育児休業期間が終了した場合で、当該産前産後休業期間又は当該産前産後休業期間中に出産した子に係る育児休業期間が終了する日までに、当該子の全てが、死亡したとき又は養子となったことその他の事情により当該労働者と同居しないこととなったとき。

イ 新たな育児休業期間(以下「新期間」という。)が始まったことによ

> り育児休業期間が終了した場合で、当該新期間が終了する日までに、当該新期間の育児休業に係る子の全てが、死亡したとき、養子となったことその他の事情により当該労働者と同居しないこととなったとき、特別養子縁組審判事件が終了したとき（特別養子縁組の成立の審判が確定した場合を除く。）又は養子縁組が成立しないまま児童福祉法第27条第1項第3号の規定による措置が解除されたとき。
> ウ 介護休業期間が始まったことにより育児休業期間が終了した場合で、当該介護休業期間が終了する日までに、当該介護休業期間の介護休業に係る対象家族が死亡するに至ったとき又は離婚、婚姻の取消、離縁等により当該介護休業期間の介護休業に係る対象家族と介護休業申出をした労働者との親族関係が消滅するに至ったとき。
> エ 配偶者が死亡したとき。
> オ 配偶者が負傷、疾病等により子を養育することが困難となった場合。
> カ 離婚等により配偶者が子と同居しなくなった場合。
> キ 育児休業の申し出に係る子が負傷、疾病、障害により、2週間以上の期間にわたり世話を必要とする状態になったとき。
> ク 育児休業の申し出に係る子について保育所における保育の実施を希望し、申し込みを行っているが、当面その実施が行われないとき。
> ※クの「保育所」とは、児童福祉法39条1項に規定する保育所、就学前の子どもに関する教育、保育等の総合的な提供の推進に関する法律（平成18年法律第77号）2条6項に規定する認定こども園又は児童福祉法24条2項に規定する家庭的保育事業等を指します。

したがって、設問①の場合、子どもの面倒をみなければいけなくなった事情が、上記アからクのいずれかに該当するのであれば、事業主に対して再度、育児休業の取得を求めることができます。

## 2 設問②について

子の出生の日から起算して8週間を経過する日の翌日まで（ただし、出産予定日より実際の出産日が早まった場合は、実際の出産日から出産予定日から起算して8週間を経過する日の翌日まで。出産予定日より実際の出産日が遅れた場合には出産予定日から実際の出産日から起算して

8週間を経過する日の翌日まで）に育児休暇を開始し、かつ終了していた場合には、例外的に、特別な事情なくとも、再度、育児休業が取得できます（育児介護5条2項）。

したがって、設問②の場合、再度の育児休業の取得が可能です。

# Q9　育児休業の終了と不利益な取扱い

育児休業が終了し、職場へ復帰したのですが、突然配転命令を受けました。私は配転に応じなければならないのでしょうか。そのほか、降格や解雇された場合についてはどうか、教えてください。

## 1　育児介護法の定め

事業主には、従業員に対する必要な措置を講じる義務（育児介護22条）があり、また、育休申出や育休利用を理由として不利益な取扱いをすることが禁止されています（育児介護10条）。

## 2　「従業員に対する必要な措置」とは

育児介護法22条は、事業主に対し、育児休業の申出や育児休業後における就業が円滑に行われるようにするため、育児休業をする労働者が雇用される事業所における労働者の配置その他の雇用管理、育児休業をしている労働者の職業能力の開発および向上等に関して、必要な措置を講ずるよう努めなければならないものと定めています。

さらに、育介指針（第2の7(1)）は、これを受けて、育児介護法22条の規定により必要な措置を講ずるに当たっては、①育児休業後においては、原則として原職または原職相当職に復帰させるよう配慮すること、②育児休業をする労働者以外の労働者についての配置その他の雇用管理は、①の点を前提にして行われる必要があることに配慮することとしています。

なお、ここにいう「原職相当職」の範囲については、個々の企業または事業所における組織の状況、業務配分、その他の雇用管理の状況によって様々ですが、一般的に、①休業後の職制上の地位が休業前より下回っていない、②休業前と休業後とで職務内容が異なっていない、③休業前と休業後とで勤務する事業所が同一であることのいずれにも該当する場合には、「原職相当職」と評価されるものであるとされています（育児

介護法施行通達第9の3(5))。

## 3　不利益な取扱いの禁止

　育児介護法10条は、事業者に対し、育休申出または育休利用を理由として不利益に取扱うことを禁止しています。

　一方、**本章Q2**で説明したとおり、不利益な取扱いにあたらない例外として、下記が挙げられています（育児介護法施行通達第2の23(3)イ、ロ）。

> イ(イ)　円滑な業務運営や人員の適正配置の確保などの業務上の必要性から支障があるため当該不利益取扱いを行わざるを得ない場合において、
> 　(ロ)　その業務上の必要性の内容や程度が、法第10条の趣旨に実質的に反しないものと認められるほどに、当該不利益取扱いにより受ける影響の内容や程度を上回ると認められる特段の事情が存在すると認められるとき
> ロ(イ)　当該労働者が当該取扱いに同意している場合において、
> 　(ロ)　当該育児休業及び当該取扱いにより受ける有利な影響の内容や程度が当該取扱いにより受ける不利な影響の内容や程度を上回り、当該取扱いについて事業主から労働者に対して適切に説明がなされる等、一般的な労働者であれば当該取扱いについて同意するような合理的な理由が客観的に存在するとき

## 4　本設問の検討

　それでは上述したところにしたがって、本設問を検討することにしましょう。

### (1)　当該従業員の同意がある場合

　同意があったとしても、前述のとおり、事業主には、従業員に対する必要な措置を講じる義務（育児介護22条）があり、また、不利益な取扱い（育児介護10条）に該当しないか検討する必要があります。

### (2)　当該従業員の同意がない場合

　　ア　配　転

　従業員の同意がない場合、事業主としては配転命令を行う必要があり

ます。配転命令を行うには、個別の雇用契約または就業規則等によって、配転命令を行うことができる旨の規定が必要となります。

さらに、配転命令ができる旨の規定があったとしても、配転命令について①業務上の必要性がない場合、②不当な動機・目的によりなされた場合、③従業員に通常甘受すべき程度を越える不利益がある場合には、権利濫用として、当該配転命令は無効になります（東亜ペイント事件・最二小判昭和61年7月14日判時1198号149頁）。

さらに、育介指針では、配置の変更が育児介護法10条の「不利益な取扱い」に該当し得ると規定しており、不利益性の判断について、下記のとおり規定しています。

「配置の変更が不利益な取扱いに該当するか否かについては、配置の変更前後の賃金その他の労働条件、通勤事情、当人の将来に及ぼす影響等諸般の事情について総合的に比較考量の上、判断すべきものであるが、例えば、通常の人事異動のルールからは十分に説明できない職務又は就業の場所の変更を行うことにより、当該労働者に相当程度経済的又は精神的な不利益を生じさせることは、(2)ヌの「不利益な配置の変更を行うこと」に該当すること。また、所定労働時間の短縮措置の適用について、当該措置の対象となる業務に従事する労働者を、当該措置の適用を受けることの申出をした日から適用終了予定日までの間に、労使協定により当該措置を講じないものとしている業務に転換させることは(2)ヌの「不利益な配置の変更を行うこと」に該当する可能性が高い」（育介指針第2の11(3)ヘ）。

**イ　降　格**

降格には、懲戒処分としての降格、人事権の行使として職位や役職を引き下げるもの、職能資格制度上の資格や職務、役割等級制度上の等級を低下させるもの（降級）があります。

そして、**本章Q2**で説明したとおり、「降格させること」は、育介指針によって、「不利益な取扱い」（育児介護10条）の一態様として規定されています。

したがって、降格に際して、賃金の減額、労務内容の変更等が伴う場

合は、「不利益な取扱い」（育児介護10条）に該当する可能性がありますので注意が必要です。

　ウ　解　雇
　　(ア)　解雇には大きく分けて、従業員の能力不足や勤務不良を事由とする普通解雇と、従業員の行為が企業内秩序を乱したことを事由とする懲戒解雇があります。

　　　たとえば、従業員が、子が入所する保育所が決まらないという事情で育休の延長を求めた場合、最長で子が2歳に達するまでの間は育休が延長できますが（育児介護5条3項、4項）、この期間を超えて、当該従業員がさらに欠勤を続けた場合、事情によっては普通解雇事由ないし懲戒解雇事由にあたる可能性も生じます。

　　　ただし、その場合であっても、労働契約法上の解雇権濫用規制（労契16条）または懲戒権濫用規制（労契15条）の要件を充たさなければそれらの解雇は無効となります。

　　　また、これとは別に、解雇が「不利益な取扱い」（育児介護10条）にあたり無効となる場合があります。

　　　解雇は、「不利益な取扱い」の代表例です。そして、妊娠等を契機とする不利益取扱いに係るQ&Aによれば、育休終了後、1年以内に不利益な取扱いがなされた場合は、原則として、育児休業の取得と不利益な取扱いとの間に因果関係があると判断されることになります。

　　(イ)　解雇が無効となった場合には、事業主が無効な解雇をしたことで従業員が労務を提供できなかったことになるため、いわゆるバックペイとして、解雇以降の賃金相当額の請求が認められるほか（民536条2項）、損害賠償も請求できる場合があります。さらに、従業員から事業主に対して、従業員の地位にあることの確認を請求することもできると考えられます。

# Q10　育児短時間勤務制度

　私は、育児短時間勤務制度を利用して、1日6時間勤務をしています。
① 　育児短時間勤務制度を利用中の残業命令や賃金の取扱い（基本給や昇級等）について教えてください。
② 　育児短時間勤務制度の利用中に、育児時間制度も併せて利用できますか。
③ 　私は管理職ですが、育児短時間勤務制度の利用に伴い、管理職から降格され、管理職手当も支払われなくなりました。これは適法ですか。

## 1　育児短時間勤務制度を利用中の残業命令や賃金の取扱い（設問①）

### (1)　育児短時間勤務制度の内容

　事業主は、3歳に満たない子を養育する労働者（日々雇用および1日の所定労働時間が6時間以下の者は除きます）に関して、労働者の申出に基づき、1日の所定労働時間を原則として6時間に短縮する制度を設けなければなりません（育児介護23条1項、育児介護規74条1項）。

　本設問の場合では、6時間を超える労働は、残業（所定外労働）となります。

### (2)　育児短時間勤務制度を利用中の労働者に対する残業命令

　3歳に満たない子を養育する労働者（日々雇用の者は除きます）は、残業命令を受けた際、残業の免除を申し出ることができます（育児介護16条の8第1項）。

　申出によって、残業の義務が免除される制度ですので、育児短時間勤務制度を利用中の労働者であっても、上記免除を申し出ない場合には、事業主の残業命令に従う義務があります。

　しかし、労働者が免除を申し出なかった場合であっても、事業主が、育児短時間勤務制度の趣旨を没却するような残業（連日、長時間にわた

る残業など）を命じた場合、当該残業命令が権利濫用として無効になる場合があります（労契3条5項）。

　本設問の例では、労働者が残業命令に応じたくない場合には、残業の免除を申し出ることができますし、上記免除の申出をしなかったとしても、連日、長時間にわたる残業などが命じられた場合には、当該残業命令が無効になる場合があります。

#### (3) 育児短時間勤務制度を利用中の賃金の減額

　事業主は、育児短時間勤務制度を利用中の労働者に対し、同制度の利用を申し出たことを理由として、解雇その他不利益な取扱いをすることが禁止されています（育児介護23条の2）。

　もっとも、同制度を利用中の労働者について、所定労働時間を短縮した分に応じた賃金の減額は、ノーワーク・ノーペイの原則から、当然に認められます。

　ただし、賃金には、基本給、役職手当、通勤手当等の様々な種類がありますので、減額が認められるか否かは、その賃金（手当等）が所定時間の労働への対価か（ノーワーク・ノーペイの原則が適用されるか）を個別具体的に判断する必要があります。

　たとえば、基本給は、所定時間の労働の対価といえますので、減額が可能です。また、役職手当についても、通常、所定時間の労働を前提に定額が支給されていますので、基本給と同様に減額が可能だと考えられます。他方、通勤手当に関しては、所定時間の労働の対価ではないため、育児短時間勤務制度を利用している場合であっても、減額することは許されません。

#### (4) 育児短時間勤務制度を利用中の昇給

　育児短時間勤務制度を利用中の労働者の昇給に関し、同制度を利用していることを労働者に不利に考慮することができるかについて、上記の「不利益な取扱い」の禁止（育児介護23条の2）との関係で問題となります。

　この点については、社会福祉法人全国重症心身障害児（者）を守る会事件（東京地判平成27年10月2日労判1138号57頁）が参考になります。

この事案では、育児短時間勤務制度を利用中の従業員の昇給について、当該制度の適用に伴う所定労働時間の短縮を考慮できるか否かが争われました。

具体的には、育児短時間勤務制度の利用者については、所定労働時間数に比例して、基本給を8分の6に減額した上で、昇給についても、業績評価に基づき決定した昇給号給数に8分の6を乗じて計算した号給を前提として具体的な昇給額を決定するという取扱いをしていたところ、これが「不利益な取扱い」の禁止に反しないかが争点になりました。

裁判所は、「本件昇給抑制については、どのような良好な勤務成績であった者に対しても一律に8分の6を乗じた号俸を適用するものであるところ、そのような一律的な措置を執ることの合理性に乏しい」として、「不利益な取扱い」に該当すると判示しました。

よって、本設問の場合でも、育児短時間勤務制度を利用していることをもって一律に昇給が制限されている場合には、違法となると考えられます。

## 2 育児短時間勤務制度と育児時間制度について(設問②)

### (1) 育児時間制度の内容

育児時間制度とは、勤務時間中、「生児を育てるための時間」を確保するために設けられた制度で(労基67条)、生後満1年に達しない生児を育てる女性は、1日2回各々少なくとも30分、その生児を育てるための時間を請求できます(授乳、保育所への送迎など)。

育児時間の取得の時間帯は、休憩時間以外であれば、特に制限はありません。

### (2) 育児短時間勤務制度と育児時間制度との関係

上記2つの制度は、利用できる者の性別(育児短時間勤務制度:男女を問わない、育児時間制度:女性のみ)、対象となる子の年齢(育児短時間勤務制度:満3歳未満、育児時間制度:満1歳未満)など要件が異なる別の制度です。

よって、満1歳未満の子を養育する女性従業員は、両制度を利用でき

ます。

　本設問では、労働者が育児時間制度を利用できる要件を充たしている場合には、育児短時間勤務制度とともに育児時間制度も利用できます。

## 3　育児短時間勤務制度を利用中の管理職の降格および賃金（設問③）
### (1)　管理職と育児短時間勤務制度
　労基法41条2号の「監督若しくは管理の地位にある者」に該当する従業員については、労働時間規制の適用がそもそも排除されているため、育児短時間勤務制度の設置義務の対象外となります。

　もっとも、事業主が、管理職であっても同制度を利用できるよう定めることは可能です。

### (2)　育児短時間勤務制度を利用中の労働者が管理職から外れることによる賃金の減額について
　管理職である従業員を育児短時間勤務制度の利用を理由として管理職から外し、賃金を減額した場合、原則として「不利益な取扱い」の禁止（育児介護23条の2）に該当し、違法となります。

　もっとも、**本章Q2**で述べた例外にあたる場合には、「不利益な取扱い」にあたりません。

　よって、本設問でも、降格に同意したかどうかや、降格により受ける影響の内容や程度といった事情を踏まえて、当該降格が「不利益な取扱い」に該当するかどうか判断されることになると考えられます。

　当該降格処分が「不利益な取扱い」に該当する場合は、当該労働者は、不法行為または債務不履行に基づく損害賠償として、不支給とされた管理職手当相当額や、事情により慰謝料の請求ができます（不法行為または債務不履行に基づく損害賠償については、広島中央保険生活協同組合事件の差戻審（広島高判平成27年11月17日判時2284号120頁）でも不法行為または債務不履行に基づく損害賠償が認められています。）。また、降格処分が無効となる結果、民法536条2項に基づき管理職手当の請求を行うという法的構成も考えられます。

# Q11　子の看護休暇の申出

> 子どもがインフルエンザに突然罹患し、当日に看護休暇を取得しようと考えています。そこで、気を付けるべきことがあれば教えてください。

## 1　看護休暇の取得の申出の際に明らかにすべき事項

　育児介護法16条の2第1項は、「小学校就学の始期に達するまでの子を養育する労働者は、その事業主に申し出ることにより、…負傷し、若しくは疾病にかかった当該子の世話又は疾病の予防を図るために…当該子の世話を行うための休暇（以下「子の看護休暇」という。）を取得することができる。」と規定しています。

　そして、育児介護規則では、休暇の取得の要件を以下のように規定しています。

---

**第35条**　法第16条の2第1項の規定による申出（以下この条及び第37条において「看護休暇申出」という。）は、次に掲げる事項を、事業主に対して明らかにすることによって、行わなければならない。
　一　看護休暇申出をする労働者の氏名
　二　看護休暇申出に係る子の氏名及び生年月日
　三　子の看護休暇を取得する年月日（法第16条の2第2項の規定により、子の看護休暇を1日未満の単位で取得する場合にあっては、当該子の看護休暇の開始及び終了の年月日時）
　四　看護休暇申出に係る子が負傷し、若しくは疾病にかかっている事実又は前条に定める世話を行う旨

---

　そして、上記の要件を充たす限り、事業主は休暇の取得を認めなければなりません。

　よって、看護休暇の取得の申出の際には、上記の事項を明らかにする

必要があります。

## 2 当日に看護休暇を取得することについて

上記**1**のとおり、育児介護法16条の2第1項は、小学校就学の始期に達するまでの子を養育する労働者は看護休暇を取得できると定めています。そして、同法16条の3第1項では、この申出があったときは当該申出を拒むことができないとされています。また、育児介護法施行通達においても、「労働者が、休暇取得当日に電話により看護休暇申出をした場合であっても、事業主はこれを拒むことができない」と定められています（第4の3⑷）。怪我や病気は突然発生するものですから、当日の休暇の申出であっても事業主がこれを拒むことは育児介護法違反となります。

## 3 事業主から休暇取得日の変更を求められた場合

育児介護法16条の3第1項には、事業主は労働者から子の看護休暇の申出があった場合は当該申出を拒むことができないと明記されています。

また、労基法39条5項が定める事業主の時季変更権のように、事業主に休暇取得日の変更を認める規定が存在しないため、事業主が休暇取得日を変更することはできません。

もっとも、看護休暇の取得日を有給とするか無給とするかの点については、特段、関係法令が規定していないため、事業主の就業規則等の定めによることになります。この点については、労働者が看護休暇の申出を行うのと同時に年次有給休暇の時季指定を行ったり、（有給の扱いを希望して）看護休暇ではなく、子の看護のために年次有給休暇の時季指定のみを行うケースが考えられます。このような場合、上記の看護休暇の要件が充足されていれば、事業主が看護休暇の申出を拒否できないことは明らかですが、別途時季変更権を行使できるか、また、行使できるとして看護休暇取得の事実が時季変更権行使の相当性の判断においてどのような影響を与えるかについては今後の裁判例等の判断を待つことに

なると考えます。

## 4　賞与の査定に影響するか

　育児介護法16条の4は、子の看護休暇の申出または取得を理由とした「不利益な取扱い」を禁止しています。育介指針でも、「不利益な取扱い」の具体的内容の一つとして、「賞与等において不利益な算定を行うこと」が定められています（第2の11(2)チ）。

　よって、賞与の評価をマイナスすることも「不利益な取扱い」にあたるため、そのような取扱いは許されません。

## 5　事業主が就業規則等で看護休暇の申出にあたり書面による申出を規定している場合

　育児介護法施行通達によれば、上記1で述べた所定の事項を漏れなく申し出る限り、口頭での子の看護休暇申出も可能であるとされています（第4の3(2)）。

　よって、そもそも、就業規則等で、書面による申出が規定されていたとしても、所定の事項が漏れなく申出されている限り、事業主は口頭での申出による取得も認めるべきであると考えられます。当日になって急に休暇の取得が必要になった本設問のケースでも、同様に、所定の事項が漏れなく申出されている限り、事業主は口頭申出による取得も認めるべきであると考えられます。

　もっとも、労働者としても所定の事項を漏れなく申し出たことの証拠を残しておくために、事後的にでも、書面で通知しておくことが望ましいと考えます。

## 6　看護休暇の申請にあたり事業主から診断書の提出を求められた場合

### (1)　事業主が診断書の提出を求めることができるか

　育児介護規則35条2項は、「事業主は、看護休暇申出があったときは、当該看護休暇申出をした労働者に対して、前項第4号に掲げる事実を証明することができる書類の提出を求めることができる。」と定めています。

もっとも、育介指針は、「証明書類の提出を求める場合には事後の提出を可能とする等、労働者に過重な負担を求めることにならないよう配慮する」とも定めています（第2の2(2)）。
　よって、就業規則等に診断書の提出を求める旨の規定を設けて、診断書の提出を求めること自体は可能ですが、事後の提出を認めるなどの配慮が必要になります。

### (2) 診断書を提出しなかった場合に看護休暇が取得できるか

　上記1で述べたとおり、所定の事項を明らかにして看護休暇の取得を申し出た場合は、看護休暇の取得が認められます。
　育介施行通達も、「事業主が看護休暇申出をした労働者に対して証明書類の提出を求め、その提出を当該労働者が拒んだ場合にも、看護休暇申出自体の効力には影響がない」としています（第4の3(5)）。
　よって、診断書が提出されない場合でも、事業主は、看護休暇の申出を拒否することはできません。

# 第4章

# アカデミック・ハラスメント

○ Sexual harassment
○ Power harassment
○ Maternity harassment
● Academic harassment
○ Moral harassment and Others

## Q1 アカハラの定義

アカデミック・ハラスメントとは、どのような行為を指すのですか。許容される指導とアカデミック・ハラスメントとの違いを教えてください。また、なぜアカデミック・ハラスメントは生じるのでしょうか。

### 1 アカハラの定義

アカデミック・ハラスメント（以下、本章では「アカハラ」と言います。）を定義した法令上の規定や裁判例はありませんが、東京大学アカデミックハラスメント防止宣言では、「大学の構成員が、教育・研究上の権力を濫用し、他の構成員に対して不適切で不当な言動を行うことにより、その者に、修学・教育・研究ないし職務遂行上の不利益を与え、あるいはその修学・教育・研究ないし職務遂行に差し支えるような精神的・身体的損害を与えることを内容とする人格権侵害をいう」と定義されています（http://har.u-tokyo.ac.jp/reference_data/）。

また、特定非営利活動法人アカデミック・ハラスメントをなくすネットワーク（NAAH）では、「研究教育に関わる優位な力関係のもとで行われる理不尽な行為」と定義し、具体例として、①教員の場合では、上司にあたる講座教授からの研究妨害、昇任差別、退職勧奨、②院生や学生の場合では、指導教員からの退学・留年勧奨、指導拒否、学位不認定などがあるとしています。また、最近の事例を踏まえ、次のような類型が示されています（http://www.naah.jp/harassment.html）。

① 学習・研究活動への妨害（研究教育機関における正当な活動を直接的・間接的に妨害すること。）
② 卒業・進級妨害（学生の進級・卒業・修了を正当な理由無く認めないこと。また、正当な理由無く単位を与えないこと。）
③ 選択権の侵害（就職・進学の妨害、望まない異動の強要など。）

④ 指導義務の放棄、指導上の差別（教員の職務上の義務である研究指導や教育を怠ること。また指導下にある学生・部下を差別的に扱うこと。）
⑤ 不当な経済的負担の強制（本来研究費から支出すべきものを、学生・部下に負担させる。）
⑥ 研究成果の収奪（研究論文の著者を決める国際的なルールを破ること、アイデアの盗用など。）
⑦ 暴言、過度の叱責（本人がその場に居るか否かにかかわらず、学生や部下を傷つけるネガティブな言動を行うこと。発奮させる手段としても不適切。）
⑧ 不適切な環境下での指導の強制
⑨ 権力の濫用（不当な規則の強制、不正・不法行為の強要等。）
⑩ プライバシー侵害（プライベートを必要以上に知ろうとしたり、プライベートなことに介入しようとしたりすること）
⑪ 他大学の学生、留学生、聴講生、ゲストなどへの排斥行為

## 2　アカハラと指導の境界線

前記のとおり、アカハラの態様には多種多様なものがありますが、アカハラの要素としては次の3つに整理できます。

① 教育・研究上の優越的な関係に基づいて行われること
② 指導の適正な範囲を超えた不適切・不当な言動が行われること
③ 修学・教育・研究・職務遂行上の不利益を与えること、または精神的・身体的な苦痛を与えること

このうち、①については、指導教員－院生・学生などのように客観的・外形的に判断することが比較的容易ですが、②および③については社会通念に照らして判断していくほかありません。

明らかに指導との関連性が認められないような暴力等の身体的な攻撃や、「死んでしまえ」といった発言など言動の内容、目的、方法、程度等から人格の否定となるような精神的な攻撃については、これらが適正な指導と正当化される理由は考えられませんので、社会通念上許容される範囲を超える人格権侵害としてアカハラと認定されるでしょう。

これに対し、指導の一環として学生を発奮させる目的で行われる叱責や、長時間にわたる実験の指示などについては、問題となった指導や指示が、許容される範囲を超えるアカハラに該当するか、あるいは許容される指導の範囲内に収まるのかは、問題発生に至るまでの経緯等に照らして個別具体的な状況を検討し、社会通念に照らして総合的な判断をする必要があります。

## 3　アカハラの生成過程、背景

アカハラの発生する背景には、大学特有の権力構造があると考えられます。

大学が研究・教育の中心として発展するためには自由と自律性が重要ですから、大学ではこれを保障するための様々な制度が存在しています。そのため、大学では、構成員の間に一般社会とは異なる権力関係が生じます。大学の研究室は、非常に独立性が強く、研究指導のあり方や様子を他の教員や外部の人間は容易に窺い知ることができませんし、博士論文等の提出に関しては指導教員の許可がなければ認められないなど、指導教員のもつ権限は極めて大きいものがあります。また、特に理系では、巨額の研究費や実験設備などが研究に必要なことが多く、学生が研究を進めるためには研究室との関係から抜けることが困難であるという事情もあります。教員と学生の間には優越的な力関係が厳然と存在し、学生は教員から大きな影響を受ける存在に置かれます。

このような教員の権力は、研究・教育の発展という目的を実現するために付託されたものですから、厳しい教育が学生の成長に必要不可欠であるにしても、それは学生を対等な人格として認め、その人格を尊重することを前提として行使されなければなりませんし、教員が学生に与える教育や指導、評価は、あくまで公平、中立、公正なものでなければなりません。

しかし、権力のあるところには常に濫用の危険が存在します。非常に独立性が強く、閉鎖的ともいえる研究室に象徴されるように、教育・研究のために多くの自由と自律性が保障されている大学においても、ひと

たび権力の濫用が行われると、社会的に許容し得ないアカハラが発生することになります。このとき、大学のハラスメント防止体制が適切に運用されたり、他の教員に相談しやすい心理的風土や、研究室のメンバーで気軽に相談できる雰囲気が醸成されていて早期にアカハラの解消につなげることができれば格別、そうでなければ、アカハラを受けた学生は孤立化し、教員との大きな力関係を前に無力化して、深刻なアカハラ被害につながるものと考えられます。

【参考文献】
1　第二東京弁護士会両性の平等に関する委員会編「ハラスメントの事件対応の手引き」（日本加除出版、2016年）
2　厚生労働省「職場のパワーハラスメント防止対策についての検討会報告書」
3　小田部貴子ほか「アカデミック・ハラスメントの生起実態とその背景要因の分析」九州大学心理学研究第11巻45頁
4　湯川やよい「アカデミック・ハラスメントの形成過程」一橋大学大学院教育社会学研究第88集163頁

## Q2 指導がアカハラとされないための留意点

教授が学生へ指導する際、アカハラを行ってしまわないように留意すべきことはどのようなことですか。また、アカハラを未然に防止するため、大学として行っておくべき対策はありますか。

### 1 裁判例

国立大学法人の教授が大学院生に対し、ゼミや指導の過程において行った言動がアカハラにあたるとして、同教授の不法行為責任が認められた事例に、神戸地姫路支判平成29年11月27日（判タ1449号205頁）があります。

以下では、同裁判例をもとにして、指導がアカハラとされないための留意点について検討していくこととします。

### 2 アカハラと適切な指導

#### (1) アカハラとは

指導教授による学生に対するアカハラは、指導者である教授が、学生の単位や卒業などの認定、論文の提出の許可などについての強い権限を持つという圧倒的な優位性に基づき、学生に対して行われる暴言、暴力や義務なきことを行わせるなどの理不尽な行為を言います。

アカハラは研究室の閉鎖性・密室性が原因で発生すると考えられます。具体的には、学習や研究活動の妨害、卒業や進級の妨害、指導の放棄、指導上の差別的な取扱い、研究成果の収奪、暴言や過度の叱責、誹謗中傷、私用の強制、プライバシーの侵害などが挙げられます。これらの行為は学生の人格を傷つけるとともに、学習環境を悪化させることで、学生の学習、研究活動の権利を奪う違法なものでもあります。

#### (2) 教授の裁量権

他方で、教授は教育・研究活動を行うに当たって広範な裁量を有するため、学生に対して教育・研究活動の一環として指導や注意等をするこ

とも教員の裁量として認められることから、指導や注意等が直ちに違法であるとは言えません。

### (3) 教授の裁量権の範囲

教授の学生に対する言動がアカハラに該当し、違法であるか否かは、その言動がされた際の文脈や背景事情などを考慮した上で判断されるべきです。学生からのアカハラとの指摘を怖れるあまり、学生と研究者間の学問研究における自由闊達な議論が失われることは、学問の自由にとって決して望ましいとは言えないからです。そのうえで、教授としての合理的、正当な指導や注意等の範囲を逸脱して、学生の権利を侵害し、教員の裁量権の範囲を明らかに逸脱、濫用したか否かという観点から判断すべきです。

### (4) 指導がアカハラとされないためには

したがって、指導教授として、その指導がアカハラとされないためには、学生に対し指導や注意等を行うに際し、指導的言動の動機・目的から、言動の内容が学生の権利を侵害するような合理性を欠くものでないかを検討し、アカハラの典型例（①学習や研究活動の妨害、②卒業や進級の妨害、③指導の放棄、④指導上の差別的な取扱い、⑤研究成果の収奪、⑥暴言や過度の叱責、⑦誹謗中傷、⑧私用の強制、⑨プライバシーの侵害等）に該当しないかを常に念頭に置いて、自分の指導によりこれらの結果が生じないよう慎重に学生の指導を行うべきです。

## 3 アカハラを未然に防止するための大学側の対策

### (1) 大学の学生に対する安全配慮義務

大学と学生との間の在学関係は、契約関係であるところ、大学は、信義則上、教育、研究にあたって支配管理する人的及び物的環境から生じ得る危険から、学生の生命及び健康等を保護するよう配慮すべき安全配慮義務を負っていると解されます。

### (2) アカハラ発生の原因

指導教授による学生に対するアカハラは、指導者である教授が、学生の単位や卒業の認定、論文の提出の許可などについての権限を持っていることによる圧倒的な力関係の差や、研究室の閉鎖性・密室性ゆえに発

生しており、アカハラを受けた学生は肉体的、精神的にダメージを受けます。

### (3) 教職員に対する教育研修義務

大学としては、安全配慮義務の具体的内容として、アカハラを未然に防止する対策として、アカハラが発生する以前において、アカハラの防止のために教職員に対する教育・研修を実施する義務があります。

### (4) 教育研修義務の内容

かかる教育研修義務の内容として、①アカハラ防止規程を制定することで、ハラスメントを定義づけし、大学の教職員や学生にハラスメントを防止する義務を課し、②ハラスメントガイドラインを毎年作成し、全教職員や学生にパンフレットの体裁で配布し、大学の基本姿勢、ハラスメントの具体例、ハラスメントをなくすための心構えや方法、対応手順を紹介するなどして、ホームページにも同様の情報を掲示し、③全ての教員を対象とした、ハラスメント対策に関する講演会を開催すること等が考えられます。また、④過去にアカハラを行った教職員に対しては個別に教育、研修を実施する必要があります。

# Q3 証拠の収集

> 私は大学4年生です。最近、私が所属するゼミの指導教授から頻繁に「食事に行こう」と誘われたり、「行かないとゼミの単位をあげない」と言われたりして困っています。私は、指導教授の行為を許すことはできず、今後、指導教授に謝罪と慰謝料の支払いを求めたいと考えています。現段階で、今後のためにどのような証拠を収集する必要性がありますか。

## 1 証拠の種類と収集方法

質問の事案は、セクハラ・パワハラ混在型のアカハラ事案であると思われます。

指導者としての地位と権限を利用してデートや交際などを迫る形態のアカハラは、基本的に1対1のコミュニケーションによってハラスメント行為が行われる傾向があり、電話、手紙、FAX通信、電子メールあるいはソーシャルネットワークサービス（SNS）などを利用することが多いため、まずはそれらの履歴等の保存を行うことが大事です。

密室での会話や電話での会話がアカハラ行為となることもしばしばであり、ICレコーダーやスマートフォンのアプリを利用して、会話や通話の録音を心がけるといった証拠収集が必要になります。

ただ、会話や電話は突然始まるので常に録音ができる環境や状況にあるとは限らないため、録音を残せなかった場合には、アカハラの事実をその日の出来事として記録化して残しておくことをお勧めします。その際、当該行為が行われた日時・場所や当時の具体的状況、発言や行為の具体的内容などを、できるだけ詳細に記録しておけば後々、有力な証拠として活用することが期待できます。

なお、近時のコミュニケーションツールとしては、スマートフォンを経由したメールやSNSが占める割合が多いと思われますが、スマートフォンは精密機械であるため水没、故障、機種変更の際のデータ消失、

あるいはデータが取り出せないなどといったアクシデントも起きやすく、せっかく重要な証拠を入手してもそのような場合には後の立証に支障を来します。また、データの復元も可能な場合がありますが、ほとんどの場合専門の業者に依頼して復元しなければならず、その場合はデータ量や復元の難易度によっては高額の費用がかかることもあります。メールや添付画像をパソコンのハードディスクやUSBメモリ、SDカード等の記録媒体にこまめに保存しておくなどの対策を講じることも重要です。

## 2　相談窓口の活用

　大学に設置されているアカハラ相談窓口やカウンセリングセンター等を利用してみるというのもひとつの手段として考えられます。大学によってどのような運用をしているのかにもよりますが、相談をした記録や内容が残されている場合、それらが開示されれば証拠として活用することができます。同様に公共機関やNPO等のハラスメント相談窓口で相談をした場合や、心的疲労が重度で心療内科等の医療機関を受診した場合にも、相談記録や医療記録が残ると思われます。

　また、同じ学部、研究室の学生が教授によるアカハラ行為を目撃したり聞いたりした場合には、これらの人の協力を得て訴訟手続において証人となってもらうなどの手段も考えられます。

## 【参考文献】

1　第二東京弁護士会両性の平等に関する委員会編「ハラスメントの事件対応の手引き」（日本加除出版、2016年）
2　北仲千里・横山美栄子「アカデミック・ハラスメントの解決」（寿郎社、2017年）
3　石井妙子・相原佳子・佐野みゆき「新版　セクハラ・DVの法律相談」（青林書院、2012年）

# Q4 大学等に対する請求と法的根拠

アカハラを受けた場合、誰に対して、どのような請求が可能でしょうか。私立大学と国立大学とで違いはありますか。

## 1 アカハラを行った教員に対する請求

私立大学の教員・学生・院生がアカハラを受けた場合、アカハラを行った教員に対して、不法行為に基づく損害賠償請求をすることが可能です。アカハラが民法上の不法行為と認められるかどうかは、諸事情を総合的に考慮し、社会通念上相当とされる程度を超えているか否かにより判断されることになります。

アカハラとされる行為の有無や具体的態様、違法性の有無（正当な指導・注意の範囲を超えるものか）、その行為により相手方が受けた不快感の程度などにより判断されることになります。

他方で、国立大学の教員・学生・院生がアカハラを受けた場合、国賠法1条1項との関係で注意が必要です。

平成15年10月1日に国立大学法人法が施行されました。同法施行前、国立大学の教員は公務員でしたが、国立大学法人法35条は独立行政法人通則法51条（みなし公務員の規定）を準用していないので、国立大学法人の教員は、国立大学法人法19条の適用のある場合を除いて、みなし公務員には該当しません。

しかし、国賠法1条1項の「公務員」には、組織法上の公務員だけでなく、実質的に公権力の行使にあたる者が広く含まれます。裁判例では、国立大学法人法が施行されても教職員による教育上の行為の性質が異なるとする実質的な根拠を見いだせないことなどを理由として、国立大学法人の教員による教育活動上の行為は公権力の行使に該当するとし、国立大学法人の教員は国賠法1条1項の「公務員」に含まれるとするものが多数です（東京地判平成21年3月24日判時2041号64頁、名古屋高

判平成22年11月4日、神戸地判平成25年6月28日労判ジャーナル22号30頁、佐賀地判平成26年4月25日判時2227号69頁、福岡高判平成27年4月20日労判ジャーナル42号53頁など)。

　このような考え方をすると、国立大学法人が国賠法1条1項に基づく賠償責任を負うことになりますが、国または公共団体が、かかる責任を負う場合、公務員個人の責任は否定されるというのが判例の考え方です（最三小判昭和30年4月19日民集9巻5号534頁）。そのため、国立大学法人が国賠法1条1項に基づく損害賠償責任を負う場合には、教員個人は損害賠償責任を負わないことになります。国立大学法人法施行後の事例に関する裁判例においても、教員の個人的責任を否定するものが多数です。

　もっとも、国立大学法人が国賠法1条1項に基づく損害賠償責任を負う場合であっても、加害者である教員個人も民法709条に基づく損害賠償責任を負うとした裁判例もあります（神戸地姫路支判平成29年11月27日判タ1449号205頁）。この裁判例は、国立大学の教授が大学院生に対してアカハラを行ったことについて、同大学を設置する国立大学法人に国賠法上の責任を認めた事例ですが、教授個人の責任も肯定しています。その理由として、国立大学法人法施行によって私立大学と学生との間の在学契約と国立大学と学生との間の在学契約には何ら差異がなく、大学教授が大学において、教育・研究活動を行うこと自体は公権力の作用ではないことなどを挙げ、そのうえで、「国家賠償法1条1項の損害賠償責任は使用者責任と同様に考えることができるから、公務員個人の不法行為責任を否定する理由はなく、被告（※教授を指します。）個人も、民法709条に基づく不法行為責任を負うと解すべきである。」としています。

　したがって、私立大学でのアカハラの場合は、加害者個人に対する損害賠償請求が可能ですが、国立大学でのアカハラの場合に加害者個人に対して損害賠償請求が可能かどうかについての判断は確立していません。

## 2　大学等への請求

　アカハラを受けた場合、大学に対して損害賠償請求することが可能です。

### (1)　私立大学

　まず、私立大学の場合ですが、①民法715条1項の使用者責任に基づく損害賠償請求、もしくは、②債務不履行に基づく損害賠償請求をすることが考えられます。

　①の使用者責任は、他人を使用して事業を営む者はそれによって自らの活動範囲を拡張して多くの利益を得ているのであるから、被用者がその事業の執行について他人に損害を与えたときには、使用者がその損害を賠償する責任を負うという考え方に基づくものです。

　教員は、常勤・非常勤を問わず、大学に雇用されている場合が多いでしょうから、使用者である大学は、教員の不法行為について使用者責任を負うことになります。

　使用者責任が認められるためには、教員が行ったアカハラが民法上の不法行為に該当することのほかに、そのアカハラ行為が「事業の執行について」なされたことが必要です。

　「事業の執行について」といえるかどうかは、加害者と被害者の関係からして当該行為が職務上の地位や権限を濫用して行為に及んだといえるかどうか、加害行為に至る経緯において職務との関連性があったかどうか、などの事情から総合的に判断されます。大学内のゼミや講義においてではなく、学外の活動においてアカハラが行われた場合であっても、それが研究活動と密接に関連していてその延長線で当該行為がなされたものであれば、「事業の執行について」と言える可能性があります（神戸地姫路支判平成29年11月27日判タ1449号205頁）。

　次に、②の債務不履行に基づく損害賠償請求は、アカハラの被害者が学生なのか、教員なのかによって、その根拠が異なります。

　学生、院生がアカハラの被害にあった場合、私立大学に対して教育・研究環境配慮義務違反の債務不履行による損害賠償請求をすることが考えられます。

## 第4章 アカデミック・ハラスメント

　私立大学は、学生、院生との間で在学契約を締結しており、在学契約に付随する信義則上の義務として教育・研究環境配慮義務を負います。具体的には、大学は、相談窓口を設置したり、職員に対してハラスメントに関する啓発を行ったり、ハラスメントが生じた場合には迅速かつ適切に対応するなどのハラスメントを防止する義務を負います。学生に対するアカハラ行為を大学が認識した（し得た）にもかかわらず、大学が迅速かつ適切な対応をしなかった場合、アカハラの被害者は、大学に対して、債務不履行に基づく損害賠償請求をすることができます。

　教員がアカハラの被害にあった場合、使用者である私立大学に対して、労働契約に基づく債務不履行による損害賠償請求をすることが可能です。この点については、「使用者は被用者に対し、労働契約上の付随義務として信義則上職場環境配慮義務、すなわち被用者にとって働きやすい職場環境を保つように配慮すべき義務を負」うとした裁判例があります（津地判平成9年11月5日判タ981号204頁）。この裁判例では、使用者である病院が、副主任による部下へのハラスメント行為を認識したにもかかわらず、当該副主任に注意をせず何らの対応策もとらなかったことを理由として、使用者である病院に損害賠償責任を認めています。この裁判例はアカハラの事案についてのものではありませんが、アカハラの事案についても同様と考えられます。

### (2) 国立大学

　次に、国立大学の場合ですが、本設問の**1**で述べたとおり、国立大学の教員の教育活動については、国賠法1条1項の適用を肯定する裁判例が多数ですから、その教員が在籍する国立大学を設置する国立大学法人に対して、同法に基づく損害賠償請求をすることが考えられます。

# Q5 アカハラを行った教職員への対応

教職員がアカハラを行った場合、大学は、その教職員に対し、どのような対処をすべきでしょうか。もし懲戒処分をするなら、どのような要素を考慮してどのような処分を選択すべきでしょうか。

## 1 大学が対処すべき理由

大学は、学生に対し、在学契約に付随する信義則上の義務として、安心して学び研究できる環境を調えるよう配慮する義務（教育・研究環境配慮義務）を負います。また、大学は、大学に勤める教職員に対し、雇用契約の付随義務として、安心して就業できる環境を調えるよう配慮する義務（労働環境配慮義務または職場環境配慮義務）を負います。

大学は教育・研究機関であるところ、ハラスメントが起こるような環境では十分な教育を受けることは困難ですし、安心して研究することもできません。ハラスメントが起こったのに何らの対処もなく放置されるようでは、大学は前述の義務を誠実に果たしているとは言い難くなります。そこで、教職員がアカハラを行った場合には、大学は当該教職員に対し措置を採る必要があります。

なお、アカハラが起こったので調査して欲しいという要請を受けながら大学が約2か月間、適切な対処をせず放置したことについて、債務不履行を構成すると判断した裁判例もあります（大阪地判平成30年4月25日労判ジャーナル77号24頁）。

## 2 大学が採るべき対処

教職員がアカハラを行っているとの申し出があった場合、大学は、まずは事実を調査する必要があります。調査の結果、アカハラが行われていたことが認められた場合、大学がその教職員に対して採るべき対処としては、大きく分けると、教育的措置と制裁措置の2種類があります。

現在では、多くの大学がハラスメント防止のための規程やガイドラインを設けています。アカハラの発生を察知した場合に具体的にどのような措置を採ることを想定しているかは、各大学の設置している規程、ガイドラインを参照してください。よく見られる例は、アカハラ被害の申し出があったことを教職員に対し通知または通告すること、文書または口頭により注意または厳重注意をすること、研修の受講を義務づけること、懲戒処分をすること、被害者と加害者の関係調整を図ること等です。

## 3 教育的措置の例

アカハラを行った教職員に対する措置として、文書または口頭により、注意または厳重注意をすることや、ハラスメント研修の受講を義務づけることが考えられます。

これらは、どのような行為がどのような理由からハラスメントにあたると判断されたのか、今後はどのようなことに注意すべきなのか、教職員を教育することで、ハラスメントの再発防止を期するものです。

もっとも、教育的措置と言っても、それを課される教職員にとっては不利益または不名誉であることもあり得ますし、行ったハラスメントに比して過重な措置であった場合には、大学が教職員に対し不法行為責任を負う可能性もあるので、注意が必要です。

## 4 制裁措置―懲戒処分

教育的措置では不足と考えられる場合、懲戒処分をすることになります。具体的には、戒告、減給、停職、降任、免職処分等があります。

大学と教職員とは、それぞれ使用者と労働者の立場として、雇用契約ないし労働契約の関係にあります。私立大学の場合、この関係が私法上の契約関係であることに疑いはありませんが、国立大学についても、国立大学法人法制定により、国立大学等の職員であった者は非公務員となり（国立大学法人法附則4条、8条参照）、雇用契約ないし労働契約という私法上の契約に基づき就労する者となりました（東京地判平成27年7月10日）。

ところで、労働契約法15条は、「使用者が労働者を懲戒することができる場合において、当該懲戒が、当該懲戒に係る労働者の行為の性質及び態様その他の事情に照らして、客観的に合理的な理由を欠き、社会通念上相当であると認められない場合は、その権利を濫用したものとして、当該懲戒は、無効とする。」と定めています。したがって、使用者である大学が労働者である教職員を懲戒する際には、大学が国公立か私立かを問わず、労働契約法15条違反とならないよう注意する必要があります。

　まず、懲戒事由に該当する事実、すなわちアカハラの事実が存在しなければ、懲戒処分は「客観的に合理的な理由を欠」くことになります。懲戒処分をするには、前提として、調査によって相当な資料を得た上で、事実が認定できていることが重要になります。

　次に注意すべきは、より軽い処分で十分であると考えられる場合や、他の類似の事例と比べて重い処分であると考えられる場合には、「社会通念上相当である」と認められない可能性があるということです。アカハラの悪質性や被害の深刻さにもよりますが、初回は口頭による注意から入るなど、段階的に措置を踏むことも考えられます。

　また、懲戒処分の有効性については、手続に瑕疵がないかも重要です。懲戒処分の効力が争われる事例では、しばしば、ハラスメント防止規程等に定められた手続を踏襲していなかったことや、処分の前に被懲戒者に対し弁明の機会を与えていなかったこと等が、争点化されます。

## 5　被害者と教職員の関係の調整

　教育的措置、制裁措置（懲戒処分）以外に、アカハラ被害者と加害者の関係を調整する必要が生じることも考えられます。

　加害者教職員が懲戒免職となった場合以外は、当該教職員は大学に在籍し続けます。ハラスメント被害者にとっては、加害者の講義に出席し続けることは精神的に非常に苦痛を感じるものですが、学生が大学で単位を取得するためには、履修した講義を一定期間（半年間～1年間程度）に渡って複数回受講しなければならないのが通常であり、単位取得のた

## 第4章 アカデミック・ハラスメント

めには途中で出席をやめるというわけにはいきません。

　したがって、大学としては、ハラスメント被害者が安心して講義へ出席を続けることができるように、ハラスメント被害者と加害者の関係を調整することが必要になります。関係調整にあたっては、大学は、単に被害者を我慢させ、泣き寝入りさせる結果に陥らないよう、注意が必要です。

# Q6　大学内における紛争解決体制

> アカハラについて、大学内にその解決を図る仕組みはありますか。また、どのような解決が可能でしょうか。

## 1　学内紛争解決体制

アカハラ被害が発生した場合、被害者は、裁判所を通じて民事責任を追及し、それが犯罪行為にあたる場合は刑事事件として処罰を求めることが可能です。一方で、被害者が学内に居場所がなくなることを恐れたり、また、被害を申し出る程度のことか悩んだりして学外で問題にすることを躊躇してしまうことも容易に想像できます。

そこで、各学校、特に大学では、ガイドラインや指針を定めて、学内で被害回復、紛争解決を図る体制を整備している例が見られます。

## 2　相談窓口

多くの大学で、まずは被害者に寄り添って事情を聞き取り、問題点を整理するための相談窓口が設置されています。相談窓口は、教員等が相談員になり各学部に設置されるもの以外に、全学対象に臨床心理士、精神保健福祉士等の外部専門カウンセラーが相談員となって設置されるものがあります。また、本人以外の代理人による相談を認めたり、外部の弁護士等に相談するための費用を本人に代わって負担したりする大学もあります。

相談を通じて、被害者は自分に起きたことがハラスメントにあたることを客観的に認識し、また、後述する苦情申立ての方法についての教示を含む今後の意思決定に必要な助言を受けることができます。相談員には守秘義務が課せられていることがほとんどですから、被害の拡大を防止し、表沙汰にせず状況の改善を望む場合には、まずは早期の相談が大切であると言えます。

## 3　苦情申立て

　相談窓口のみで解決に至らないときは、相談窓口を通じて、各大学が設置する人権委員会、ハラスメント防止委員会等の機関に苦情申立てを行うことができます。
　苦情申立てを受けると、大学は、被害者の要望を踏まえ、大別して調整または調査と呼ばれる手続を取ります。

### (1)　調整手続

　被害者が話合い・合意による解決を希望する場合、二次加害を生じないよう十分に配慮しつつ、被害者が円滑に学習・研究できる環境に戻ることができるよう調整する手続です。具体的な調整方法としては、被害者の希望に沿って、大学から加害者に対して被害申告があったことを通知し、以後の配慮を求めて警告を発するもの、カウンセリングの提供、休学の保障、指導教員やゼミを変更し、進級・卒業に必要な単位取得のための代替措置を設ける方法などが考えられます。

### (2)　調査手続

　苦情申立てを受けた機関が調査の必要があると判断した場合、または、被害者が加害者に対する具体的な処分・措置を求める場合に、中立・公正な立場で、ヒアリング等によりハラスメントの事実確認、改善措置の検討を行い、その調査結果を学長等に報告・勧告する手続です。
　ヒアリング、報告書の内容は、訴訟に発展すると証拠として提出され、被害を訴える被害者側、懲戒処分等が不当であることを主張する加害者側の双方からその公平性、信用性が争われることがあります。後々の疑義を避けるために、詳細な議事録を作成する（ヒアリングの録音を含む。）ほか、弁護士の同席などが検討されるべきです。
　なお、被害者が相談窓口に対して「ハラスメントを行った教授の責任問題はどのように進展しますでしょうか。」とのメールを送信して大学が定めるガイドラインに基づく調査を求めたにもかかわらず、約2か月が経ってから相談員が調査の要望書を作成するなどしていた事案で、被害者の調査要請に対する適切な対応を取らなかったとして大学自身の債務不履行責任が認められている例があります（大阪地判平成30年4月

25日労判ジャーナル77号24頁、控訴審で和解）。ガイドラインの存在を前提に、被害者は大学に対して対応を求める意思を明確に伝え、大学側は速やかな対応を取ることが肝要です。

## 4　参考情報

　本稿で解説する紛争解決手続は、各大学の定めにより細部が異なるため、具体的な事案に対応するにあたっては、大学ホームページ等を参照してガイドライン等を確認する必要があります。一般社団法人国立大学協会ホームページ（http://www.janu.jp/univ/harassment/）には国立大学のハラスメント相談窓口が一覧になっており参考になります。

# Q7 アカハラの具体例等

アカハラが違法とされる基準や判断要素を教えてください。また、これまでの裁判例の中で、誰に対するどのような行為が損害賠償の対象となる違法な行為と判断されたのか教えてください。

## 1 アカハラの類型

アカハラは、学生等による大学等や教員に対する不法行為に基づく損害賠償請求や、大学等が教員に対して行ったアカハラを理由とする懲戒処分の無効確認請求の場面などでその違法性が争われます。

アカハラが裁判に現れるようになったのは1998年ころからで、当初は、被害者が加害者である教職員や大学の設置者を訴えるケースがほとんどでしたが、各大学がハラスメントに関する規定や指針を設け、それらに基づいて調査・処分するケースが増えてきたことに伴い、大学から懲戒処分を受けた教職員が、処分を不服として大学の設置者を訴えるケースが多く見られるようになりました（佐野知子「その行為はアカ・ハラに当たるのか―判例から導く正確な理解と対処の基本」大学時報2018年3月号70頁参照）。前者の類型では、損害賠償請求をなし得る違法なアカハラであるか否かは、権利侵害の有無・程度、アカハラの態様などの事情を総合的に判断して、社会通念上相当とされる程度を超えているかどうかがケースごとに判断されるのに対し、後者の類型では、解雇権の濫用法理を用いて懲戒解雇の無効が争われたり、裁量権濫用法理を用いて懲戒免職処分の取消しが争われる中で、懲戒処分の違法性が判断されることになります。

## 2 違法性の基準や判断要素

### (1) 大学等に対する損害賠償請求

大学等に対する損害賠償請求の場面における違法性の判断要素を考察します。

債務不履行責任（民415条）を追及する場合には、教育・研究環境の整備義務違反や配慮義務違反として追及されることになります。大学等の事前措置義務としては、被害防止義務、ハラスメントの規程の制定義務、相談機関等の体制充実義務、ハラスメント防止の周知・啓発義務を果たしたか否かが問題となり得るのに対し、大学等の事後措置義務としては、相談・苦情への対応が事後に迅速かつ適切になされたかにおいて、被害調査義務、被害拡大回避義務、被害回復義務（謝罪、損害賠償、責任の明確化）、再発防止義務を果たしたか否かが問題となり得ます。また、大学等の不法行為責任を追及する場合には、国公立の大学等に対しては国賠法1条1項が（国立大学法人であっても国賠法1条1項の適用があることについては**本章Q4**参照）、私立の大学等に対しては使用者責任（民715条）が用いられますが、前者については加害教員が「その職務を行うについて」、後者については加害教員が「事業の執行について」、故意または過失により違法なアカハラ行為を行った場合に追及されることになります。

**(2) ハラスメントをした教員個人に対する損害賠償請求**

ハラスメントをした教員個人に対する損害賠償請求（民709条）の場面における違法性の判断要素を考察します。

権利侵害の有無・程度（たとえば、自由に研究を行い、教育を受ける権利の侵害や人格権の侵害）、アカハラの態様（たとえば、教員の学生に対する指導の範疇を超えた行為やなすべき指導を放棄する行為）、動機・目的などの事情を総合的に判断して、社会通念上相当とされる程度を超えているかどうかを個別的に判断することになります。もっとも、教員は教育・研究活動を行うに当たって広範な裁量権を有し、教育・研究活動の一環として指導や注意等をすることも教員の裁量として直ちに違法であるとは言えないので、教員の言動がされた際の文脈や背景事情などを考慮した上で、教員としての合理的、正当な指導や注意等の範囲を逸脱して学生の権利を侵害し、教員の裁量権の範囲を明らかに逸脱、濫用したか否かという観点から違法性を判断すべきです（神戸地姫路支判平成29年11月27日判タ1449号205頁）。この点、ハラスメントの

## 第4章 アカデミック・ハラスメント

加害者の言動が一度のみであった（たとえば、「研究者にならないなら大学院を辞めてしまえ」との発言が一回なされた）としても、社会通念上許容される限度を超える違法な行為であると直ちに認められるわけではなく（京都地判平成25年6月11日労判ジャーナル18号16頁）、違法性は総合的に判断されます。他方、違法性は、教育・研究活動上指導的立場にある者が、指導を受ける者の活動を妨げる明確な意図を有していなくても肯定されます。

### 3 違法なアカハラとされた事例

違法なアカハラとされた事例としては、以下のものがあります。

① 医科大学における教室主任（教授）が助手に対し、嫌がらせ行為（他大学での兼業承認書類に押印しなかったこと）をした事案（大阪地判平成12年10月11日判時1737号66頁、大阪高判平成14年1月29日判タ1098号234頁）

② 指導教授が大学院生に対し、十分な研究指導をせず、誹謗中傷をしたり、他の大学院への転学につき受験を妨害した事案（大阪地判平成14年4月12日）

③ 医学部の講座の教授が同講座の助教授に対し、教授たる地位を利用した嫌がらせ（講義・実習を取り上げたこと）をした事案（那覇地判平成15年2月12日判タ1160号118頁）

④ 主任教授が講師に対し、講師の研究の価値および教育活動を一切否定する発言をした上、大学からの退職を迫られているように受け取られる発言をし、討論会から講師を排除する発言をした事案（東京地判平成19年5月30日判タ1268号247頁）

⑤ 研究科長が教授に対し、研究科委員会における発言で教授の名誉を毀損した事案（東京地判平成21年3月24日判時2041号64頁）

⑥ 教授が大学院生に対し、留年措置、名誉棄損の発言および共著勧奨の行為をした事案（大阪地判平成22年6月24日）

⑦ 研究指導教員が大学院生に対し、休学を強要し社会通念上相当でない言動を行った事案（岐阜地判平成21年12月16日、名古屋高判平

成22年11月4日）
⑧　学部長および大学院研究科長にあった者が教授に対し、嫌がらせ行為（学生指導を制限したり、学生募集要項に氏名を掲載しなかったり、自治体の委員委嘱依頼を無断で断ったりした行為）をした事案（和歌山地判平成23年1月27日）
⑨　大学院医学研究科長が同准教授に対し、退職を強要し、これに応じない場合の制裁・報復・嫌がらせとして、診療・研究・教育の制限および厳重注意処分をし、また名誉毀損行為をした事案（神戸地判平成25年6月28日労判ジャーナル22号30頁）
⑩　准教授がゼミの学生に対し、特定の宗教団体の教義を信仰している学生らを侮辱する発言をし名誉感情を侵害した事案（佐賀地判平成26年4月25日判時2227号69頁、福岡高判平成27年4月20日労判ジャーナル42号53頁）
⑪　大学院の研究科のコース長を務めていた教授がゼミの学生に対し、アカハラ（差別的取扱い、研究活動の妨害、暴言や侮蔑的言動、誹謗中傷、私用の強要、不合理な叱責、指導の放棄）を行った事案（神戸地姫路支判平成29年11月27日判タ1449号205頁）
⑫　職場内の優位性を背景に大学の副学長兼大学院の研究科長が授業科目を担当する教授に対し、大学院生の単位認定を求めた事案（長崎地判平成30年2月22日労判ジャーナル75号36頁）
⑬　大学院の指導教員が大学院生に対し、滞在型のフィールドワークの中止を命じ研究の自由と教育を受ける権利を侵害した事案（大阪地判平成30年4月25日労判ジャーナル77号24頁）

## Q8 慰謝料以外の損害

私は、指導教授からアカハラを受け、大学を中途退学せざるを得ませんでした。私は、指導教授に対して、損害賠償請求をする予定ですが、慰謝料のほかに、どのような項目が損害として考えられるでしょうか。

### 1 損害賠償請求の一般的要件

損害賠償請求は、一般的に不法行為(民709条)に基づいて請求することになります。そして、賠償を請求できるのは、「これ(=当該不法行為)によって生じた損害」(同条)です

そこで、設問の例で言いますと、請求が認められるには、指導教授によるアカハラ(不法行為)があり、それによって損害が発生したこと(不法行為と損害との間に因果関係が存在すること)を立証しなければなりません。

### 2 請求できる損害の項目について

#### (1) すでに支払った授業料等

大学を中途退学せざるを得なくなったことにより無駄になった学費(すでに納入した入学金、授業料、施設利用料その他授業を受けることの対価としての金員)を請求することが考えられます。

指導教授のアカハラによって退学せざるを得なかったという事情が認められれば、大学での教育を受けることができなくなったのですから、因果関係が認められるでしょう(違法な退学処分を受けて専門学校を退学した事例で、入学金および授業料相当額を損害として認めたものに、東京地判平成26年3月28日)。

一方、不法行為の存在の有無にかかわらず支出したものであるとして、因果関係が認められない可能性もあります(大学に入るまでの学費や入学後の授業料等の費用について損害と認めなかったものに、東京地判平

成17年3月25日)。

(2) **物品、資料等の購入費**

入学した後に、授業を受けたり研究をしたりするために必要な物品、資料等を購入した場合、それらにかかった費用を請求することが考えられますが、これについても指導教授の不法行為の存在の有無にかかわらず支出したものであると言え、因果関係が認められないと考えられます（損害と認めなかったものに、上記東京地判平成17年3月25日)。

(3) **他の大学に入るための費用**

退学したことにより、再度他の大学に入ることになった場合に、そのためにかかった費用（受験料、入学金、授業料等）について請求することが考えられます。

ただし、その場合、大学に入り直すことが、一般的にも通常であるという事情がなければ、因果関係は認められないでしょう。

(4) **転居・移転料等**

大学に入るために、転居を伴う移転をした場合であれば、入学時にかかった移転料および退学に伴って転居をする際の移転料などを請求することが考えられますが、これは指導教授の不法行為の存在の有無にかかわらず支出したものであると言え、因果関係が認められないと考えられます。

(5) **治療費等**

指導教授のアカハラによって、精神疾患を発病するなどして、治療が必要になった場合であれば、治療に要した費用（診察料、通院交通費、その他治療に伴い支出した実費等）を請求することが考えられます。

ただし、これが認められるのは、アカハラと当該疾患との間に因果関係が認められる場合に限られます。

(6) **逸失利益**

大学を退学し、新しい大学に入り直したことにより卒業が遅れて、その分就職するのが遅くなったという事情があれば、生涯において得ることができた所得が減少したとして、逸失利益を請求することが考えられます。

この場合、退学することなく大学を卒業して就職等をした場合の収入と、退学したことにより減少したと言える収入を具体的に立証しなければなりませんが、予め就職先が決まっていたなど、大学を退学する前に就労する可能性が高かったという事情がない限り、因果関係は認められないでしょう。

　なお、通っていたのが医学部や薬学部などであれば、将来、医師、薬剤師として就労する可能性が極めて高かったと言えますから、それらの職業に就いた場合の収入を想定して因果関係が認められる可能性があります。

(7) **弁護士費用**

　指導教授に対する損害賠償請求訴訟を提起する場合に、弁護士を訴訟代理人として委任した場合には、そのために要した弁護士費用を請求することが考えられます。

　裁判所では、損害額の1割程度につき因果関係があるものとして認めるのが通常で、実際に弁護士に支払った費用の全額が認められるわけではありません。

# 第5章

# モラル・ハラスメント、その他

○ Sexual harassment
○ Power harassment
○ Maternity harassment
○ Academic harassment
● Moral harassment and Others

| 第5章 モラル・ハラスメント、その他 |

# Q1 モラル・ハラスメントの定義と問題性

> モラル・ハラスメントとは何でしょうか。また、どのような点が問題なのでしょうか。

## 1 モラル・ハラスメントとは

モラル・ハラスメントという言葉が日本で知られるようになったのは、1999年にフランスの女性精神科医であるマリー＝フランス・イルゴイエンヌ氏（以下では「イルゴイエンヌ氏」と言います。）の著書『モラル・ハラスメント 人を傷つけずにはいられない』（紀伊國屋書店、1999年、以下「イルゴイエンヌ著書」と言います。）が翻訳されてからであり、それほど古くはありません。

このモラル・ハラスメントについては、法律上の定義があるわけではありませんが、その意味するところは、ことばや態度で繰り返し相手を攻撃し、人格の尊厳を傷つける精神的暴力とされています（香山リカ『知らずに他人を傷つける人たち』21頁（KKベストセラーズ、2014年）、以下「香山著書」と言います。）。

## 2 モラル・ハラスメントの問題性

イルゴイエンヌ氏は、まず、被害者に与える影響として、「加害者はそのひとつひとつを見れば取るに足らない言葉や態度を通じて被害者を苦しませたり、操られたという屈辱感を抱かせたりする。いや、もっと重大なことには、被害者のアイデンティティーを破壊して、死に追いやることさえあるのだ！」として（イルゴイエンヌ著書27頁）、最終的には被害者の生命を奪うという重大な結果を生じかねない行為だとしています。

次に、「モラル・ハラスメントに寛容な社会」という点を取り上げ、「私たちの社会は肉体的な攻撃を加えないこういった暴力に対して目をつぶ

りがちである。他人の自由を尊重するということを口実に、モラル・ハラスメントを大目に見てしまうのだ。」として、モラル・ハラスメント的な行為が広がりつつあると指摘しています（同書18頁・22頁）。

### 3　モラル・ハラスメントが問題となる場面

イルゴイエンヌ氏は、「モラル・ハラスメントの現象は夫婦や家族、企業の枠を越えて大きく広がっている」（同書315頁）とし、香山リカ氏は、「極論すれば人間がふたり以上いるところには必ずモラハラがある」（香山著書31頁）としています。

このように、モラル・ハラスメントは、社会生活のあらゆる場面で問題になり得ますが、本書ではその中でも、「家庭」におけるモラル・ハラスメントについて検討していきます（**本章Q3～Q7**）。「家庭」については、一番親密な空間ということで、そこで起きている問題がモラル・ハラスメントだとは誰も気付きにくいと香山氏も指摘しているところです（香山著書35頁参照）。

## Q2 モラル・ハラスメントの当事者の特性

モラル・ハラスメントの加害者・被害者は、どのような人なのでしょうか。

### 1 加害者について

　精神科医であるイルゴイエンヌ氏は、モラル・ハラスメントの加害者を「相手を傷つけ、貶めることによって自分が偉いと感じ、自分の心のなかの葛藤から目をそむけるような人間」「うまくいかないことはすべてほかの人の責任にして、自分のことは考えなくてもすむようにする人間」「『私には責任がない。悪いのはお前のほうだ。』と考える人間」「罪悪感もなければ、精神的な葛藤から来る苦しみも感じない人間」（イルゴイエンヌ著書21頁参照）と表現しています。

　そして、イルゴイエンヌ氏は、モラル・ハラスメントの加害者を「自己愛的な変質者」とも表現しています。ここに「変質」とは、自分の身を守るために他人の精神を平気で破壊し、しかも、それを続けていかないと生きていくことができないという意味とされています（同書210頁）。

　また、「自己愛的」な人格について、精神病の国際分類マニュアルであるDSM-Ⅳ（精神疾患の診断と統計マニュアル4版）により、以下の8つの項目の内、5つ以上の項目にあてはまれば自己愛性人格障害であると診断されるとしています（同書211頁）。

----

□自分が偉くて重要人物だと思っている。
□自分が成功したり、権力を持ったりできるという幻想を持ち、その幻想には限度がない。
□自分が〈特別な〉存在だと思っている。
□いつも他人の賞讃を必要としている。

□すべてが自分のおかげだと思っている。
□人間関係のなかで相手を利用することしか考えない。
□他人に共感することができない。
□他人を羨望することが多い。

　イルゴイエンヌ氏は、「モラル・ハラスメントの加害者が通ったあとには、死体の山が築かれている。だが、本人は知らん顔して、外から見れば社会に適応した生活を続けているのである。」（同書34頁）として、加害者の特性を強烈に表現しています。

## 2　被害者について

　イルゴイエンヌ氏は、「モラル・ハラスメントの加害者にとって理想の被害者とは、良心的で、罪悪感を持ちやすいタイプの人間である。つまり、すぐに自分が悪かったのではないかと考える人間だ。」としています。

　そして、精神医学においては、前うつ的な性格である「メランコリー親和型」に分類され、「仕事のうえでも社会的な人間関係のうえでも秩序を愛し、まわりの人々に献身的に奉仕し、他人からはあまり奉仕を受けないタイプの人間である。こうした性格から、このタイプの人々は普通の人よりも多くの仕事を引き受け、またそれを真面目にこなそうとする。」とされています（同書237頁）。

## 3　当事者の関係について

　このような点からすると、加害者と被害者は見事な対称をなしていることが分かります。

　すなわち、一方は罪悪感をもちやすく、他方は罪悪感を感じません。一方は責任感が強く、他方は他人に責任を押しつけます。一方は献身的に人に尽くし、他方は人から尽くされて当然だと思っています。一方は支配に屈しやすく、他方は他人を支配したいと思っています。

　加害者と被害者はまさに出会うべくして出会ったように思われ、こう

いった性格を持つ2人の人間によってつくられていくのがモラル・ハラスメントの関係であると言えます。また、だからこそ加害者の行為が巧妙で被害の実態が分かりにくい状況にあると考えられます。

## Q3　家庭におけるモラル・ハラスメント

家庭におけるモラル・ハラスメントとは、どのようなものでしょうか。

### 1　家庭におけるモラル・ハラスメント

家庭におけるモラル・ハラスメントの多くは夫婦間に生じるものですが、子どもが標的にされることもあります。それらは、家庭の外からは見えにくいため被害が気付かれにくく、深刻になりやすいとの特徴があります。また、子どもに対するモラル・ハラスメントの場合には、世代から世代へ引き継がれてしまうおそれがあります。

### 2　夫婦間のモラル・ハラスメント

(1)　精神科医であるイルゴイエンヌ氏により提唱されて以降、モラル・ハラスメントの存在が世間に広く認識されるようになりました。しかし、モラル・ハラスメントは、それ以前から存在していたと言われています。イルゴイエンヌ氏によると、夫婦間のモラル・ハラスメントは、加害者と被害者が相手を選びあうことにより生じるため、モラル・ハラスメントの基本的な形であるとされています（イルゴイエンヌ著書101頁）。

(2)　イルゴイエンヌ氏は、モラル・ハラスメントについて、加害者の攻撃は巧妙で、一つひとつの攻撃は暴力と言うことができないため、モラル・ハラスメントの主張が否定されたり、夫婦の間の力関係の問題にすぎないと言われることが多い旨指摘しています（同書35頁参照）。しかし、全体としてまとまりをもった時には精神を破壊するだけの力を持っていることから、加害者の言葉がどんなイントネーションで言われたのか、その裏にどんなことがほのめかされているのかが非常に重要である旨指摘しています（同書34頁参照）。

モラル・ハラスメントの被害者は、上記の特徴から周囲に相談したと

## 第5章　モラル・ハラスメント、その他

しても理解されず、さらに孤立を深めてしまう恐れがありますので、相談を受ける際には、モラル・ハラスメントの上記特徴を念頭に入れておく必要があるでしょう。

　モラル・ハラスメントの加害者からの典型的な行為の例として以下のようなものがあるとされています。いくつ該当すればモラル・ハラスメントとして認定されるというものではありませんが、客観的な目安として利用できるでしょう（本田りえ・露木肇子・熊谷早智子『「モラル・ハラスメント」のすべて　法の支配から逃れるための実践ガイド』29～32頁参照（講談社、初版、2013年））。

---

- □怒鳴る。強い口調で命令する。
- □何時間もしつこく説教する。問いつめる。反省文を書かせる。
- □土下座を強要して謝らせる。
- □あなたが大切にしている物を壊す。勝手に捨てる。
- □あなたが病気になっても看病しない。病院に行かせない。
- □財布・携帯を取り上げ、部屋に閉じ込める。
- □「殺すぞ」「死ね」などと脅す。
- □「出ていけ！」という。家から締め出して、なかに入れない。
- □何を言っても無視して口をきかない。
- □大きな音を立てて（ドアを閉めるなどして）威嚇する。
- □あなたの実家や親戚、友達をばかにして悪口を言う。
- □あなたが人前でした発言・行為についてダメ出しをする。
- □「頭が悪い」「役立たず」「何をやらせてもできない」などと言って侮辱する。
- □異常な嫉妬をする。
- □料理に不満を言う。作っても食べない。
- □服装・髪型・体型などの好みを押し付け、従わないと怒る。
- □自分のメールにすぐ返信しないと（電話にすぐに出ないと）怒る。
- □生活費を渡さない。またはわずかしか渡さない。
- □あなたには極端な節約を強いるが、自分の趣味にはお金を惜しまない。

(3) 「支配」と「暴力」

　では、モラル・ハラスメントはどのように行われるのでしょうか。イルゴイエンヌ氏によると、モラル・ハラスメントは、加害者が被害者を惹きつけて支配下におき、精神的な暴力を振るうという経過をたどるとされています（イルゴイエンヌ著書159～166頁参照）。

　自己愛的な人格で、本当の意味で相手を愛し、受け入れることのできない加害者が、自分の心の中に入ってこられないようにするために、一方的に、長期にわたって、目に見えない攻撃を加え被害者を支配します。加害者は被害者に嘘をついたり、現実をゆがめたりして、被害者も気付かないうちに被害者の心をつかみ加害者から離れられないようにし、そして、被害者の感情に訴えたり、弱いところをついたりして影響を与え、被害者の本来の考えや行動とは違うことをさせ、被害者に意見や意向を持つことを認めず、被害者を知的・精神的に服従させ支配するのです（同書35～77頁、159～195頁参照）。被害者は、はじめは不幸な人間として振る舞う加害者を「守ってやりたい」との気持ちから加害者に惹きつけられますが、支配下におかれると、今度は加害者に認められたいとの気持ちや恐怖から加害者に服従するようになります（同書159～195頁参照）。

　そして、被害者が加害者からの支配に耐えきれなくなり、加害者の支配から逃れようとすると、加害者は二人の関係の破たんの原因が被害者にあると責任転嫁し、被害者に対して憎しみを抱くようになり、暴力を振るうようになるとされています。加害者は、被害者に対し、侮辱や嘲弄、中傷や悪口、悪意のほのめかしなど、主に言葉による冷たい暴力を繰り返します。一つひとつの言葉をとってみれば、それほど暴力的であるとはいえませんが、そういった言葉が繰り返されることで、一つの暴力を形作り、それらがいつまでも続くことになります（同書46～49頁、197～208頁参照）。

　加害者は第三者からみても自分が被害者であると認められるようにするため、時に被害者を挑発して身体的暴力を振るわせ、相手の信用を失わせる事態を作り出すこともあります（同書46～49頁参照）。また、

被害者が加害者から物理的に離れることができても、暴力が終わることはなく、場合によっては、支配を継続するために二人の間に残っている関係を通じて被害者に対し、いわゆるストーカー行為の攻撃を継続することもあるのです（同書46〜77頁参照）。

被害者は、加害者との関係について罪悪感を抱いており、自分がモラル・ハラスメントの被害にあっているということに気付きにくいと言われていますので、上述したモラル・ハラスメントの典型的な行為を参考にしながら、被害者本人にモラル・ハラスメントを受けているということを認識してもらうことが大切でしょう。

また、いわゆるストーカー規制法等との関係については**本章Q4**に記載がありますが、離婚等の相談を受ける場合には、被害者が別居を言い出す等抵抗を示したときに加害者から身体的暴力を振るわれる恐れがあることや別居ができたとしてもストーカー等の攻撃を加えられる恐れがあることを十分意識しておくべきでしょう。

## 3　子どもに対するモラル・ハラスメント

夫婦間のモラル・ハラスメントは夫婦間の問題にとどまりません。加害者は、攻撃の対象となる配偶者がその場にいない場合や離婚した場合に、配偶者の代わりに子どもを標的にして攻撃を加えることがあります。また、被害者が、加害者からの攻撃によって抑えていた怒りを子どもに向けてしまうこともあります（同書78、79頁参照）。さらに、親が子どもを愛することができず、教育やしつけという名目で子どもの意思を破壊するような暴力が振るわれることもあります（同書88〜97頁参照）。

このような子どもに対するモラル・ハラスメントは、子どもが加害者である親に対して寛大で抵抗できないことが多いことから、家庭外の人間には気が付きにくいものです。しかし、そのような攻撃を受けた子どもは、自分の考えを持てず、個人としての人格を形成することができにくく、モラル・ハラスメントにより受けた心的外傷（トラウマ）を乗り越えることができなければ、大人になってから自分の受けた精神的暴力

をどこかで再現し、次世代につないでしまうという悪循環に陥る可能性も大いにあるなど影響は大きいものです（同書77〜97頁参照）。

　児童虐待の防止等に関する法律は、保護者の監護する児童に対する身体的暴力等の他に、心理的虐待、すなわち「児童に対する著しい暴言又は著しく拒絶的な対応、児童が同居する家庭における配偶者に対する暴力（配偶者（婚姻の届出をしていないが、事実上婚姻関係と同様の事情にある者を含む。）の身体に対する不法な攻撃であって生命又は身体に危害を及ぼすもの及びこれに準ずる心身に有害な影響を及ぼす言動をいう。）その他の児童に著しい心理的外傷を与える言動を行うこと」も児童虐待に該当するとしており（同法2条4号）、心理的虐待も児童相談所等への通告義務や一時保護の対象になります。モラル・ハラスメントの相談を受けた際には、子どもに対する虐待がないかにも十分に注意をし、適切な対処をする必要があるでしょう。

## Q4 家庭におけるモラル・ハラスメントと規制法令の関係

> 家庭におけるモラル・ハラスメントは、ストーカー行為等の規制等に関する法律や配偶者からの暴力の防止及び被害者の保護等に関する法律とどのような関係にあるでしょうか。モラハラ言動の被害者は、裁判所に対してDV保護命令を申立てることができるでしょうか。

### 1 モラル・ハラスメントとストーカー規制法

ストーカー行為等の規制等に関する法律（いわゆる「ストーカー規制法」）は、ストーカー行為を処罰する等ストーカー行為等について必要な規制を行うとともに、その相手方に対する援助の措置等を定めることにより、個人の身体、自由及び名誉に対する危害の発生を防止し、あわせて国民の生活の安全と平穏に資することを目的としています（ストーカー規制1条）。

この法律にいう「つきまとい等」には、特定の者に対する恋愛感情その他の好意の感情又はそれが満たされなかったことに対する怨恨の感情を充足するために、その特定の者または当該特定の者と社会生活において密接な関係を有する者に向けられる乱暴な言動も含まれています（同2条1項4号）。

そして、このような言動が、身体の安全、住居等の平穏若しくは名誉が害され、または行動の自由が著しく害される不安を覚えさせるような方法により反復して行われた場合には、「ストーカー行為」（ストーカー規制2条3項）として、警告（同4条）や禁止命令（同5条）のほかに、罰則（同18～20条）の対象となります。

そこで、たとえば、別居中の夫婦の場合、夫が妻に対して乱暴なモラハラ言動を繰り返して、それが妻の身体の安全等が著しく害される不安を覚えさせるような方法により行われているときには、ストーカー規制法に基づいて夫に警告がなされたり、禁止命令が発せられたり、処罰の

対象となり得ると考えられます。

## 2　モラル・ハラスメントとDV防止法

配偶者からの暴力の防止及び被害者の保護等に関する法律（いわゆる「DV防止法」）は、配偶者（「婚姻の届出をしていないが事実上婚姻関係と同様の事情にある者」を含む。）からの暴力に係る通報、相談、保護、自立支援等の体制を整備し、配偶者からの暴力の防止及び被害者の保護を図ることを目的としている法律です（配偶者暴力前文参照）。

平成16年の法改正により、この法律に言う「暴力」は身体に対する暴力またはこれに準ずる心身に有害な影響を及ぼす言動（同1条1項）をいい、人格を否定する暴言や無視を続けるなどの精神的暴力も含まれることになったことから、たとえば、夫から繰り返し人格を否定されるようなモラハラ言動を受けている被害者妻は、配偶者暴力相談支援センターで相談やカウンセリングを受けたりすることができます。

## 3　保護命令の対象となるか

保護命令制度とは、配偶者から暴力等を受けた者（被害者）が、更なる配偶者からの暴力により生命または身体に重大な危害を受けるおそれが大きいときに、裁判所が、被害者からの申立てによって、暴力を振るった加害者（相手方）に対して、6か月間の被害者への接近禁止（接近禁止命令、配偶者暴力10条1項1号）や2か月間の退去（退去命令、同項2号）を命ずるものです。

そのため、身体に対する暴力や生命・身体に対する脅迫（たとえば「殺してやる」、「腕をへし折ってやる」などといった被害者の生命または身体に対し害を加える旨を告知してする脅迫）に該当する場合は保護命令の対象となりますが（同10条1項参照）、生命・身体に対する脅迫には至っていないモラハラ言動の被害者は、裁判所に対して保護命令を申立てることはできません。

また、生命・身体に対する脅迫を受けている場合であっても、婚姻中または同居中には脅迫がなく、離婚後や事実上の関係等の解消後に初め

## 第5章 モラル・ハラスメント、その他

てそのような脅迫を受けた場合にも、裁判所に保護命令を申立てることはできません（同条項参照）。

　もっとも、そのような場合でも、個別具体的な行為が刑法の脅迫罪に該当する場合もありますし、前述したストーカー規制法により保護されることもあります。

## Q5 家庭におけるモラル・ハラスメントの法律相談における注意点

> 家庭におけるモラル・ハラスメントの被害者が法律相談に来た際に、どのようなことを意識して相談を受けるのがよいと考えられますか。実際にモラル・ハラスメントの加害者に対して離婚裁判をする場合にどのような点に注意する必要がありますか。

### 1 モラル・ハラスメントの被害者から相談を受ける場合の留意点

精神科医であるイルゴイエンヌ氏は、その著書において、モラル・ハラスメントの被害者へのアドバイスとして以下を指摘しています。

#### (1) モラル・ハラスメントであることを認識する（イルゴイエンヌ著書273頁以下）

具体的には「加害者によって責任がすべて自分に押しつけられていたことに気づく」とともに、相手方に寛容になりたいという自分の理想を捨て、自分が愛している（あるいは、かつて愛した）相手方は性格的に障害を持った危険な人物だと認識して、何があっても自分の身を守らなければならないと考えをあらためる必要があります。

#### (2) 相手方と対立する（同書275頁以下）

加害者に支配されていたせいで、被害者はそれまで相手方とうまくやろうと努めすぎていたところがあるので、対応の仕方を変え、対立を恐れず断固とした態度で臨む必要があります。

#### (3) 信頼できる人を見きわめる（同書276頁以下）

被害者は相手方に対して心理的に抵抗しなければなりませんが、それをするには誰かの支えが必要になります。だが、逆に言えば、どんな状況にあろうと、たったひとりでも被害者を支持してくれる人間がいれば、被害者は自信を取り戻すものです。

#### (4) 法律に訴える（同書277頁以下）

モラル・ハラスメントの状況から逃れようと思ったら、いちばんいい

のは相手方との接触を断つことです。二人がまだ結婚しているのなら、被害者は加害者と離婚するしかありません。だが、加害者は相手方が自分から離れていくことを認めないので、離婚をしようと思ったら、法律に頼らざるを得なくなる場合も出てきます。

　このような指摘からすれば、離婚の相談を受ける際には、以下の項目を意識ないし確認するのがよいと考えられます。

---

□相談者がモラル・ハラスメントを認識しているか。
□相談者が相手方と対立を恐れずに話し合いをすることができるか。
□相談者が離婚を決意しているか。離婚の為に裁判をする覚悟までできているか。
□相談者の経済力からして別居は可能か。実家等の支援を受けることができるか。
□ストーカー規制法やDV防止法の保護を受ける必要性・緊急性が認められるか。
□モラル・ハラスメントの程度からして「婚姻を継続し難い重大な事由」があるといえるか。
□相談者がモラル・ハラスメントを受けている証拠は十分か。

---

## 2　モラル・ハラスメントの加害者に対し離婚裁判をする場合の注意点

　最近では、家庭内における精神的DVやモラル・ハラスメントの存在が社会的認知を獲得しつつあり、離婚訴訟においても、離婚原因としてこれらが主張されるようになっています（髙橋信幸「別居期間が1年余りの夫婦について婚姻を継続し難い重大な事由があるとされた事例」平成22年度主要民事判例解説（別冊判タ32号169頁））。

　モラル・ハラスメントは肉体的な暴力と異なって明瞭な証拠が残りにくく、また加害者は虚偽を主張することをためらわず、他人の心理を操作する能力にも長けている者が多いため、裁判におけるモラル・ハラスメントの認定は難しい（水野紀子「人事訴訟法制定と家庭裁判所における離婚紛争の展望」ジュリ1301号14頁以下（2005年））との指摘もあ

## Q5・家庭におけるモラル・ハラスメントの法律相談における注意点

るところです。そこで、被害者側としては、モラル・ハラスメントがあったことを証明できるような手紙やメモを取っておく、加害者から攻撃が加えられたことを証言してくれる第三者を確保するといった証拠の確保が重要になります。

## 第5章 モラル・ハラスメント、その他

## Q6　家庭におけるモラル・ハラスメントの裁判例

モラル・ハラスメントを理由とする離婚請求や損害賠償請求を認めた裁判例として、どのようなものがあるでしょうか。

### 1　離婚請求

従前より、モラル・ハラスメントと評価することができる事実を「婚姻を継続しがたい重大な事由」にあたるとして離婚請求を認容した裁判例は存在します（別冊判タ32号168〜169頁）。

　ア　横浜地小田原支判昭和26年2月5日（下民集2巻2号123頁）

妻が夫に対して妻の親族の援助で自宅を購入したことから「この家は私がいたからこそ買えたのだ、半分は自分の物だから壊して持つて行く」などと放言するだけでなく、夫の母に対しても「鬼婆」「今に見ていやがれ」とののしるなどしたことが婚姻を継続しがたい重大な事由にあたるとして、夫からの離婚請求を認容しました。

　イ　横浜地判昭和59年2月24日（判タ528号290頁）

婚姻生活35年間を超える夫婦間において、夫が妻から侮辱的言動を受けたこと等を理由に婚姻関係は破綻したとして民法770条1項5号に基づいて離婚を求めた事案です。

裁判所は、妻による長期間の侮辱的言動（「いじめられた」、「結婚をして損をした」などの具体性のない非難や「馬鹿」、「威張るな」などの暴言）の他、夫の母親に対する「ばばあ、早く死んでしまえ」という暴言などを認定し、夫からの離婚請求を認容しました。

　ウ　大阪高判平成21年5月26日（家月62巻4号85頁）

別居期間が1年余りの夫婦間において、夫が妻から侮辱的言動を受けたこと等を理由に婚姻関係は破綻したとして民法770条1項5号に基づいて離婚を求めた事案です。

裁判所は、80歳に達して病気がちになった夫がかつてのような生活

力を失って生活費を減じたのと時期を合わせるごとく、妻が日常生活の上で夫を様々な形で軽んじるようになったこと（妻が夫のために朝食や昼食を準備しなくなり、夫は朝食を一人で用意して食べ、昼食は一人で外食していたことなど。）、長年仏壇に祀っていた夫の先妻の位牌を無断で親戚に送りつけたこと、夫の青春時代からのかけがえのない想い出のアルバムを焼却処分したことなどを認定しました。

その上で、妻による自制の薄れた行為は、夫の人生に対する配慮を欠いた行為であって、夫の人生の中でも屈辱的出来事として心情を深く傷つけるものであり、それにもかかわらず、妻に夫が受けた精神的打撃を理解しようとする姿勢に欠けていることに鑑みると、夫と妻の婚姻関係は修復困難な状態に至っており、別居期間が1年余りであることなどを考慮しても、婚姻を継続しがたい重大な事由があるとして、夫からの離婚請求を認容しました。

## 2 損害賠償請求

他のハラスメントと同様に、要件を満たせば不法行為に基づく損害賠償請求が認められます。

**エ　東京高判昭和54年1月29日（判タ380号148頁）**

婚姻当初から姑との関係で円満を欠く状況であり、婚姻後1年ほどで妻が追い出される形で別居となった夫婦間において、別居後、夫が妻やその親族に執拗に離婚を迫り長期にわたり嫌がらせを繰り返したなどとして、妻が夫に対して民法770条1項5号に基づいて離婚を求めるとともに、800万円の慰謝料を求めた事案です。

裁判所は、妻が長男の療養に必要な健康保険証の交付を受けることについて夫が協力をせず、長男のことを「自分の子ではない。」等と悪態をついたこと、夫が無理にでも離婚をさせようとして昼夜の別なく執拗に妻方に嫌がらせの電話（その内容は、妻やその両親、兄弟らに対する悪口、侮辱的発言の他、同人らの知人や勤務先への中傷の電話、手紙を発する旨の言辞を含む。）をしたこと、妻の母「○○しま」宛てに黒枠に朱書し、宛名を「○○死魔」とした葉書を出したこと、夫が自ら印鑑

## 第5章 モラル・ハラスメント、その他

を所持していながら妻に盗まれた等と虚偽の主張をして訴えを提起し応訴を余儀なくされたことなどを認定しました。

その上で、離婚するに至った点について、夫が婚姻を継続しがたい重大な事由を作出したものとして不法行為の成立を認め、慰謝料として500万円を認定しました（なお、離婚については調停で成立したようです。）。

# Q7 家庭におけるモラル・ハラスメントの裁判例（離婚以外）

離婚以外でモラル・ハラスメントが問題となった裁判例があるでしょうか。

　家庭でのモラル・ハラスメントは、決して夫婦間のみに生じる問題ではありません。子どもとの関係で問題となった事例や舅・姑との関係が問題となった事例などがあります。また、離婚時に問題となるだけでなく、相続時に問題となった事例もあります。

## 1　東京家審平成25年3月28日（家月65巻7号190頁）

　別居中の夫婦間において、相手方である妻が監護養育している子について、申立人である夫が面会交流することを求めた事案です。夫婦は離婚訴訟係属中で、妻は夫からモラル・ハラスメントを受けたと主張していました。裁判所は、調査官との面接において、子が父と会うことについて、申立人と一緒に暮らさなければならなくなったら困るとして不安感を有しているものの、誰かが一緒にいてくれるのであれば父と会っても良いと述べたことなどを考慮して、子が父と面会することによって子の福祉を害するおそれがあるとはいえないとして面会交流を認めました。もっとも、面会交流の内容について、妻と夫が離婚訴訟中で、妻は夫からのモラル・ハラスメントを主張して厳しい対立関係にあり、PTSDを伴う適応障害との診断を受けていることから当事者間で協議を行うのは困難であることや、子が第三者の立会いを望んでいること等を考慮して、第三者機関立会の下で面会交流を実施し、面会交流の具体的な日時・場所及び方法については第三者機関の職員の指示に従うことを条件にしました。

## 2　盛岡地遠野支判昭和52年1月26日（家月29巻7号67頁）

　夫の両親と同居をしていた妻が夫に対する離婚請求と同時に夫の両親に対しても不法行為に基づく損害賠償請求を行った事案です。

　裁判所は、夫とその両親らが妻の些細な行動にも必要以上の注意を与えたりあるいは叱りつけたりしていわゆる嫁いびりをするようになった（例えば、「ご飯を食べるときの口のあけ方が悪いとか箸のもち方が悪い」と叱った、掃除をしている妻に「こう掃くものだ」と大声で怒鳴って箒を取り上げたり、桟の掃除をしていたら姑が「そんな雑巾でふく人があるか」と雑巾を投げつけた等）と認定し、別居後監護していた妻から子を連れ去った態様等とあわせて、夫とその両親の共同不法行為が成立し、損害賠償義務があることを認めました。

## 3　釧路家北見支審平成17年1月26日（家月58巻1号105頁）

　妻の遺言執行者が夫を相手方として申し立てた推定相続人廃除申立事件です。妻は、夫との離婚を求め離婚訴訟中でしたが、その係属中に死亡しました。妻は遺言書を作成しており、夫を推定相続人から廃除するとの内容が記載されていました。裁判所は、夫が、冬季の暖房代の節約と称して、自宅の居間をビニールシートでテントのように囲み、その中のみを暖房したり、集めてきた廃材を燃やすなどして生活し、妻からのビニールシートを外し、暖房を入れ、家を清潔にしてほしい旨の求めに対しても応じず、妻を暖房の行き渡らない部屋で療養させたと認定し、末期がんを宣告された妻が手術後自宅療養中であったにもかかわらず、療養に極めて不適切な環境を作出し、妻にこの環境の中での生活を強いており、虐待と評価するほかないとしました。そして、夫が妻からの不満等にもかかわらず、上述の生活を継続したり、妻について「黙っていてもまもなく死ぬんだから」などと言ったり、妻に対して「死人に口なし」「何時死ぬか分からない人間にカツラは必要ないだろう」など、その人格を否定するような発言をしたりしていたことから、夫が虐待を認識・認容していたと判断しました。そして、上記の虐待行為は、その程度も甚だしく、妻は死亡するまで夫との離婚につき強い意志を有し続けてい

たといえるから廃除を回避すべき特段の事情も見当たらないとして、その申立てを認容しました。

本審判については、夫の態度が、「主観的にも客観的にも身体的精神的虐待と見られる行為であり、自己の独特の価値観を強要するモラルハラスメントの典型で離婚原因としても精神的な虐待に該当するケースであったろう」との指摘がされています（坂本由喜子「推定相続人廃除」平成18年度主要民事判例解説（判タ1245号128頁））。

## 第5章　モラル・ハラスメント、その他

# Q8　その他のハラスメント全般

その他のハラスメントとしては、どのようなものがあるでしょうか。

## 1　その他のハラスメント

ハラスメントに関しては、セクシュアル・ハラスメントやパワー・ハラスメントがその典型でしょう。本書ではその他にもマタニティ・ハラスメント、アカデミック・ハラスメント、モラル・ハラスメントについて取り上げています。

他にも様々なハラスメントが考えられますが、本問では特に、法律家として着目すべきハラスメントについて紹介します。

## 2　ハラスメントの法的責任

最近では様々な言動についてハラスメントであると指摘されることがあります。本書で詳しく取り上げていないハラスメントも含めて、別表に記載した言動がハラスメントになり得ると言われています。このように、社会におけるあらゆる行為がハラスメントになる可能性があるわけですが、このような言動の中には、深刻な権利侵害が生じるものもあれば、単に自分が不快と感じるにすぎないものなども含まれています。

その他にも、たとえばいじめやストーカー等といった、すでに一定の概念が確立している言動については、ハラスメントと呼ばれることはないかもしれません。しかし、これらの言動が権利侵害を含む嫌がらせであることは明らかであり、実質的にはハラスメントと同様の性質が含まれるものと考えられます。したがって、単にハラスメントと呼ばれているかどうかではなく、その言動を受けた者に受忍限度を超えた権利侵害が認められるかを個別具体的に考えて、法的責任の有無を検討する必要があると考えます。

## 3 ハラスメントの種類

　また、別表「ハラスメントの種類」に記載した各ハラスメントは、社会で話題となった言動にハラスメントという名称を付けているに過ぎないものも少なくなく、したがって、他のハラスメントに包含される言動もありますし、そのすべてのハラスメントに法的責任が生じるわけでもないと考えられます。たとえば、ハラスメントと呼ばれる言動でも業務の適正な範囲内である場合や、単なるマナー違反やエチケット違反に過ぎないと評価されるような言動であれば、民法上の不法行為責任は生じません。

　もっとも、現時点では法的責任が生じないと考えられるハラスメントでも、今後の社会事情の変化に伴い、社会生活上の受忍すべき限度を超えたと評価される場合には、新たなハラスメントとして、民法上の不法行為責任等の法的責任が生じる場合もあると考えられます。

　したがって、過去に法的責任を認めた裁判例がないようなハラスメントであっても、それだけで直ちに法的責任が生じないと考えるのではなく、その時点での社会通念を十分に考慮したうえで、ハラスメントを受けた者に受忍限度を超えた権利侵害が認められるかどうかを個別具体的に考えて、法的責任の有無を検討する必要があると考えます。

## 4 時短ハラスメント

　「2018ユーキャン新語・流行語大賞」でノミネートされた「時短ハラスメント（ジタハラ）」は、長時間労働を改善する具体策を提案しないまま、経営者や管理職が従業員に業務の切り上げを強要する行為のことを言います。労働時間が短くなること自体は従業員にとって不利益がないようにもみえますが、業務量を減らさないまま一方的に労働時間を短くしてしまえば、残業の持ち帰りを事実上強制することになり、結果として従業員の労働時間は短くならないばかりか、適切な残業代が支払われない可能性もあります。このような時短ハラスメントと呼ばれる行為に対しては、残業代を請求するとか業務量の調整を求めるなどの対応が考えられますが、ハラスメントの一類型として構成すべきかはなお検討する余地があるかもしれません。

## 第5章 モラル・ハラスメント、その他

### ハラスメントの種類

| | 名　称 | 内　容 |
|---|---|---|
| 1 | セクシュアル・ハラスメント（第1章） | 職場における性的な嫌がらせ |
| 2 | パワー・ハラスメント（第2章） | 職場において優位性を背景として業務の適正な範囲を超えた嫌がらせ |
| 3 | マタニティ・ハラスメント（第3章） | 妊娠・出産・育児に関する嫌がらせ |
| 4 | アカデミック・ハラスメント（第4章） | 大学における学習・教育・研究上の不利益を与える嫌がらせ |
| 5 | モラル・ハラスメント（第5章） | 言葉や態度によって人格の尊厳を傷つける嫌がらせ |
| 6 | アルコール・ハラスメント（第5章） | 酒席での迷惑行為 |
| 7 | ドクター・ハラスメント（第5章） | 医者や医療従事者による患者への嫌がらせ |
| 8 | カスタマー・ハラスメント（第5章） | 顧客や取引先による迷惑行為 |
| 9 | スモーク・ハラスメント（第5章） | 喫煙に関する嫌がらせ |
| 10 | コミュニティ・ハラスメント（第5章） | 共同体において多数の構成員による特定少数の構成員に対する嫌がらせ |
| 11 | レイシャル・ハラスメント（第5章） | 人種や民族的要素に基づく嫌がらせ |
| 12 | エアー・ハラスメント | 空調に関する嫌がらせ |
| 13 | エイジ・ハラスメント | 年齢に関する嫌がらせ |
| 14 | 家事ハラスメント | 家事の分担等に関する嫌がらせ |
| 15 | カラオケ・ハラスメント | カラオケを歌いたくない人に無理強いする嫌がらせ |
| 16 | キャンパス・ハラスメント | 大学における人間関係に関する嫌がらせ |
| 17 | ジェンダー・ハラスメント | 「男らしさ」「女らしさ」を強要する嫌がらせ |
| 18 | 時短ハラスメント | 長時間労働を改善する具体策を提案しないまま、経営者や管理職が従業員に業務の切り上げを強要すること |
| 19 | 就活終われハラスメント | 学生に対して企業が内定と引き換えに就職活動を終わるように迫る嫌がらせ |
| 20 | スクール・ハラスメント | 教師の生徒に対する嫌がらせ |
| 21 | ストリート・ハラスメント | 公共空間における嫌がらせ |
| 22 | スメル・ハラスメント | 臭いに関する嫌がらせ |

## Q8・その他のハラスメント全般

| | 名　称 | 内　容 |
|---|---|---|
| 23 | セカンド・ハラスメント | セクシュアル・ハラスメントを受けた被害者が二次的被害を受けること |
| 24 | ソーシャル・ハラスメント | SNSに職場の上下関係を持ち込まれるような嫌がらせ |
| 25 | テクノロジー・ハラスメント | パソコンやスマートフォン等の技術に詳しくない人に対する嫌がらせ |
| 26 | ヌードル・ハラスメント | 麺類等をすする音による嫌がらせ |
| 27 | パーソナル・ハラスメント | 個人的趣向や容姿やくせ等に関する嫌がらせ |
| 28 | フォト・ハラスメント | 無許可でSNSにアップするような写真に関する嫌がらせ |
| 29 | ブラッドタイプ・ハラスメント | 血液型に基づく嫌がらせ |
| 30 | ペット・ハラスメント | 公共の場におけるペットに関する嫌がらせ |
| 31 | マリッジ・ハラスメント | 未婚者に対する結婚に関する圧力や嫌がらせ |
| 32 | ラブ・ハラスメント | 恋愛に関する話題による嫌がらせ |
| 33 | リストラ・ハラスメント | リストラ対象者に対する嫌がらせ |
| 34 | レリジャス・ハラスメント | 特定の宗教を信仰する人に対する嫌がらせ |
| 35 | パタニティ・ハラスメント | 男性の育児参加に関する嫌がらせ |
| 36 | ハラスメント・ハラスメント | 何でもかんでもハラスメントと主張する嫌がらせ |

第5章 モラル・ハラスメント、その他

## Q9 アルコール・ハラスメント

> アルコール・ハラスメントとは何でしょうか。裁判例としてどのような事例があるのでしょうか。

### 1 アルコール・ハラスメントの概要

(1) 昭和60年ころに、いわゆる「イッキ飲み」のブームが起こりました。急性アルコール中毒により若年者が死亡する痛ましい事件が報じられ、社会的に耳目を集めました。

　酒席での迷惑行為は、古くから日本社会にあったものと言えます。そして、昨今のハラスメントについての関心の高まりから、急性アルコール中毒以外の各種の迷惑行為も総称する、アルコール・ハラスメントの用語が一般化したと言えます。

(2) アルコール・ハラスメントとして、以下の類型が挙げられるとされます（特定非営利活動法人ASK　https://www.ask.or.jp/、イッキ飲み防止連絡協議会）。

　① 飲酒の強要

　上下関係・部の伝統・集団によるはやしたて・罰ゲームなどといった形で心理的な圧力をかけ、飲まざるを得ない状況に追い込むこと。

　② イッキ飲ませ

　場を盛り上げるために、イッキ飲みや早飲み競争などをさせること。「イッキ飲み」とは一息で飲み干すこと、早飲みも「イッキ」と同じ。

　③ 意図的な酔いつぶし

　酔いつぶすことを意図して、飲み会を行うことで、傷害行為にもあたる。ひどいケースでは吐くための袋やバケツ、「つぶれ部屋」を用意していることもある。

　④ 飲めない人への配慮を欠くこと

　本人の体質や意向を無視して飲酒をすすめる、宴会に酒類以外の飲

み物を用意しない、飲めないことをからかったり侮辱する、など。

　⑤　酔ったうえでの迷惑行為

酔ってからむこと、悪ふざけ、暴言・暴力、セクハラ、その他のひんしゅく行為。

## 2　裁判例

(1) 酒席での迷惑行為は、セクハラやパワハラに関する裁判で、ハラスメント行為の一部として主張されることがあります。
(2) 酒席の参加者に対する飲みつぶしの意図がある場合や、酒席であることを隠して酒席に参加させ、無理やり飲酒させたという場合には、刑事罰の対象となり得ます。

　ホストクラブ内で、男性のホスト従業員に怒号するなどして強制的に23分間で1リットルの焼酎を一気飲みさせ、ホスト従業員が急性アルコール中毒で死亡した事案では、傷害致死罪が認定されました（東京高判平成21年11月18日東高時報60巻1～12号190頁。懲役3年6月）。

　サークルの飲み会に参加した女性を様々な手法で飲酒させて泥酔させ、複数人で姦淫した事案で、事件の性質や参加者が有名大学の学生だったことなどで注目を集め、平成14年の刑法改正（集団強姦罪・集団強姦致死傷罪の創設）につながったとされる、いわゆるスーパーフリー事件では、サークルの代表者に準強姦罪が認定されています（東京地判平成16年11月2日判タ1168号99頁）。この事件では、準強姦罪の量刑の中では相当に重い、懲役14年という刑が言い渡されています。

(3) 無理な飲酒をさせることについての明確な意図が認められない場合には、主として、酒席の参加者や責任者に安全配慮義務が認められるか否かが争点となります。

　大学医学部のサークルの新入生歓迎コンパで、多量の飲酒後に被害者が死亡した事案では、参加者の地位や属性を検討したうえで、安全配慮義務の有無が判断されています（福岡高判平成18年11月14日

判タ1254号203頁)。

　この事案では、飲酒後変調をきたした被害者の介護・搬送に関わったサークルの上級生らに、安全配慮義務（保護義務）違反を認定しています。また、新入生歓迎会に最終的かつ最高の責任を負うべきサークルの部長および幹部には、飲酒による事故が発生することがないようにする注意義務を認定しています。ただし、被害者が成人していたことや、被害者による自発的で過剰な飲酒状況が認定されたことで、9割の過失相殺を受けています（認容額は合計で1314万2000円）。

# Q10 ドクター・ハラスメント

> ドクター・ハラスメントとは何でしょうか。裁判例としてどのような事例があるでしょうか。

## 1 ドクター・ハラスメントとは

　ドクター・ハラスメントという用語は、医師や医療従事者の暴言、行動、そして態度や雰囲気により、患者の心に傷を残すような事案を広く意味するものとして使われています（土屋繁裕『ストップザドクハラ』7頁（扶桑社、初版、2003年））。

　医師の言動等により、患者が傷つくことは少なくないとされていますが、実際に裁判にまでなる事例は多くありません。

## 2 ドクターに対する患者の権利意識の変化

　ドクター・ハラスメントの問題は、古くから存在していましたが、医療現場における医師・医療従事者と患者・患者の家族との圧倒的な力の差により、顕在化してこなかったと言われています（手嶋豊『医事法入門』58頁（有斐閣、第4版、2017年））。

　近年、患者の権利意識が向上してきたことにより、ドクター・ハラスメントの問題が社会問題として取り上げられるようになりました。

　他のハラスメント事例と同じように、当事者の関係によって受け取られ方が変わり得るため、どのような言動がドクター・ハラスメントにあたるのかについては明確な基準があるわけではありません。

## 3 ドクター・ハラスメントの裁判例

### (1) 自律神経失調症で休職中の者に対する産業医の言動が問題になった裁判例(大阪地判平成23年10月25日判時2138号81頁、労経速2128号3頁)

　本裁判例は、自律神経失調症により休職をしていた原告が、上司から被告である産業医との面談を指示され、これに応じたところ、面談の際、被告から「それは病気やない。それは甘えなんや。」「薬を飲まずに頑張れ。」「こんな状態が続いとったら生きとってもおもんないやろが。」等と力を込めて言われたため、原告の病状が悪化し、復職時期が遅れたとして、原告が被告に不法行為に基づく損害賠償を請求した事案です。本裁判例は、主治医ではなく、産業医の言動が問題となった点に特徴がある事案と言えます。

　判決では、「被告は、産業医として勤務している勤務先から、自律神経失調症により休職中の職員との面談を依頼されたのであるから、面談に際し、主治医と同等の注意義務までは負わないものの、産業医として合理的に期待される一般的知見を踏まえて、面談相手である原告の病状の概略を把握し、面談においてその病状を悪化させるような言動を差し控えるべき注意義務を負っていたものと言える。」としました。そして、「自律神経失調症の患者に面談する産業医としては、安易な激励や、圧迫的な言動、患者を突き放して自助努力を促すような言動により、患者の病状が悪化する危険性が高いことを知り、そのような言動を避けることが合理的に期待されるものと認められる。」としました。

　そのうえで、原告との面談における被告の言動は、被告があらかじめ原告の病状について詳細な情報を与えられていなかったことを考慮してもなお、上記の注意義務に反するものということができるとしました。

　結論として、被告の不法行為責任を肯定し、原告の復職が遅れたことによる休業損害として30万円、本件面談における被告の原告に対する言動や、これにより原告に生じた反応、復職時期の遅れの程度等を考慮して、慰謝料として30万円を認め、被告に対し、合計60万円の支払いを命じました。

## (2) 医師の患者との面接時における言動が問題になった裁判例（最三小判平成23年4月26日判タ1348号92頁、判時2117号3頁）

本裁判例は、友人である男性からストーカーまがいの行為をされ、自宅で首を絞められる被害などを受けたことがある患者が、診察受付終了時刻の少し前ころ、電話で強引に同日の診察を求めたことから、精神神経科の医師が検査結果を伝えるだけという約束で面接に応じました。面接した際に患者が質問などを繰り返したため、これに答える形で、医師が患者に対し、人格に問題があり、普通の人と行動が違う、病名は人格障害であると発言する等したことにより、それまで発現が抑えられていたPTSD（外傷後ストレス障害）の症状が発現するに至ったとして、患者が医師の勤務する病院に対し、債務不履行または不法行為に基づく損害賠償を請求した事案です。

原審は、面接時の医師の本件言動は医師としての注意義務に違反するものであり、本件言動が心的外傷となって患者のPTSDを発症したものであるとして、患者の請求につき、結論として201万円の支払いを認容しました。

これに対し、最高裁判所は、医師の患者に対する言動は、生命身体に危害が及ぶことを想起させるような内容のものではないことは明らかであり、PTSDの診断基準に照らすならば、それ自体がPTSDの発症原因となり得る外傷的な出来事にあたるとみる余地はないとしました。また、PTSDの発症原因となり得る外傷体験のある者は、これとは類似せず、また、これを想起させるものともいえない他の重大なストレス要因によってもPTSDを発症することがある旨の医学的知見が認められているわけではないとしました。結論として、医師の言動と患者のPTSD発症との相当因果関係を否定したうえで、病院の敗訴部分を破棄しました。

本裁判例は、原審が相当因果関係を認めた点を問題とする論旨につき上告審として受理したため、最高裁判所は、医師の発言に対しては、明確な判断を示していません。

最高裁判所は、医師の発言の中にやや適切を欠く点があることは否定できないとしても、診察受付時刻を過ぎて本件面接を行うことになった

ことや、当初の目的を超えて自らの病状についての訴えや質問を繰り返す患者に応対する過程での言動であることを考慮すると、これをもって、直ちに精神神経科を受診する患者に対応する医師としての注意義務に反する行為であると評価するについては疑問を入れる余地があると判示しました。

(3) **医師ではなく、医療従事者であるレントゲン技師が訴えられた裁判例（東京地判平成7年5月16日判タ876号295頁）**

本裁判例は、脳性小児麻痺による体幹機能障害のため、両上肢、両下肢に麻痺がある31歳の女性である原告が、入院をしていた際に医師の指示により頸椎のレントゲン撮影をすることになりましたが、麻痺があるため抵抗することが困難な原告に対し、担当したレントゲン技師が強制わいせつ行為を行ったとして、原告がレントゲン技師および同技師が勤務する病院に対し慰謝料を請求した事案です。

裁判では、被告のレントゲン技師が原告にわいせつ行為を行ったかが争点となりました。1日で8名の人証の取り調べを行い、被告のレントゲン技師の原告に対する強制わいせつ行為を認定し、被告らに慰謝料として300万円の支払いを命じました。

# Q11 カスタマー・ハラスメント

カスタマー・ハラスメントとは何でしょうか。裁判例としてどのような事例があるでしょうか。

## 1 カスタマー・ハラスメントとは

カスタマー・ハラスメント（略称「カスハラ」）とは、顧客による嫌がらせのことで、理不尽な言いがかりをつけて店員に土下座を強要したり、あるいはクレームを延々と述べてその対応のために店員を長時間拘束したりするなど、様々な態様があります。

厚生労働省の職場パワーハラスメント（パワハラ）防止対策検討会においても、「顧客や取引先からの暴力や悪質なクレームなどの著しい迷惑行為については、労働者に大きなストレスを与える悪質なものがあり、無視できない状況にある」として、「顧客や取引先からの著しい迷惑行為について事業主に取組を求めることや社会全体の気運の醸成などの対応を進めるためには、職場のパワーハラスメントへの対応との相違点も踏まえつつ、関係者の協力の下で更なる実態把握を行った上で、具体的な議論を深めていくことが必要である。」と指摘されており（厚生労働省「「職場のパワーハラスメント防止対策についての検討会」報告書」https://www.mhlw.go.jp/file/05-Shingikai-11909500-Koyoukankyoukintoukyoku-Soumuka/0000201264.pdf（2019.1.20））、今後の議論が注目されます。

## 2 裁判例

(1) **東京高決平成20年7月1日（判タ1280号329頁、判時2012号70頁、金法1852号57頁）**

この事件は、自動車損害保険契約に基づく保険金請求に関する交渉に関し、顧客が保険会社の従業員に対し多数回かつ長時間にわたり架電を

するなどしてその業務を妨害し、保険会社の業務に支障が生じた等として、保険会社が顧客に対し業務妨害の禁止を求めて仮処分の申立てをした事案です。

この事件においては、法人に対する業務妨害行為の差止めが、いかなる根拠、要件で認められるかが争点となりました。

決定では、法人に対する行為につき、①当該行為が権利行使としての相当性を超え、②法人の資産の本来予定された利用を著しく害し、かつ、これら従業員に受忍限度を超える困惑・不快を与え、③「業務」に及ぼす支障の程度が著しく、事後的な損害賠償では当該法人に回復の困難な重大な損害が発生すると認められる場合には、この行為は「業務遂行権」に対する違法な妨害行為と評することができ、当該法人は、当該妨害の行為者に対し、「業務遂行権」に基づき、当該妨害行為の差止めを請求することができるとしました。

(2) **大阪地判平成28年6月15日（判時2324号84頁）**

この事件は、職員への暴言や膨大な数の情報公開請求などを繰り返し、大阪市住吉区役所の業務に支障をきたしたとして、大阪市が大阪府内在住の男性に対して面談強要行為等の差止めとともに損害賠償を求めた事案です。

この事件においては、業務遂行権の侵害の有無や損害およびその額が争点となりました。

判決では、上記決定とほぼ同様の要件を用いて差止め請求を認めました。一方で、損害については、被告男性の行為が情報公開請求やその権利行使に付随して行われているという事情に鑑み、その額を立証することが極めて困難であるとして、民事訴訟法248条に基づき、80万円を損害額とするとして請求を一部認容しました（請求額は賃金相当額ないしは超過勤務手当相当額を根拠に算定した190万9540円でした。）。

他にも、刑事では強要罪や偽計業務妨害罪の成立を認めた裁判例が多数存在します。

## 3 法的対応

　以上の裁判例にみられるように、カスハラに対する法的対応としては、事後的に刑事事件として被害届を提出することや、損害賠償を請求することのほかに、事前に当該行為を差し止めることも検討する必要があります。

　また、企業側もこのような悪質なクレーマーへの対応を現場の従業員に任せきりにしているようであれば、会社が適切な対応をしなかったとして、従業員から労働契約上の「安全配慮義務違反」による損害賠償を請求される可能性もありますので、注意が必要です。

# Q12 スモーク・ハラスメント

スモーク・ハラスメントとは何でしょうか。裁判例としてどのような事例があるでしょうか。また、職場における受動喫煙により健康被害を被った場合、会社に対して損害賠償を求めたり、その防止策を講じるように要求することができるでしょうか。

## 1 はじめに

　スモーク・ハラスメント（略称「スモハラ」）とは、非喫煙者が、職場などにおいて自己の意思に反して、喫煙者から喫煙することを強制されたり、たばこの煙にさらされるなど、いわゆる「喫煙に関する嫌がらせ行為」のことを意味します。作家の山本由美子氏によって平成5年に提唱された和製英語であり、その後徐々に普及するようになりました。

## 2 喫煙に対する社会的意識の変化

　たばこは嗜好品としての歴史も古く、かつては喫煙について社会は比較的寛容でした。ところが、たばこの煙の害が健康に与える影響が明らかになるにつれ、社会の意識も大きく変化し、スモハラの中でもとりわけ受動喫煙は、一般的に家庭や職場で大きな問題となっています。特に最近では、職場における受動喫煙の問題が大きくクローズアップされるようになりました。

## 3 法的規制

　このようなことから、政府は平成8年2月、労働省（当時）の「職場における喫煙対策のためのガイドラインについて」と題する通達（平成8年2月21日基発第75号）により、事務室や会議室に原則として禁煙の措置を講じ、受動喫煙を避けるよう求めたり、平成15年5月1日には、健康増進法が施行され、その25条において、多数の者が利用する施設の管理者に対し、受動喫煙防止に必要な措置を講じる努力義務が定

められました。また、厚生労働省は同月9日、「喫煙対策に関心をもって、適切な喫煙対策が労働者の健康の確保と快適な職場環境の形成を進めるために重要であることを、機会のあるごとに全員に周知するとともに、対策の円滑な推進のために率先して行動すること」を求めるガイドラインを定めました。

平成15年の健康増進法の制定と前後して、各地で後述のような裁判紛争も生じるようになり、公的機関は勿論のこと、民間でも受動喫煙対策を進める会社が増えてきています。

このような状況を踏まえ、平成26年には労働安全衛生法が改正され、受動喫煙を「室内又はこれに準ずる環境において、他人のたばこの煙を吸わされること」と定義づけるとともに、事業者に対し、その防止のため「当該事業者及び事業場の実情に応じ適切な措置を講ずるよう努める」努力義務が定められ（労安68条の2）、平成27年6月1日から施行されています。

さらに平成30年7月には、「望まない受動喫煙をなくす」ことを目的として健康増進法の一部を改正する法律（平成30年法律第78号）が成立し、次のとおり令和2年4月1日の全面施行に向けた規制が段階的に進められることになりました。すなわち、令和元年7月1日から学校・病院・児童施設等、行政機関においては原則敷地内禁煙が、令和2年4月1日からは上記以外の施設等（一部例外施設を除く）について原則屋内禁煙がそれぞれ義務付けられることになり、違反者に対しては所要の罰則が科せられるなど、これまで努力義務だった同法の受動喫煙防止が法的義務に格上げされることになりました。なお、改正法に関する詳細については、厚生労働省のホームページを参照してください。

## 4 裁判例

地裁レベルではいくつか裁判例も出ていますが、以下に見るように、結論は事案により様々です。

## 第5章 モラル・ハラスメント、その他

### (1) 京都簡易保険事務センター(嫌煙権)事件(京都地判平成15年1月21日労判852号38頁、大阪高判平成15年9月24日労判872号88頁)

この事件は、郵政事業庁(当時)の職員で京都簡易保険事務センターに勤務していた原告が、庁舎内における受動喫煙によって健康上の被害を被っているとして、被告国に対し、安全配慮義務違反ないし人格権である嫌煙権侵害または不法行為に基づき、全庁舎内部を禁煙とする措置をとることを求めるとともに、被告が安全配慮義務を怠ったことによる慰謝料として50万円の損害賠償を求めた事案です。

この判決においては、原告側の主張する禁煙(受動喫煙拒否)請求権が法的に認められるか否かが最大のポイントとされました。判決では、本件センターがとっていた「空間的分煙」措置としての喫煙室の設置以上に、庁舎内の全面的禁煙措置をとらないことをもって安全配慮義務に違反するとはいえないとして、結論的には原告の請求をいずれも退けましたが、「禁煙請求について安全配慮義務を根拠に危険を排除するための措置をとることができると解する余地がある」とし、また、「受動喫煙を拒む利益も法的保護に値するものと見ることもでき、……その利益が違法に侵害された場合に損害賠償を求めることにとどまらず、人格権の一種として、受動喫煙を拒むことを求め得ると解する余地も否定することはできない」と判示しています。

### (2) 江戸川区(受動喫煙損害賠償)事件(東京地判平成16年7月12日労判878号5頁)

この事件は、江戸川区の職員である原告が、受動喫煙による急性障害が疑われるとの医師の診断書を上司に提出し、執務室の外に喫煙室を設置して室内を禁煙とするよう求めたものの、速やかに職場環境を改善しなかったとして、安全配慮義務違反ないし不法行為を理由に、被告区に対して医療費および慰謝料の一部として31万5650円の損害賠償を求めた事案です。

この事件においては、原告に対する被告区の安全配慮義務違反の成否と違反が認められた場合の原告の損害の範囲が主な争点となりました。

判決では、職員の受動喫煙からの保護について区の負う安全配慮義務違反の有無については、受動喫煙の危険性の態様、程度、被害結果と当局の分煙措置等の具体的状況により決すべきものとされ、原告が受動喫煙による急性障害が疑われるとの医師による診断書を示し、何とかして欲しいと申し出たことにより、被告としては、原告が執務室内において受動喫煙環境下に置かれる可能性があることを認識し得たとして、被告の安全配慮義務違反を認定するとともに、かかる安全配慮義務違反と相当因果関係にある損害として、原告が医師の診断書を提出した時期以降の損害（5万円）のみを認めました。

(3) **積水ハウス事件（大阪地判平成27年2月23日労経速2248号3頁）**

この事件は、民間会社の従業員である原告が被告の会社に対し、受動喫煙症等を罹患させ、関節痛や手首等の機能障害を生じさせたとして、安全配慮義務違反に基づく290万円の損害賠償（通院慰謝料180万円と後遺障害慰謝料110万円）を求めた事案です。

この判決では、被告が法改正等を踏まえ、工場内で受動喫煙状態になることがないように禁煙化するなど相応の受動喫煙防止策を講じてきていることを理由に、原告が被告での勤務において受動喫煙状態を強いられていたとまでは評することはできず、被告が受動喫煙対策に関する安全配慮義務に違反したとまでは認められないと判断されました。

## 5　まとめ

以上の裁判例に見られるように、職場における受動喫煙により従業員が健康被害を被った場合、職場に対して損害賠償を求めることができるか否かは、職場に従業員に対する安全配慮義務違反が認められるか否かにより異なりますが、裁判所としては、江戸川区（受動喫煙損害賠償）事件の判決が示したように、職場の安全配慮義務違反の有無は、受動喫煙の危険性の態様、程度、被害結果と職場の分煙措置等の具体的状況により決せられるという考え方に従って利益衡量しながら個別具体的に判断する傾向にあるものと思われます。ただ、たとえ努力義務ではあって

## 第5章 モラル・ハラスメント、その他

も労働安全衛生法が改正され、たばこの煙が健康に与える影響に関する医学的知見が一定程度確立された今日的状況に加え、健康増進法の改正により受動喫煙防止が法的義務に格上げされたことを踏まえるならば、受動喫煙防止対策を一切講じずに事態を放置していたような場合には、職場の安全配慮義務違反が認められる可能性が高いと言えるでしょうし、京都簡易保険事務センター（嫌煙権）事件の判決が示したように、場合によっては、安全配慮義務ないし人格権を根拠に、職場に対してその防止策を講じるように要求できる余地も十分あり得るのではないでしょうか。

　なお、職場における受動喫煙の事例ではありませんが、マンションにおける受動喫煙が問題となった事例があります。マンション内の原告の居室の真下に居住する被告が、ベランダで喫煙を継続していることにより、原告の居室ベランダおよび居室内に煙が流れ込み、体調を悪化させ、精神的肉体的損害を受けたとして、被告に対し慰謝料150万円を請求した事案において、裁判所は、被告が、原告に対して配慮することなく、自室のベランダで喫煙を継続する行為は、原告に対する不法行為になると認定し、慰謝料5万円の支払いを命じました（名古屋地判平成24年12月13日）。不法行為を根拠とするものであり、いわゆる受忍限度論が問題となるケースですが、他の居住者に著しい不利益を与えていることを知りながら、喫煙を継続し、何らこれを防止する措置をとらなかったことを問題としたものです。

# Q13 コミュニティ・ハラスメント

> コミュニティ・ハラスメントとは何でしょうか。裁判例としてどのような事例があるでしょうか。裁判以外の救済手続があるでしょうか。

## 1 コミュニティ・ハラスメントとは

　コミュニティ・ハラスメントは、未だ成熟した用語であるとは言えませんが、ここでは地縁的な結びつきによる比較的小規模な共同体（地域社会やその内部の各種団体）において、多数の構成員が特定少数の構成員に対して共同して行ういじめや嫌がらせ、仲間外しや無視などのいわゆる村八分（共同絶交）を指すものと考えることとします。

　このような共同体の構成員は、必ずしもその意思に基づかずにコミュニティに組み込まれ、冠婚葬祭その他の行事や共有財産の管理等をめぐって相互に依存し緊密な人間関係を求められることがあります。村八分の対象になると、深刻な精神的苦痛にさいなまれるほか、日常生活が脅かされることもありますが、生活基盤がコミュニティにあるため離脱することも容易ではありません。

## 2 裁判例

　村八分（共同絶交）は、古くから裁判例に登場しています。
(1)　刑事では、①大判明治44年9月5日刑録17輯1520頁をはじめ、共同絶交の通告を名誉や自由に対する加害の告知に当たるとして脅迫罪（刑222条、暴力処罰1条1項）の成立を認めた裁判例があります（多くは戦前のものですが、戦後のものとしては、②大阪高判昭和32年9月13日高刑集10巻7号602頁等）。

　共同絶交が被絶交者の非行その他正当な理由によるものである場合は、違法性がなく脅迫罪は成立しないと考えられています（③大判大正2年11月29日刑録19輯1349頁、④福岡高判昭和29年3月31日

高刑集7巻2号217頁等)。
(2) 民事では、名誉や自由、人格権の侵害等の理由で(共同)不法行為による損害賠償責任や人格権に基づく差止めが問題になります。

中心になるのは、精神上の損害の賠償(慰謝料)ですが、これを認めたものとして、古くは⑤大判大正10年6月28日民録27輯1260頁や⑥東京高判昭和27年5月30日下民集3巻5号730頁があります。住民の多数が共同して絶交の決議をして通告し、これを実行したことは、被絶交者の名誉や自由を侵害する不法行為にあたる旨判示しています。最近の裁判例として、⑦津地判平成11年2月25日判タ1004号188頁は、12世帯が生活する地区において、地区外からの転入者との交際を契機に地区住民から様々な糾弾を受けた者が、住民全員の会合で共同絶交を宣言され、親族による謝罪を執拗に要求されたりした事案です。一連の行為は社会通念上許容される範囲を超えた「いじめ」ないし「嫌がらせ」で、人格権侵害に基づく共同不法行為の成立を認め、慰謝料30万円と弁護士費用3万円の支払いを命じました。⑧大阪高判平成25年8月29日判時2220号43頁(原審⑨神戸地社支判平成25年3月26日判時2220号46頁)も、15世帯で構成される隣保において2世帯の住民に対し共同絶交等が行われた事案で、⑦とほぼ同様の論旨で共同不法行為による慰謝料40万円と弁護士費用4万円の支払いを命じました。

財産上の損害の賠償を認めた裁判例もあります。⑩熊本地人吉支判昭和45年3月24日判時599号72頁は、部落で食料品等の小売りを営む者が、商品を買わないボイコット(不買同盟)を中核とする共同絶交を受けたため、廃業して部落外への転居を余儀なくされた事案で、家屋の解体移築費用と営業上の逸失利益の賠償を認めました(慰謝料と弁護士費用も認めています。)。

人格権に基づく差止めを認めた裁判例として、⑪新潟地新発田支判平成19年2月27日判タ1247号248頁があります。村内の約36戸で構成される集落で、恒例行事からの脱退を申し出た者らに対し、集落のごみ収集箱や駐車場等の施設の使用禁止等の決議をして通知し、こ

れを実行した事案です。人格権としての利益の侵害を未然に防止するため、これらの行為の差止めを認めました（20万円の慰謝料も認めています。）。被告らが、村から2度にわたりやめるように勧告を受けたのに従わず、本人尋問においても同様の態度を示したことなどを考慮したものです。

## 3 裁判以外の救済手続

⑧⑨や⑩の事案では、法務局の人権相談も利用されたようです。これは、人権侵犯事件について調査し、被害者等に対する援助や相手方等に対する勧告等の措置を講じるものです（人権侵犯事件調査処理規程（平成16年法務省訓令第2号））。平成30年の村八分事案の相談は24件でした（平成30年における「人権侵犯事件」の状況について（概要）〜法務省の人権擁護機関の取組〜）。

また、弁護士会や日本弁護士連合会の人権擁護委員会に対する人権救済の申立てが利用されることもあります。人権擁護委員会では、事案を調査したうえ、必要に応じて勧告等を行います。最近では、平成29年11月に大分県弁護士会が同県内の農村部の自治区（町内会）に対し、平成30年8月に奈良弁護士会が天理市内の自治会に対し、いずれも村八分事案に関して是正勧告を行い、話題になりました。

これらの救済手段は、関係者の任意の協力を得て実施されるものですが、柔軟な対応により自主的な解決を促すことが期待できます。

## 第5章 モラル・ハラスメント、その他

# Q14 レイシャル・ハラスメント

> レイシャル・ハラスメントとは何でしょうか。裁判例はありますか。

## 1 レイシャル・ハラスメントとは

　レイシャル・ハラスメント（略称は「レイハラ」）は、「人種や皮膚の色、祖先、出身地、民族的出自、民族文化、宗教的信条、国籍等の人種や民族的要素に基づくハラスメント」と言われています（金明秀『レイシャル・ハラスメントQ&A』15頁（解放出版社、第1版、2018年））。日本ではまだ認知度が低いハラスメントですが、欧米では広く知られているハラスメントの形態です。

　日本にはレイシャル・ハラスメント自体を規制する法律はありませんが、1965年に採択された国連の人種差別撤廃条約に1995年に加入しており、この条約は国法の一形式として国内法的効力を有しています。この条約は公権力と個人の関係を規律するものであり、私人間の関係を直接規律するものではありませんが、その趣旨は民法709条等の個別の規定の解釈運用を通じて実現されるものと考えられています（大阪高判平成26年7月8日判時2232号34頁）。

　したがって、レイシャル・ハラスメントは、職場や学校だけではなく、私人間の関係が生じる社会のあらゆる場面で問題になり得ます。

## 2 職場におけるレイシャル・ハラスメント

(1)　近年、日本で働く外国人が増加していますが、たとえば仕事のミスを出身国と結びつけて指摘するような、人種や国籍に配慮を欠いた言動をしてしまうと、パワー・ハラスメントのような言動ではなくても、事業主に損害賠償責任が生じることもあります。単に特定の人種や民族をからかうようなジョークでも、レイシャル・ハラスメントと認定

されることもあります。したがって、上司と部下の関係だけではなく、同僚間や顧客との関係でも生じることが考えられます。

(2) レイシャル・ハラスメントは、セクシュアル・ハラスメントやパワー・ハラスメントに比べても取組みが遅れています。事業主には、他のハラスメントと同様にレイシャル・ハラスメントに関しても、職場環境配慮義務の一環として従業員に対する研修を実施するなどの配慮が必要になると考えます。

## 3 ヘイトスピーチ

(1) 近年、特定の人種や民族への憎しみをあおるようなヘイトスピーチも見られますが、このようなヘイトスピーチもレイシャル・ハラスメントに該当すると考えられます。

(2) ヘイトスピーチに関する裁判例として次のようなものがあります。

在日朝鮮人の学校を設置・運営する法人が、同学校周辺で前後3回にわたって行われた示威活動とその映像がインターネットを通じて公開されたことによって、授業を妨害され、名誉を毀損されたとして、不法行為に基づき、市民団体と関係者9名に対し街宣活動の禁止と計3000万円の損害賠償を求めて訴訟を提起しました。

裁判所は、同校には在日朝鮮人の民族教育を行う利益があるとした上で、街宣活動は在日朝鮮人に対する差別意識を世間に訴える意図で行われたもので公益目的は認められず、表現の自由により保護されるべき範囲を超えており、街宣内容は人種差別撤廃条約に盛り込まれた「人種差別」に該当し、同学校の児童が人種差別という不条理な行為で被った精神的被害は多大であるとして、同学校の半径200メートル以内の街宣禁止と計約1226万円の支払いを命じました(京都朝鮮学校公園占用抗議事件。最三小決平成26年12月9日、原審大阪高判平成26年7月8日判時2232号34頁、一審京都地判平成25年10月7日判時2208号74頁)。

また、この示威活動について、一部の被告は威力業務妨害罪と侮辱罪で公判請求されました。この示威活動が正当な政治的表現行為とし

て違法性が阻却されるかなどが争点になりましたが、裁判所はいずれも有罪と認定して、その判決が確定しています（京都地判平成23年4月21日）。

(3) 平成28年6月3日に本邦外出身者に対する不当な差別的言動の解消に向けた取組の推進に関する法律（いわゆる「ヘイトスピーチ解消法」）が制定され、国と地方公共団体に対し相談体制の整備や教育、啓発活動の充実に取り組むことを責務と定めているものの、ヘイトスピーチそのものの禁止規定や罰則規定はありません。もっとも、法律により明確に禁止されていないとしても、前述のように、ヘイトスピーチによって民法上の不法行為が成立することがありますし、刑法上の威力業務妨害罪や侮辱罪も成立することがあります。

# 裁判例年月日別索引

＊判例集出典略語は本書凡例に同じ。

| | | **明治44年** | |
|---|---|---|---|
| 9.5 | 大審 | 刑録17-1520、刑抄録50-5261 | 267 |

| | | **大正2年** | |
|---|---|---|---|
| 11.29 | 大審 | 刑録19-1349、刑抄録55-6623 | 267 |

| | | **大正10年** | |
|---|---|---|---|
| 6.28 | 大審 | 民録27-1260 | 268 |

| | | **昭和26年** | |
|---|---|---|---|
| 2.5 | 横浜地<br>小田原支 | 下民集2-2-123 | 242 |

| | | **昭和27年** | |
|---|---|---|---|
| 5.30 | 東京高 | 下民集3-5-730 | 268 |

| | | **昭和29年** | |
|---|---|---|---|
| 3.31 | 福岡高 | 高刑集7-2-217 | 267 |

| | | **昭和30年** | |
|---|---|---|---|
| 4.19 | 最高（3小） | 民集9-5-534 | 107、208 |

| | | **昭和32年** | |
|---|---|---|---|
| 9.13 | 大阪高 | 高刑集10-7-602、判タ76-54、判時135-32 | 267 |

| | | **昭和37年** | |
|---|---|---|---|
| 9.4 | 最高（3小） | 民集16-9-1834 | 115 |

| | | **昭和38年** | |
|---|---|---|---|
| 11.5 | 最高（3小） | 民集17-11-1510、判時360-22 | 114 |

| | | **昭和45年** | |
|---|---|---|---|
| 3.24 | 熊本地<br>人吉支 | 判時599-72 | 268 |

| | | **昭和46年** | |
|---|---|---|---|
| 6.22 | 最高（3小） | 民集25-4-566、判タ265-135、判時638-69、交民4-3-721 | 113 |

| | | **昭和47年** | |
|---|---|---|---|
| 3.21 | 最高（3小） | 集民105-309、判タ277-138、判時666-50 | 107 |

| | | **昭和48年** | |
|---|---|---|---|
| 12.12 | 最高（大） | 民集27-11-1536、判タ302-112、判時724-18 | 166 |

| | | **昭和50年** | |
|---|---|---|---|
| 10.24 | 最高（2小） | 民集29-9-1417、訟月21-11-2197、判タ328-132、判時792-3 | 100 |

| | | **昭和51年** | |
|---|---|---|---|
| 11.12 | 最高（2小） | 集民119-189、訟月22-10-2458、判時837-34 | 140 |

## 昭和52年

| | | | |
|---|---|---|---|
| 1.26 | 盛岡地遠野支 | 家月29-7-67 | 246 |

## 昭和53年

| | | | |
|---|---|---|---|
| 10.20 | 最高（2小） | 民集32-7-1367、訟月24-12-2555、判タ371-43、判時906-3 | 107 |

## 昭和54年

| | | | |
|---|---|---|---|
| 1.29 | 東京高 | 判タ380-148、判時918-71 | 243 |
| 7.20 | 最高（2小） | 民集33-5-582、判タ399-32、判時938-3、金商586-43、労判323-19、労経速1020-3 | 165 |
| 10.30 | 最高（3小） | 民集33-6-647、判タ400-138、判時944-3、労判392-12、労経速1030-3 | 123 |

## 昭和55年

| | | | |
|---|---|---|---|
| 7.10 | 最高（1小） | 判タ434-172、労判345-20、労経速1054-4 | 136 |
| 12.18 | 最高（1小） | 民集34-7-888、判タ435-87、判時992-44、金商614-47、労経速359-58 | 115 |

## 昭和59年

| | | | |
|---|---|---|---|
| 2.24 | 横浜地 | 判タ528-290 | 242 |
| 4.10 | 最高（3小） | 民集38-6-557、判タ526-117、判時1116-33、金商706-40、労判429-12、労経速1189-8 | 114 |

## 昭和60年

| | | | |
|---|---|---|---|
| 3.20 | 東京地 | 判タ556-146 | 77 |

## 昭和61年

| | | | |
|---|---|---|---|
| 6.11 | 最高（大） | 民集40-4-872、訟月33-7-1792、判タ605-42、判時1194-3 | 75 |
| 7.14 | 最高（2小） | 判タ606-30、判時1198-149、労判477-6、労経速1261-3 | 128、135、187 |

## 平成2年

| | | | |
|---|---|---|---|
| 12.20 | 静岡地沼津支 | 判タ745-238、労判580-17、労経速1419-3 | 44 |

## 平成4年

| | | | |
|---|---|---|---|
| 4.16 | 福岡地 | 判タ783-60、判時1426-49、労判607-6 | 2 |

## 平成7年

| | | | |
|---|---|---|---|
| 5.16 | 東京地 | 判タ876-295、判時1552-79 | 258 |

## 平成8年

| | | | |
|---|---|---|---|
| 1.23 | 最高（3小） | 集民178-83、判タ901-100、判時1557-58、労判687-16、判例自治153-17 | 140 |
| 3.5 | 最高（3小） | 集民178-621、訟月43-5-1316、判タ906-203、判時1564-137、労判689-16、判例自治158-40 | 140 |
| 10.30 | 名古屋高金沢支 | 判タ950-193、労判707-37、労経速1624-15 | 17 |

| | | 平成9年 | |
|---|---|---|---|
| 3.18 | 旭川地 | 労判717-42 | 44 |
| 4.17 | 京都地 | 判タ951-214、労判716-49、労経速1640-3 | 48 |
| 5.27 | 最高（3小） | 民集51-5-2024、判タ941-128、判時1604-67 | 75 |
| 6.25 | 熊本地 | 判時1638-135 | 51 |
| 11.5 | 津地 | 判タ981-204、判時1648-125、労判729-54 | 45、54、210 |
| 11.20 | 東京高 | 判タ1011-195、判時1673-89、労判728-12、労経速1661-3 | 51 |
| | | 平成10年 | |
| 3.26 | 千葉地 | 判タ1026-240、判時1658-160 | 44 |
| 12.10 | 仙台高<br>秋田支 | 判タ1046-191、判時1681-112、労判756-33 | 28、51 |
| | | 平成11年 | |
| 2.25 | 津地 | 判タ1004-188 | 268 |
| 5.24 | 仙台地 | 判タ1013-182、判時1705-135 | 28、44 |
| 6.15 | 水戸地<br>下妻支 | 労判763-7、労経速1702-19 | 107 |
| 7.16 | 最高（2小） | 労判767-14 | 17 |
| | | 平成12年 | |
| 3.10 | 東京地 | 判時1734-140 | 107 |
| 3.24 | 最高（2小） | 民集54-3-1155、判タ1028-80、判時1707-87、労判779-13、<br>労経速1725-10 | 104 |
| 4.28 | 大阪地 | 労判789-15 | 29 |
| 5.24 | 東京高 | 労判785-22、労経速1735-3 | 107 |
| 8.10 | 千葉地<br>松戸支 | 判タ1102-216、判時1734-82 | 29 |
| 9.25 | 東京地 | （公刊物未登載） | 70 |
| 10.11 | 大阪地 | 判時1737-66、判タ1098-241、労判799-23 | 220 |
| 12.8 | 東京地 | （公刊物未登載） | 46、70 |
| | | 平成13年 | |
| 3.22 | 京都地 | 判タ1086-211、判時1754-125 | 107 |
| 3.29 | 仙台高 | 判時1800-47 | 28、46 |
| 4.27 | 東京地 | 判タ1101-221 | 45 |
| | | 平成14年 | |
| 4.12 | 大阪地 | （公刊物未登載） | 220 |
| 5.15 | 岡山地 | 労判832-54 | 45　48、107 |
| 6.12 | 前橋地 | （公刊物未登載） | 28 |
| | | 平成15年 | |
| 1.21 | 大阪地 | （公刊物未登載） | 26 |

| | | | |
|---|---|---|---|
| 1.21 | 京都地 | 労判852-38 | 264 |
| 1.29 | 大阪高 | 判タ1098-234、労判839-9 | 220 |
| 2.12 | 那覇地 | 判タ1160-118 | 220 |
| 6.6 | 東京地 | 判タ1179-267 | 54 |
| 9.24 | 大阪高 | 労判872-88 | 264 |
| 9.30 | 東京地 | (公刊物未登載) | 51 |

### 平成16年

| | | | |
|---|---|---|---|
| 3.31 | 水戸地 | 判タ1213-220、判時1858-118 | 44 |
| 4.26 | 東京地 | (公刊物未登載) | 45 |
| 7.8 | 横浜地 | 判時1865-106、労判880-123 | 55、65 |
| 7.12 | 東京地 | 判タ1275-231、判時1884-81、労判878-5 | 264 |
| 9.3 | 大阪地 | 労判884-56、労経速1898-3 | 26、31 |
| 10.14 | 東京高 | 労判885-26、労経速1899-3 | 72 |
| 11.2 | 東京地 | 判タ1168-99 | 253 |
| 12.24 | 青森地 | 労判889-19 | 48、107 |

### 平成17年

| | | | |
|---|---|---|---|
| 1.25 | 東京地 | 労判890-42 | 52 |
| 1.26審 | 釧路家北見支 | 家月58-1-105 | 246 |
| 3.25 | 東京地 | (公刊物未登載) | 222 |
| 3.29 | 大阪地 | 判時1923-69 | 28 |
| 4.20 | 東京高 | 労判914-82 | 99、109 |
| 5.13 | 東京地 | (公刊物未登載) | 61 |
| 6.7 | 大阪高 | 労判908-72、労経速1936-27 | 26、31 |

### 平成18年

| | | | |
|---|---|---|---|
| 5.18 | 高松高 | 労判921-33 | 109 |
| 6.26 | 東京地 | 判タ1240-273、判時1958-99 | 59 |
| 7.10 | 神戸地姫路支 | 判タ1257-209、判時1965-122 | 28 |
| 9.28決 | 東京高 | (公刊物未登載) | 29 |
| 11.14 | 福岡高 | 判タ1254-203 | 253 |
| 12.18 | 京都地 | (公刊物未登載) | 32、68 |

### 平成19年

| | | | |
|---|---|---|---|
| 2.27 | 新潟地新発田支 | 判タ1247-248 | 268 |
| 3.23 | 福岡高 | 判タ1247-242、判時1988-23 | 52 |
| 4.24 | 東京地 | (公刊物未登載) | 28 |

| 5.28 | 那覇地 | (公刊物未登載) | 29 |
| 5.30 | 東京地 | 判タ1268-247 | 220 |
| 9.28 | 東京地 | (公刊物未登載) | 29 |
| 10.15 | 東京地 | 判タ1271-136、労判950-5、労経速1989-7 | 143 |
| 10.31 | 名古屋高 | 判タ1294-80、労判954-31、労経速1989-20 | 143 |
| 12.5 | 東京地 | (公刊物未登載) | 52 |

## 平成20年

| 3.26 | 福岡地 | 労判964-35 | 142 |
| 7.1決 | 東京高 | 判タ1280-329、判時2012-70、金法1852-57 | 259 |
| 7.1 | 松山地 | 判時2027-113、労判968-37、労経速2013-3 | 99、112 |
| 9.11 | 大阪地 | 労判973-41 | 111 |
| 10.30 | 名古屋地 | 労判978-16、労経速2024-3 | 94 |
| 11.12 | 東京高 | 労経速2022-13 | 93 |
| 11.28 | 宮崎地 | (公刊物未登載) | 90、92 |

## 平成21年

| 2.19 | 津地 | 労判982-66 | 110 |
| 3.24 | 東京地 | 判時2041-64 | 207、220 |
| 4.23 | 高松高 | 判時2067-52、労判990-134、労経速2044-3 | 95、98 |
| 5.22 | 広島高松江支 | 労判987-29 | 95、112 |
| 5.26 | 大阪高 | 家月62-4-85 | 242 |
| 10.15 | 東京地 | 労判999-54 | 96、98 |
| 10.21 | 鳥取地米子支 | 労判996-28、労経速2053-3 | 111 |
| 11.18 | 東京高 | 東高時報60-1〜12-190 | 253 |
| 12.16 | 岐阜地 | (公刊物未登載) | 220 |

## 平成22年

| 2.15 | 大阪地 | 判タ1331-187、判時2097-98 | 111 |
| 3.24 | 東京地 | (公刊物未登載) | 62 |
| 5.24 | 静岡地浜松支 | (公刊物未登載) | 68 |
| 6.24 | 大阪地 | (公刊物未登載) | 220 |
| 7.27 | 東京地 | 労判1016-35 | 90 |
| 7.29 | 札幌地 | (公刊物未登載) | 61 |
| 9.15 | 東京地 | (公刊物未登載) | 52 |
| 10.26 | 長崎地 | 労判1022-46 | 90、91 |
| 11.4 | 名古屋高 | (公刊物未登載) | 55、207、220 |

| | | 平成23年 | |
|---|---|---|---|
| 1.27 | 和歌山地 | （公刊物未登載） | 221 |
| 3.11 | 東京地 | （公刊物未登載） | 32 |
| 4.21 | 京都地 | （公刊物未登載） | 272 |
| 4.26 | 最高（3小） | 判タ1348-92、判時2117-3 | 257 |
| 5.20 | 水戸地土浦支 | （公刊物未登載） | 67 |
| 7.11 | 静岡地浜松支 | 判時2123-70 | 90 |
| 7.26 | 東京地 | 労判1037-59 | 90 |
| 8.12 | 東京地 | （公刊物未登載） | 46 |
| 9.16 | 東京地 | （公刊物未登載） | 52 |
| 10.25 | 大阪地 | 判時2138-81、労経速2128-3 | 256 |
| 12.15 | 静岡地 | 労判1043-32、判例自治367-59 | 91 |
| | | 平成24年 | |
| 1.13 | 静岡地 | 判タ1382-121、労経速2136-11 | 137 |
| 2.24 | 最高（2小） | 判タ1368-63、判時2144-89、金法1955-112 | 115 |
| 3.9 | 東京地 | 労判1050-68 | 81、146 |
| 3.16 | 東京地 | （公刊物未登載） | 61 |
| 4.13 | 大阪地 | 労判1053-24 | 111 |
| 4.26 | 京都地 | （公刊物未登載） | 111 |
| 5.25 | 大阪地 | 労判1057-78 | 110、145 |
| 10.30 | 大津地 | 労判1073-82 | 116 |
| 10.31 | 広島地 | （公刊物未登載） | 29 |
| 11.29 | 大阪地 | 労判1068-59 | 44、51 |
| 12.13 | 名古屋地 | （公刊物未登載） | 266 |
| 12.21 | 長野地 | 労判1071-26 | 110 |
| | | 平成25年 | |
| 1.30 | 東京地 | （公刊物未登載） | 111 |
| 2.20 | 秋田地 | （公刊物未登載） | 68 |
| 3.26 | 神戸地社支 | 判時2220-46 | 268 |
| 3.28審 | 東京家 | 家月65-7-190 | 245 |
| 4.25 | 東京地 | （公刊物未登載） | 28 |
| 5.20 | 東京地 | （公刊物未登載） | 29 |
| 6.11 | 京都地 | 労判ジャーナル18-16 | 220 |
| 6.25 | 仙台地 | 労判1079-49、労経速2222-24 | 111 |
| 6.28 | 神戸地 | 労判ジャーナル22-30 | 208、221 |

| | | | |
|---|---|---|---|
| 8.29 | 大阪高 | 判時2220-43 | 268 |
| 9.6 | 大阪地 | 労判1099-53、労経速2243-25 | 125 |
| 9.18 | 東京地 | (公刊物未登載) | 53 |
| 9.25 | 東京地 | 労経速2195-3 | 46、54 |
| 10.7 | 京都地 | 判時2208-74 | 271 |
| 10.9 | 大阪高 | 労判1083-24 | 85 |
| 12.9 | 長崎地佐世保支 | (公刊物未登載) | 93 |
| 12.13 | 東京地 | (公刊物未登載) | 92 |

**平成26年**

| | | | |
|---|---|---|---|
| 1.15 | 名古屋地 | 判時2216-109、労判1096-76、労経速2203-11 | 111 |
| 2.7 | 大阪地 | (公刊物未登載) | 68 |
| 3.24 | 最高(2小) | 集民246-89、判夕1424-95、判時2297-107、労判1094-22、労経速2209-3 | 105 |
| 3.27 | 福島地郡山支 | (公刊物未登載) | 68 |
| 3.28 | 大阪高 | 労判1099-33、労経速2243-9 | 125 |
| 3.28 | 東京地 | (公刊物未登載) | 222 |
| 4.23 | 東京高 | 判時2231-34、労判1096-19、労経速2213-9 | 107 |
| 4.23 | 岡山地 | (公刊物未登載) | 94 |
| 4.23 | 鳥取地 | 労判1130-50 | 95 |
| 4.25 | 佐賀地 | 判時2227-69 | 208、221 |
| 5.21 | 東京高 | 労経速2217-3 | 92 |
| 5.27 | 東京地 | (公刊物未登載) | 29 |
| 7.8 | 大阪高 | 判時2232-34 | 270、271 |
| 7.18 | 大阪高 | 労判1104-71、労経速2224-3 | 179 |
| 7.28 | 岡山地 | (公刊物未登載) | 68 |
| 7.31 | 東京地 | 判時2241-95、労判1107-55、労経速2284-11 | 90 |
| 8.7 | 東京地 | (公刊物未登載) | 53 |
| 9.5 | 東京地 | (公刊物未登載) | 126 |
| 10.23 | 最高(1小) | 民集68-8-1270、判夕1410-47、判時2252-101、労判1100-5、労経速2232-3 | 2、157、159、173 |
| 11.4 | 東京地 | 判時2249-54、労判1109-34 | 112 |
| 11.28 | 福井地 | 労判1110-34、労経速2237-3 | 90、95 |
| 12.9決 | 最高(3小) | (公刊物未登載) | 271 |
| 12.16 | 東京地 | (公刊物未登載) | 51 |

| | | | |
|---|---|---|---|
| | | **平成27年** | |
| 1.13 | 東京地 | 判時2255-90 | 90 |
| 1.13 | 甲府地 | 労判1129-67 | 105、111 |
| 1.28 | 東京高 | 労経速2284-7 | 111、112 |
| 2.12 | 大阪地 | (公刊物未登載) | 91 |
| 2.23 | 大阪地 | 労経速2248-3 | 265 |
| 2.25 | 福岡地小倉支 | 労判1134-87 | 93 |
| 3.4 | 広島地 | 労判1131-19 | 92、141 |
| 3.18 | 広島高松江支 | 判時2281-43、労判1118-25 | 107、111 |
| 3.30 | 大阪地 | (公刊物未登載) | 141 |
| 4.17 | 札幌地 | (公刊物未登載) | 169 |
| 4.20 | 福岡高 | 労判ジャーナル42-53 | 208、221 |
| 4.27 | 東京地 | 労経速2249-19 | 141 |
| 5.28 | 東京地 | 労判1120-5 | 141 |
| 6.2 | 東京地 | 労経速2257-3 | 164 |
| 7.10 | 東京地 | (公刊物未登載) | 212 |
| 8.7 | 東京地 | 労経速2263-3 | 124、125 |
| 8.28 | 東京地 | (公刊物未登載) | 29 |
| 9.16 | 名古屋高金沢支 | 労判ジャーナル45-24 | 105 |
| 10.2 | 東京地 | 労判1138-57、労経速2270-3 | 190 |
| 10.22 | 広島高 | 労判1131-5 | 143 |
| 11.17 | 広島高 | 判時2284-120、労判1127-5、労経速2271-3 | 174、192 |
| 11.18 | さいたま地 | 労判1138-30、判例自治411-38 | 111 |
| 12.18 | 京都地 | (公刊物未登載) | 83 |
| 12.22 | 福岡地 | (公刊物未登載) | 145 |
| 12.25 | 東京地 | (公刊物未登載) | 94、95 |
| | | **平成28年** | |
| 1.25 | 東京地 | 労経速2272-11 | 91、95 |
| 1.28 | 水戸地 | 判例自治414-42 | 29 |
| 2.3 | 東京地 | (公刊物未登載) | 81、110 |
| 2.24 | 東京地 | 判タ1432-204、判時2320-71 | 145 |
| 2.29 | 東京地 | (公刊物未登載) | 94 |
| 3.3 | 東京地 | (公刊物未登載) | 92 |

| 3.10 | 福岡地小倉支 | (公刊物未登載) | 111 |
|---|---|---|---|
| 3.17 | 東京地 | (公刊物未登載) | 111、112 |
| 3.25 | 東京地 | (公刊物未登載) | 111 |
| 3.29 | 東京地 | (公刊物未登載) | 29 |
| 4.19 | 福岡地小倉支 | 判時2311-130、労判1140-39 | 169 |
| 4.26 | 東京地 | (公刊物未登載) | 132 |
| 5.19 | 東京高 | (公刊物未登載) | 61 |
| 5.23 | 東京地 | (公刊物未登載) | 44 |
| 6.1 | 静岡地浜松支 | 労判1162-21 | 48 |
| 6.15 | 大阪地 | 判時2324-84 | 260 |
| 7.20 | 名古屋高 | 労判1157-63 | 52 |
| 8.24 | 東京地 | (公刊物未登載) | 48 |
| 10.27 | 仙台地 | (公刊物未登載) | 142、143 |
| 12.20 | 東京地 | 労判1156-28、労経速2303-10 | 90、91、147 |

## 平成29年

| 1.18 | 福岡高 | 労判1156-71 | 105、111 |
|---|---|---|---|
| 2.8 | 大阪地 | (公刊物未登載) | 94 |
| 2.14 | 東京地 | (公刊物未登載) | 152 |
| 2.21 | 長崎地 | 労判1165-65 | 81、85、110 |
| 3.16 | 名古屋高 | 労判1162-28 | 141、142、143 |
| 3.30 | 金沢地 | 労判1165-21 | 85、110、146 |
| 4.17 | 千葉地 | (公刊物未登載) | 67 |
| 4.26 | 東京高 | 労判1170-53 | 93、135 |
| 5.17 | 長野地松本支 | 判時2354-97、労判1179-63、労経速2318-26 | 91 |
| 5.17 | 千葉地 | 労判1161-5、労経速2318-3 | 136 |
| 6.13 | 大阪地 | 判タ1451-223 | 85 |
| 7.3 | 東京地 | 労判1178-70、労経速2332-3 | 178 |
| 8.9 | 神戸地 | 労経速2328-23 | 92、112、146 |
| 9.25 | 東京地 | (公刊物未登載) | 90 |
| 9.25 | 東京地 | (公刊物未登載) | 93、94 |
| 9.29 | 大阪高 | 判タ1450-50、判時2372-99、労判1174-43 | 90、95 |
| 10.4 | 前橋地 | 労判1175-71、労経速2329-9 | 23、90、92、126 |
| 10.18 | 東京高 | (公刊物未登載) | 95 |

| | | | |
|---|---|---|---|
| 10.20 | 東京地 | 労判ジャーナル73-28 | 23 |
| 10.25 | 宇都宮地 | 労判ジャーナル71-26 | 24、29 |
| 10.26 | 東京高 | 労判1172-26 | 104、111 |
| 11.27 | 神戸地<br>姫路支 | 判タ1449-205 | 202、208、209、219、221 |
| 11.30 | 名古屋高 | 判タ1449-106、判時2374-78、労判1175-26、<br>　　労経速2336-3 | 94、95、111 |
| 12.5 | 名古屋地 | 判時2371-121 | 91、92、111 |
| | | **平成30年** | |
| 1.12 | 東京地 | （公刊物未登載） | 24 |
| 2.9 | さいたま地 | （公刊物未登載） | 68 |
| 2.22 | 名古屋地 | 労判ジャーナル74-46 | 146 |
| 2.22 | 長崎地 | 労判ジャーナル75-36 | 221 |
| 4.25 | 大阪地 | 労判ジャーナル77-24 | 211、216、221 |
| 7.18 | 水戸地<br>土浦支 | （公刊物未登載） | 48 |

# あとがき

　本書は、令和元年度関東十県会夏期研究会のテーマである「ハラスメントを巡る諸問題」に関する書籍である。

　関東弁護士会連合会を構成する弁護士会のうち東京三会を除いた十の弁護士会が毎年持ち回りで夏期研究会を開催している。10年に1度の極めて重要な行事であり、その時々の時勢なども踏まえ、法律実務家にとって有用なテーマで研修、研究をおこなうものであるが、そのテーマの選定から始まり、当会のような小規模単位会では会員が総力をあげて準備を行っている。前回は、平成21年度に担当し、テーマは「弁護過誤」であった。

　今回の研究会の準備のため、平成29年6月に準備委員会を設置し、まずそのテーマの選定に着手した。「時宜を得た実務に有用な」テーマというほとんどつかみどころのない要件のみを頼りに、全会員から広く意見を求め、委員会で検討した上でなんとか4つのテーマにしぼりこんだ。ちなみに本テーマ以外に「宅地」「福祉全般」「民法改正」が候補に残り、更にテーマごとに班を編成し、研究会のテーマとして扱う意義、その概要等について検討を重ね、企画提案という形を取り、最終的に準備委員会の責任において本テーマに決定された。

　平成に入った頃から、セクシュアル・ハラスメントという言葉が使われるようになり、その後も主に労働法の分野でパワー・ハラスメント、マタニティ・ハラスメントということが問題とされるようになった。まさにこのテーマを選定しようと検討を始めたころも、世間ではスポーツ界を中心にハラスメントの問題が多発し、新聞等でも広く報道された。

　これら以外にも、アカハラ、モラハラ等々の様々なハラスメントがいろいろな場面で問題とされる状況が生じている。我々法律実務家としては、一度腰をすえてこの問題の背景、原因、法的な問題点等々を全般的に研究してみる価値があると考えた次第である。

　このようにテーマを決め、準備委員会から十県会夏期研究会実行委員

会に移行し、そのメンバーは当会の全会員とした。主に50期以降の会員に原稿執筆の実働部隊となってもらい、ハラスメントの類型に応じて班編制を6班とした。

　各班は、それぞれの類型のハラスメントについて引き続き、膨大な判例や関連書籍を手がかりに分析、検討を行い、外部の研究者を招いての勉強会を行うなどして研究を深めていった。内容としては、Q&A方式にすることも決定されたが、Qを考えることそれ自体が相当困難をきわめた。

　このような過程を経て、とにかく本書の発行にたどり着いたものである。

　個別のハラスメント類型ごとの書籍は少なからず発刊されつつあるところであるが、本書のようにハラスメント全般を扱うものはそれほど多くはないと思われる。とにかく1年以上をかけてまとめ上げた会員の努力の結晶であり、ハラスメント事案に直面した実務家にとって少なからずお役に立てるものと願ってやまない。

　今回の執筆にあたり、様々な文献や判例にあたり慎重に議論を重ねてきたが、万が一不備があれば遠慮なくご指摘いただければ幸いである。

　いずれにせよ、極めて多大な労力と時間を費やし献身的に本書の作成にあたった全会員に対し、心から感謝したい。又、折りに触れて出版に向けてのアドバイスをいただいた株式会社ぎょうせいの担当者に対し、厚く御礼申し上げる次第である。

　令和元年8月

令和元年度関東十県会夏期研究会実行委員会<br>
委員長　田　邊　　護

―セクハラ・パワハラ・マタハラ・アカハラ・モラハラ―
## Q&A ハラスメントをめぐる諸問題

令和元年9月25日　第1刷発行

編　集　　山梨県弁護士会

発　行　　株式会社ぎょうせい

〒136-8575　東京都江東区新木場1-18-11
電話　編集　03-6892-6508
　　　営業　03-6892-6666
　　　フリーコール　0120-953-431

〈検印省略〉

URL:https://gyosei.jp

印刷　ぎょうせいデジタル㈱　　　©2019 Printed in Japan
※乱丁・落丁本はお取り替えいたします。

ISBN978-4-324-10701-0
(5108550-00-000)
〔略号：QA ハラスメント〕

## 〈関東十県会関連図書のご案内〉

### 分野別
# ADR活用の実務
栃木県弁護士会／編　A5判・定価(本体3,700円+税)送料350円
電子版 本体3,700円+税

- ADRを交通事故、消費者、製造物、建築請負などの16の分野にわけ、42の機関を紹介。訴訟手続ではなく、紛争解決に向け、ADRのどの分野、どの機関を活用するか、その一助となる実務解説書。（平30年9月）　5108428 ADR実務〈10499-6〉

---

### 弁護士のための
# 保険相談対応Q&A
茨城県弁護士会／編　A5判・定価(本体4,000円+税)送料350円
電子版 本体4,000円+税

- 生命保険・傷害保険・損害保険などの基本的なものから、災害・介護・年金・労災・雇用まで、広範囲な「保険」全般について、400を超えるテーマをQ&Aで簡潔に解説。（平29年9月）
5108370 保険相談Q&A〈10390-6〉

---

# 立証の実務 改訂版
―証拠収集とその活用の手引―
群馬弁護士会／編　B5判・定価(本体3,700円+税)送料350円
電子版 本体3,700円+税

- 10年ぶりに全面改訂した証拠収集活動に必ず役立つ弁護士必携書。立証活動を紛争・証拠類型ごとに分類し、「立証のポイント」「証拠の入手方法」をコンパクトにまとめて解説。（平28年9月）　5108254 立証実務改訂〈10178-0〉

---

# 自然をめぐる紛争と法律実務
―水・山・農地・土地・生物・災害等のトラブル解決のために―
長野県弁護士会／編　A5判・定価(本体4,200円+税)送料350円
電子版 本体4,200円+税

- 水・温泉・雪・山・農地・土地・大気・生物・自然災害。9つに分類した自然にまつわる法トラブルを、多くの裁判例を紹介しながら徹底的に研究。（平27年9月）
5108166 自然法律〈10015-8〉

---

※送料は2019年7月時点の料金です。

フリーコール　※電子版は ぎょうせいオンラインショップ 検索 からご注文ください。
**TEL：0120-953-431** [平日9〜17時] **FAX：0120-953-495**
〒136-8575 東京都江東区新木場1-18-11
https://shop.gyosei.jp　ぎょうせいオンラインショップ 検索